NA COMPANHIA DE SOLDADOS

Leia também:

Stephen E. Ambrose

AZUL SEM FIM
SOLDADOS CIDADÃOS
BAND OF BROTHERS
O DIA D

Hampton Sides

SOLDADOS FANTASMAS

Bartov, Grossmann & Nolan

CRIMES DE GUERRA

Stephen Kinzer

TODOS OS HOMENS DO XÁ

Michael B. Oren

SEIS DIAS DE GUERRA

Scott Simon

A INOCÊNCIA DOS PÁSSAROS

Constantine Pleshakov

A LOUCURA DE STALIN

Jeff Shaara

ATÉ O ÚLTIMO HOMEM

RICK ATKINSON
(VENCEDOR DO PRÊMIO PULITZER)

NA COMPANHIA DE SOLDADOS

O DIA-A-DIA DA GUERRA DO IRAQUE

Tradução
LEO OLIVEIRA

BERTRAND BRASIL

Título original: *In the Company of Soldiers*

Capa: Sérgio Campante
Foto de capa: Paula Bronstein/GETTY Images

Editoração: DFL

2008
Impresso no Brasil
Printed in Brazil

Cip-Brasil. Catalogação na fonte
Sindicato Nacional dos Editores de Livros. RJ

A89n Atkinson, Rick
Na companhia de soldados: o dia-a-dia da Guerra do Iraque/Rick Atkinson; tradução Leo Oliveira. – Rio de Janeiro: Bertrand Brasil, 2008.
322p.

Tradução de: In the company of soldiers
ISBN 978-85-286-1339-1

1. Estados Unidos. Army. Airborne Division, 101st – História – Século XXI. 2. Iraque, Guerra do, 2003 – Campanhas. I. Título.

08-2660 CDD – 956.70443
CDU – 94 (567) "2003"

EDITORA BERTRAND BRASIL LTDA.
Rua Argentina, 171 — 1º andar — São Cristóvão
20921-380 — Rio de Janeiro — RJ
Tel.: (0xx21) 2585-2070 — Fax: (0xx21) 2585-2087

PARA

MARGARET HOWE ATKINSON

3 de janeiro de 1929–11 de novembro de 2003

COM AMOR

O que a história, eu direi, pode fornecer – a quem possa saber – a louca e determinada batalha dos exércitos... os demônios inteiramente despertos nos corações humanos – o grito forte, *Em frente, homens, em frente* – o brilho da espada nua, a fumaça e as labaredas a rolar?

WALT WHITMAN

SUMÁRIO

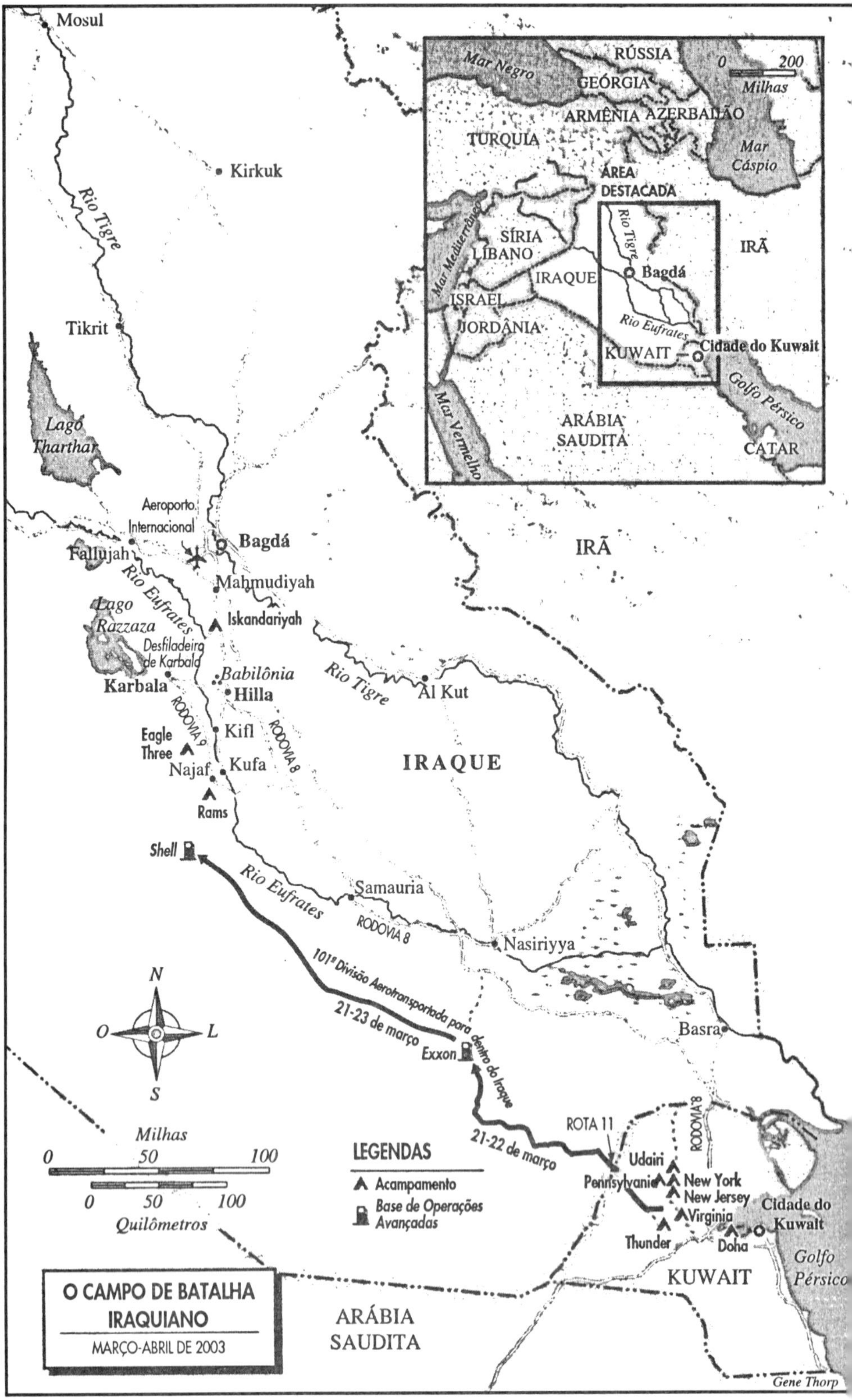

O CAMPO DE BATALHA IRAQUIANO
MARÇO-ABRIL DE 2003
Mosul
Kirkuk
Rio Tigre
Tikrit
Lago Tharthar
Aeroporto Internacional
Fallujah
Bagdá
Mahmudiyah
Rio Eufrates
Lago Razzaza
Iskandariyah
Desfiladeiro de Karbala
Babilônia
Karbala
Hilla
Rio Tigre
Al Kut
RODOVIA 9
RODOVIA 8
Kifl
Eagle Three
Najaf
Kufa
IRAQUE
Rams
Shell
Rio Eufrates
Samauria
RODOVIA 8
Nasiriyya
IRÃ
101ª Divisão Aerotransportada para dentro do Iraque
21-23 de março
Exxon
Basra
21-22 de março
ROTA 11
RODOVIA 8
Udairi
Pennsylvania
New York
New Jersey
Virginia
Thunder
Doha
Cidade do Kuwait
Golfo Pérsico
KUWAIT
ARÁBIA SAUDITA
N
O
L
S
Milhas
0 50 100
0 50 100
Quilômetros
LEGENDAS
Acampamento
Base de Operações Avançadas
RÚSSIA
Mar Negro
GEÓRGIA
ARMÊNIA
AZERBAIJÃO
0 200
Milhas
TURQUIA
Mar Cáspio
ÁREA DESTACADA
Mar Mediterrâneo
SÍRIA
LÍBANO
Rio Tigre
Bagdá
IRÃ
IRAQUE
ISRAEL
Rio Eufrates
JORDÂNIA
KUWAIT
Cidade do Kuwait
Golfo Pérsico
Mar Vermelho
ARÁBIA SAUDITA
CATAR
Gene Thorp

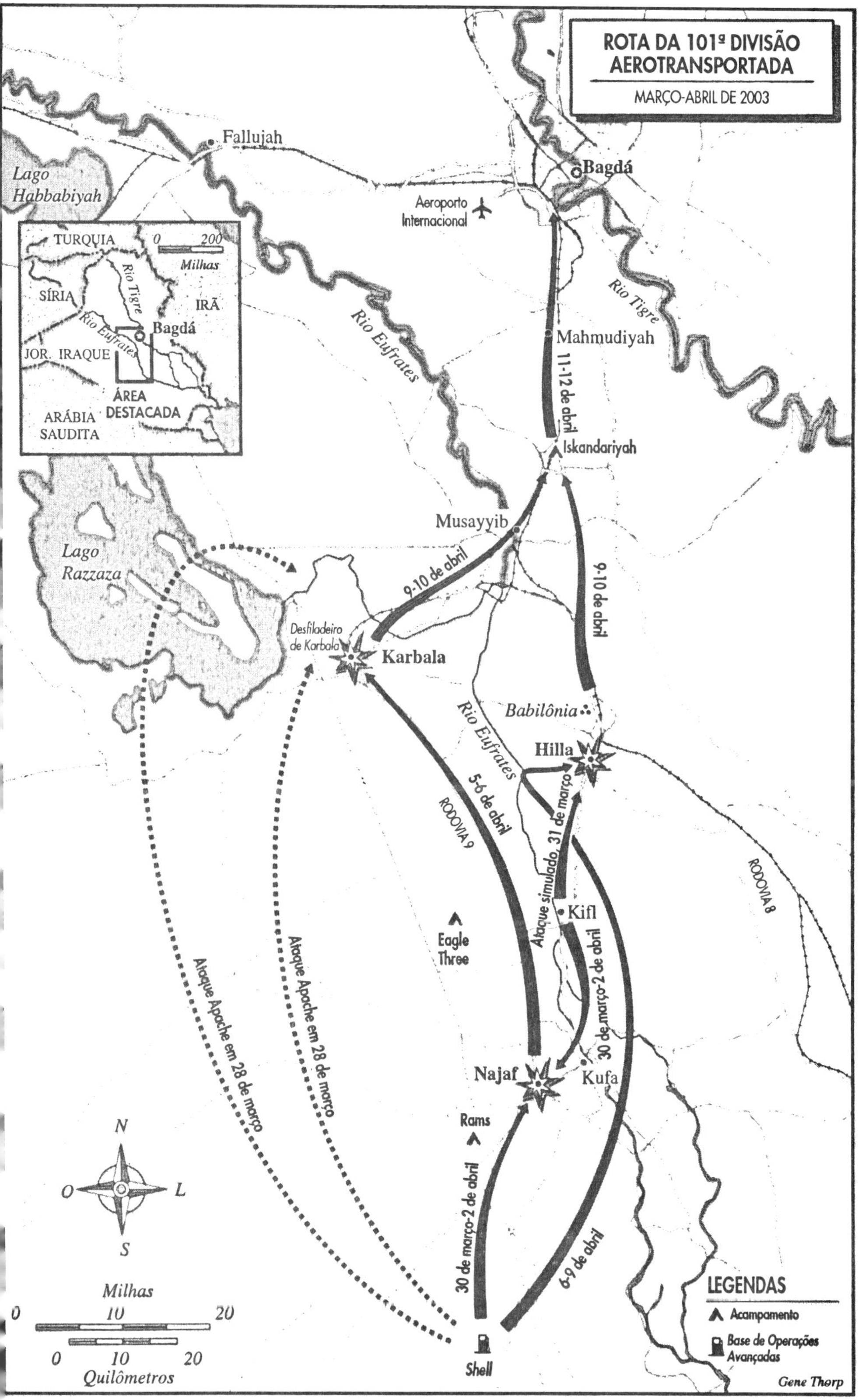
ROTA DA 101ª DIVISÃO AEROTRANSPORTADA
MARÇO-ABRIL DE 2003
Fallujah
Lago Habbabiyah
Bagdá
Aeroporto Internacional
TURQUIA
SÍRIA
IRÃ
Rio Tigre
Rio Eufrates
JOR.
IRAQUE
ÁREA DESTACADA
ARÁBIA SAUDITA
0 200 Milhas
Rio Eufrates
Rio Tigre
Mahmudiyah
11-12 de abril
Iskandariyah
Musayyib
Lago Razzaza
9-10 de abril
9-10 de abril
Desfiladeiro de Karbala
Karbala
Babilônia
Rio Eufrates
Hilla
5-6 de abril
RODOVIA 9
Ataque simulado, 31 de março
RODOVIA 8
Kifl
Eagle Three
Ataque Apache em 28 de março
Ataque Apache em 28 de março
30 de março-2 de abril
Najaf
Kufa
Rams
30 de março-2 de abril
6-9 de abril
N
O
L
S
Milhas
0 10 20
0 10 20
Quilômetros
Shell
LEGENDAS
Acampamento
Base de Operações Avançadas
Gene Thorp

CADEIA DE COMANDO

101ª Divisão Aerotransportada no Iraque, março de 2003

GENERAL-DE-EXÉRCITO WILLIAM S. WALLACE
Comandante, 5º Corpo

GENERAL-DE-DIVISÃO DAVID H. PETRAEUS
Comandante, 101ª Divisão Aerotransportada

GENERAL-DE-BRIGADA BENJAMIN C. FREAKLEY
Comandante de Divisão Assistente
de Operações

GENERAL-DE-BRIGADA EDWARD J. SINCLAIR
Comandante de Divisão Assistente
de Apoio

CORONEL BEN HODGES, 1ª Brigada
CORONEL JOSEPH ANDERSON, 2ª Brigada
CORONEL MICHAEL S. LINNINGTON, 3ª Brigada
CORONEL GREGORY P. GASS, 101ª Brigada Aérea
CORONEL WILLIAM H. FORRESTER, 159ª Brigada Aérea
CORONEL WILLIAM L. GREER, 101ª Divisão de Artilharia
CORONEL JAMES E. ROGERS, 101ª Divisão de Apoio
CORONEL GERALD A. DOLINISH, 101º Grupo de Apoio de Corpo

PRÓLOGO

O corpo do sargento foi encontrado no meio da manhã de 12 de abril de 2003, sábado, no lugar exato onde um menino iraquiano disse que estaria: em uma cova rasa no sul de Bagdá, próximo ao trevo da Rodovia 8, conhecida pelo Exército americano como Objective Curley. O esconderijo do seu corpo não era perfeito: um cotovelo e um joelho despontavam por entre as pedras que o encobriam. Suas botas e seu equipamento de combate foram removidos, mas seu uniforme permaneceu, e suas listras de patente e o nome bordado sobre o bolso no peito direito tornaram a identificação fácil: primeiro-sargento John W. Marshall, desaparecido desde que as forças iraquianas surpreenderam o seu comboio logo abaixo do Curley no dia 8 de abril. Um granada de propulsão a foguete, RPG, destruiu os braços e as costas do sargento Marshall; quatro dias sob o chão terminaram de acabar com ele. Soldados da 101ª Divisão Aerotransportada registraram o ponto na grade do mapa que identificava o seu local de enterro improvisado, MB 4496275295, enquanto um capelão lia os Salmos. Quando cheguei, os restos mortais do soldado foram colocados em um saco, enrolado em uma bandeira americana e carregado – com a cabeça à frente, como prescrito pelos costumes do Exército – até uma caminhonete Humvee. Um grupo do Registro de Túmulos levou o corpo para um enterro formal no Cemitério Nacional de Arlington.

Nas semanas seguintes, aprendi mais coisas sobre o sargento Marshall. Ele tinha 50 anos de idade e era o soldado mais velho morto naquela guerra. Serviu no 3º Batalhão do 15º Regimento de Infantaria, uma unidade lendária na 3ª Divisão de Infantaria, e morreu enquanto atirava com um lança-granadas automático Mk-19 em soldados iraquianos e seus aliados sírios. A RPG fatal explodiu, arrancando-o de sua torre em cima do Humvee, e no caos do combate o seu corpo foi deixado para trás. Nascido em Los Angeles, Marshall entrou para o Exército aos 18 anos de idade. Seu pai, Joseph, era um oficial intendente do Exército durante a Segunda Guerra Mundial; sua mãe, Odessa, fora paramédica no Corpo de Auxiliares Femininos do Exército, distinção fora do comum para uma mulher negra naquele tempo. Odessa Marshall usaria o uniforme no funeral do filho.

O sargento Marshall deixara o Exército por quatro anos na década de 1980 para lutar com sucesso contra um linfoma de Hodgkin. Com o câncer em regressão, ele retornou ao serviço. A guerra no Iraque foi o seu primeiro turno de combate e ele já estava perto de se reformar. O sargento foi morto depois de se oferecer como voluntário para liderar um comboio de reabastecimento para soldados que estavam sitiados na Rodovia 8. Ele deixou uma viúva, Denise, e seis filhos, de idades entre 9 e 17. Eles receberam as condecorações do pai, *post mortem*, uma Estrela de Bronze e um Coração Púrpura.

Em uma democracia, a morte de cada soldado é um evento público. E, exatamente por isso, deveria provocar a dura pergunta: por que ele morreu? Mesmo sem ter conhecido o sargento Marshall, posso deduzir que ele teria tido suas próprias respostas. A sua patente indicava um tempo suficiente em serviço para ter resolvido essas questões existenciais. Mais tarde, fiquei sabendo que em sua última carta para casa ele dissera que via pouco mérito em discutir a missão no Iraque. "Isso realmente não me diz respeito", ele escreveu. "Não sou político ou legislador, mas apenas um velho soldado. Qualquer dúvida de minha parte pode colocar a vida de pessoas em risco."

Mas raciocínios individuais, mesmo válidos e honráveis, raramente satisfazem anseios coletivos. Por que o sargento Marshall morreu? A pergunta parecia muito pungente naquela tarde de sábado, pois a guerra parecia ter acabado. O regime de Saddam Hussein entrara em colapso – a 24ª queda de um governo iraquiano desde 1920, segundo um cálculo –, e os tiros tinham praticamente parado. Milhares de saqueadores iraquianos invadiram as ruas, fugindo com objetos de valor roubados enquanto erguiam bandeiras brancas feitas de sacos de arroz e camisetas; tornamos o mundo seguro para a cleptocracia. Logo veríamos que as coisas não ficariam melhor do que o 12 de abril, o ponto alto da invasão e uma breve calmaria entre a guerra e a igualmente perigosa não-guerra. Com certeza, os soldados percebiam, e talvez o sargento Marshall também, que o Iraque estava envolvido em uma campanha de guerra perpétua, declarada em vários graus de intensidade desde o fim da Guerra Fria 14 anos antes.

Sabiam, mesmo que seus líderes políticos se recusassem a dizer-lhes, que a vitória em uma guerra global contra o terrorismo significava, na melhor das hipóteses, conter o inimigo, em vez de derrotá-lo, e que não haveria mais belos dias de paz convencional. Os soldados na 101ª Divisão Aerotransportada faziam piadas pessimistas sobre postos permanentes no Iraque, em Fort Baghdad ou Camp Basra, ou então sobre voltar para casa, para Fort Campbell, no Kentucky, apenas depois de uma longa marcha cruzando o Irã ou a Coréia do Norte, ou até mesmo o Afeganistão, mais uma vez, onde tantos já haviam servido.

Como correspondente do jornal *The Washington Post* e como historiador militar, eu acompanhei a 101ª Divisão Aerotransportada desde o Kentucky, com ambições de observar o Exército americano de dentro. Por quase dois meses, durante o deslocamento das tropas e o quartelamento no Kuwait, e a marcha subseqüente cruzando o país até Bagdá, passando por Najaf, Karbala e Hilla, observei como a guerra é travada em uma era em que as guerras são pequenas, seqüenciais, expedicionárias e sem fim. Vi soldados se tornarem adeptos da causa, comovidos por multidões jubilosas sedentas por liberdade. A libertação é tão intoxicante para o libertador quanto o é para os libertados, e as tropas americanas se tornaram "distribuidores" de saudação compulsivos, como se desejassem que essas pessoas as adorassem. (Será que os outros exércitos que invadiram a Mesopotâmia também agiram assim, como os persas, os gregos e os britânicos em 1916?) Como a maioria dos americanos, fui levado nessa aventura sem nunca ter me livrado completamente do mal-estar em relação à razão de tudo isso.

O combate no Iraque fez surgir rumores sobre soldados americanos, incluindo a suposição de que eles relutavam em enfrentar o inimigo, particularmente em confrontos urbanos. Alguns soldados chegaram a ser impiedosos e cínicos; grandes erros foram cometidos, incluindo episódios de fogo amigo, manobras erradas e erros de cálculos suficientes para reafirmar um velho ditado militar que diz que plano nenhum sobrevive ao contato com o inimigo. Mas, em sua maioria, os soldados mantinham o bom humor, a dignidade, a honra e a humanidade – em circunstâncias destituídas de qualquer destes sentimentos. O Exército americano demonstrou mais uma vez que estava sem apoio entre as potências mundiais.

Um país do tamanho da Califórnia, com 24 milhões de habitantes, foi conquistado em três semanas, a um custo de menos de 125 vidas americanas. A tarefa fora cumprida com uma economia admirável. Na Guerra do

Golfo Pérsico, em 1991, a força de ataque incluía sete divisões do Exército e um par de regimentos de cavalaria blindada, duas divisões Marine, uma divisão francesa, uma divisão britânica e dezenas de milhares de soldados árabes e aliados, todos reunidos para libertar o Kuwait, um país com o tamanho de Nova Jersey. Dessa vez, um desafio militar muito maior foi vencido com três divisões do Exército, uma divisão Marine e uma divisão britânica. O poder de combate americano contou com uma gama enorme de armamentos e inovações tecnológicas, muitas delas novas no arsenal, mas também liderança, vontade e soldados excepcionalmente bem treinados em todas as patentes. Os invasores atacaram simultaneamente do sul, do oeste e do norte, demonstrando intrepidez em articulada belicosidade (a integração do Exército, Marinha, Força Aérea, Marines e Operações Especiais) e arrojo de forças combinadas (a integração do poder aéreo, infantaria, artilharia e outros recursos de combate). A guerra foi tanto uma decorrência natural do desenvolvimento militar americano desde a Guerra do Vietnã quanto uma prévia das que se seguiriam.

Verdade seja dita, a resistência iraquiana foi frágil e profundamente inapta.

– Generais iraquianos – observou um comandante de um corpo Marine americano – não eram capazes de carregar um balde de pedras.

Mesmo assim, a dissolução de divisões inteiras deixou dezenas de milhares de homens armados capazes de operar como guerrilhas em um país com cinco mil anos de experiência em resistir a invasores. O vitorioso de 1991, o general H. Norman Schwarzkopf, disse uma vez sobre a sua invasão limitada:

– Tenho certeza de que, se tivéssemos tomado o Iraque em sua totalidade, seríamos um dinossauro em um poço de piche... ainda estaríamos lá.

Realmente, no início do verão de 2003, mais da metade das divisões ativas do Exército americano estavam comprometidas no Iraque como força de ocupação, ao lado de uma fatia substancial da Guarda Nacional e Reservas; aquelas 10 divisões eram pouco mais da metade das 18 que existiam no final da Guerra Fria, quando uma nova época de trégua internacional podia, supostamente, permitir que uma porção considerável da força militar americana descansasse. Nenhum historiador pôde estudar as crônicas da Mesopotâmia sem se perturbar com as freqüentemente violentas mudanças de regime – sumérios, acadianos, babilônios, hititas, hurrianos, cassitas, elamitas, assírios, árabes, persas, otomanos, britânicos e, agora, anglo-americanos. Como o historiador George Roux escreveu, uma geração atrás, sobre a civilização mesopotâmica: "Um país como o Iraque requeria, para ser viável, duas condições: perfeita cooperação entre as várias unidades étnicas e sociopolíticas dentro do país e uma atitude amigável, ou no mínimo neutra, de seus vizinhos. Infelizmente, nenhuma da duas condições perdurou naquela região."

Se o fato de juntar-me à 101ª Divisão Aerotransportada permitiu-me uma observação mais de perto dos soldados americanos em guerra, também esclareceu muita coisa sobre a arte do comando. Presenciei uma grande quantidade de paciência e autocontrole por parte do comandante, o general-de-divisão David Howell Petraeus, e do seu superior, o comandante do V Corpo, general-de-exército William Scott Wallace. Sempre acreditei que o estresse excessivo do combate é um grande revelador de personalidades, trazendo à tona traços elementares de um homem, da mesma maneira que um prisma disseca a luz revelando o seu espectro interno. Petraeus manteve-me ao seu lado no Iraque praticamente o dia todo, todos os dias, permitindo que eu pudesse sentir as ansiedades e perturbações, as pequenas satisfações e grandes alegrias de comandar 17 mil soldados sob fogo inimigo. Acompanhei de perto ele e seus subordinados aperfeiçoarem-se enquanto lutavam com milhares de charadas táticas, desde pousar um helicóptero em uma bacia de areia fina até tomar de assalto uma grande cidade xiita. Também presenciei suas batalhas com as implicações estratégicas de um exército do século XXI que eles agora comandavam, uma força expedicionária que pulava de uma pequena guerra para outra, defendendo os perímetros do império americano. A tarefa parecia tão monumental quanto perpétua. Durante o mês que passou, Petraeus, por diversas vezes, levantou uma questão retórica, que se tornou uma piada entre nós:

– Diga-me onde isso vai acabar.

Uma hora depois que o corpo do sargento Marshall foi removido, fui com Petraeus em seu Humvee em direção ao Estabelecimento Estatal Al Qadisiyah, uma enorme fábrica de armamentos iraquiana, para onde a 101ª pretendia mover o seu quartel-general. Saqueadores acenavam, e nós acenávamos em retorno. Um jovem iraquiano nos observava, sentado em uma cadeira de rodas ao longo da Rodovia 8, com uma atadura ensangüentada em volta do coto onde antes havia a perna esquerda; ele não acenou. Soldados americanos protegiam o Ministério Iraquiano do Petróleo e praticamente nada mais. Bandos saqueavam 17 dos 23 ministérios do governo, museus, bibliotecas, fábricas, prédios de escritórios, instalações militares e vilas da elite governante do Partido Baath. No Objective Curley, vários veículos militares queimados e um par de largas palmeiras com os troncos rachados serviam de testemunhas da intensidade do combate. Cartuchos deflagrados cobriam o chão como um tapete, reluzindo à luz do sol. Três iraquianos de túnicas brancas exumavam um cadáver com uma pá e um cobertor. Uma pichação em um muro a oeste da rodovia dizia: "No Love U.S.A." Alguém riscou o *No* e rabiscou *Yes.*

Na fábrica de armas, onde até bem pouco tempo centenas de trabalhadores montavam morteiros e fuzis AK-47, soldados trabalhavam duro para organizar o acampamento: espalhando arame farpado, limpando os destroços, regulando antenas de receptores de sinal via satélite. Citações do Alcorão adornavam o portão principal, onde também havia um enorme mosaico de Saddam Hussein – de uniforme militar, com um manto vermelho e uma espada – crivado de balas. Envelopes ainda selados encontrados no balcão da guarita incluíam correspondências das Agências Comerciais Al-Breamq e várias contas que nunca mais seriam pagas. Na fachada de um prédio de escritórios de sete andares apelidado pelos soldados como Hotel, os ponteiros de um relógio enorme permaneciam congelados às 7h25.

– Ainda faltam algumas batalhas e algumas mortes, mas acredito que a guerra já esteja no fim – disse Petraeus enquanto explorávamos a fábrica. – Agora vem a parte mais difícil.

O ar quente trazia consigo um aroma de eucalipto das árvores que se alinhavam pela rua. Próximo à guarita, a banda da divisão descansava à sombra antes de partir para os postos de sentinela em torno da instalação; quando não estavam tocando seus instrumentos, os integrantes da banda faziam a segurança para os quartéis. Ao avistar o general comandante, os músicos ficaram de pé rapidamente, batendo continência. Petraeus jogou os ombros para trás, juntou os calcanhares e em seu tom de barítono e estremecedor guiou-os em um coro da canção da divisão:

Nós temos um encontro com o destino.
Nossa força e coragem acendem a chama
Que sempre tornará os homens livres.

Assalto, desce do céu azul,
Mantenha os olhos no alvo a ser atingido!
Somos os soldados da 101ª,
Lutaremos até a batalha estar ganha!

Eu via o sargento Marshall como um soldado solitário perdido em uma pequena guerra. A batalha dele havia acabado. Seria iniciada sua longa jornada de volta a Arlington. A morte de cada soldado é um evento público.

PARTE I

PAZ

1

HOMENS FORTES ESTÃO SEMPRE PREPARADOS

A estrada para Bagdá começava no estacionamento do restaurante Shoney's no shopping de Hopkinsville, no Kentucky, às oito da manhã de uma quarta-feira, dia 26 de fevereiro de 2003. Flocos de neve do tamanho de penas de galinha caíam das nuvens baixas. Os filmes *Como Perder um Homem em Dez Dias* e *O Novato* eram campeões de bilheteria nos cinemas Martin Five. Sessenta jornalistas, com os cabelos embranquecidos e molhados pela neve, embarcavam lentamente em dois ônibus fretados pelo Exército para nos transportar até Fort Campbell, não muito longe dali, base da 101ª Divisão Aerotransportada.

– Acabei de derramar a droga do café – um dos repórteres anunciou, para a indiferença de todos.

Uma mulher jovem, segurando um pequeno espelho, retocava a maquiagem dos olhos; sua mão tremia levemente. Um oficial do Exército impaciente conferiu os nomes em uma prancheta e em seguida balançou a cabeça para o motorista civil que levantou o zíper de sua jaqueta dos Tennessee Titans e fechou a porta.

– Vamos – disse o oficial ao motorista. – Cara, isso é como pastorear gatos.

Enquanto o ônibus passava lentamente pela guarita da Polícia do Exército, olhei o documento de sete páginas enviado a mim por e-mail dois dias antes. "Este documento é um convite formal para você ficar embutido com elementos da 101ª Divisão Aerotransportada durante o envio das tropas", dizia o texto. "A agenda determina viagem via transporte militar contratado de Fort Campbell até a Área de Responsabilidade do Comando Central dos Estados Unidos (CENTCOM)." Setecentos e setenta e sete repórteres e fotógrafos se juntariam a várias unidades do Exército, Marinha, Força Aérea e Marine Corps sob um plano do Departamento de Defesa de cobrir a guerra com o Iraque que agora parecia inevitável e iminente. Cerca de oito por cento dos jornalistas estariam espalhados pela 101ª Divisão Aerotransportada em vários batalhões, brigadas e unidades de apoio.

O documento incluía regras e sugestões. Para propósitos de "alojamento e refeitórios", repórteres eram considerados de patente similar a "major", um título exagerado que nos promovia em pelo menos quatro níveis. Repórteres não podiam carregar armas e eram instruídos a não levar consigo "jaquetas coloridas de imprensa". Várias vacinas eram recomendadas, inclusive contra antrax, varíola e febre amarela. Cada jornalista teria que levar consigo um saco de dormir, artigos de higiene para um período de "dois meses", plaquetas de identificação de metal – "Quedas de helicópteros têm a tendência de fazer um estrago muito grande nos corpos", um oficial me disse com o piscar de um olho – e artigos de acampamentos, como canivetes, lanternas, óculos de proteção e lenços. "Itens para serem evitados" incluíam ferros e secadores de cabelos, pornografia e álcool.

"As condições atuais dentro da área de operações são descritas como 'austeras'. Você não deve esperar encontrar lavanderias disponíveis. Um balde de água para lavar as mãos é a norma. O Exército proverá os MREs (Alimentos Prontos para Consumo). Estamos ansiosos para trabalhar com você no nosso próximo Encontro com o Destino!"

A tempestade de neve diminuía enquanto o pequeno comboio cruzava Fort Campbell. Um outdoor declarava: "Terra da *Screaming Eagle.* Saudações com Orgulho." O posto, com cerca de 425 quilômetros quadrados, ficava na fronteira do Kentucky com o Tennessee e é populoso o suficiente para requerer vários códigos de endereçamento postal. Vários prédios de madeira do período da Segunda Guerra Mundial ainda eram usados, tais como os do quartel-general da divisão. Um painel eletrônico próximo a um cruzamento piscava com anúncios de publicidade, incluindo "Bingo Bingo Bingo Bingo World" e "Assalto Aéreo Reboque e Armazenamento". Um novo memorial de granito preto do outro lado da rua comemorava as batalhas clássicas da divisão e levava gravado em si uma frase do general-de-divisão William C. Lee, um comandante da Segunda Guerra Mundial considerado o patrono das operações aéreas do Exército americano: "Devemos partir para a ação quando a necessidade é imediata e extrema."

Aguardando do lado de fora de um pequeno centro de conferências do Exército estava o major Hugh Cate III, o oficial relações-públicas da divisão, que eu conhecera durante uma viagem de reportagem para Fort Campbell no início de janeiro. Um afável ex-jogador de rúgbi de West Point, nascido no Alabama, Cate – conhecido por seus amigos e familiares como Trey – cumprimentou todos ao descerem do ônibus. Puxandome de lado, ele perguntou: "Pronto para ir? Temos 49 aviões partindo nas próximas 72 horas. O general Petraeus e a maioria da equipe de comando já estão no Kuwait. Você e eu partiremos amanhã à noite."

Lá dentro, uma mesa enorme em forma de U dominava a sala. Fotografias históricas enormes decoravam as paredes, ilustrando a divisão na França, Holanda, Vietnã e, durante a Guerra do Golfo, em 1991, no Sul do Iraque. Uma foto famosa flagrava o general Dwight D. Eisenhower em uma conversa calorosa, na véspera do Dia D, com jovens pára-quedistas prontos para embarcar em seus aviões para o salto na Normandia. Criada em agosto de 1942, a 101ª Divisão Aerotransportada apareceu no bestseller de Stephen Ambrose *Band of Brothers: Companhia de Heróis*, que mais tarde se tornara um seriado popular de televisão em dez episódios.

Cate fez com que todos se sentassem, em seguida diminuiu a luz e passou um vídeo instrutivo de cinco minutos. Enquanto um coro cantava um hino um tanto quanto sentimental – "Quando precisaram de nós / Nós estávamos lá" – rolavam na tela imagens de Bastogne, Tet e Tempestade do Deserto, e de caixões de Gander, Terra Nova, onde um batalhão que retornava de uma missão de paz na Península do Sinai foi destruído em uma queda de avião em dezembro de 1985. No centro de conferências, no segundo andar, um pôster na parede ilustrava as palavras de George Orwell: "Durante a noite, as pessoas dormem em paz em suas camas porque homens fortes estão sempre preparados para usar da violência para lhes proteger."

A partir de 1974 a 101ª Divisão Aerotransportada deixou de ser uma unidade de pára-quedistas, o que tornou a nomenclatura inconveniente, para não dizer incômoda. Em vez disso, a divisão foi convertida em uma força de "assalto aéreo", explorando táticas de "cerco vertical" treinadas a princípio pelos Marines americanos na Guerra da Coréia. Equipada com 256 helicópteros, a 101ª podia organizar ataques intensivos por trás da linha inimiga com seis dúzias de helicópteros Apache armados – de longe, mais do que qualquer uma das nove outras divisões do Exército –, enquanto ao mesmo tempo transportava até quatro mil soldados por pelo menos cerca de 160 quilômetros em seis horas com helicópteros de transporte Blackhawk e Chinook. "Poderosa, Flexível, Ágil e Letal", afirmava um folheto informativo da divisão. "Treinada e pronta para lutar e vencer." Coletiva e formalmente, os 17 mil soldados eram agora a 101ª Divisão Aerotransportada (Assalto Aéreo). Informalmente, e com um orgulho considerável, eles chamavam a si mesmos de *Screaming Eagles*, e cumprimentavam uns aos outros com a saudação brusca: "Assalto aéreo!"

Tudo isso ficou bem claro nas horas seguintes em uma série de reuniões de instruções. Um oficial relações-públicas civil e grisalho chamado George Heath enclinou-se sobre o tablado e disse:

– Se você preferir rações MRE vegetarianas a normais, se existe uma marca de capuccino*s* de sua preferência, se preferir um quarto com vista do amanhecer, em vez do entardecer, diga-nos e veremos se podemos acomodá-lo.

Uma confusão momentânea irrompeu entre os jornalistas, uma mistura de esperança e ceticismo, até que, ao piscar um olho, Heath revelou sua brincadeira.

O comandante do hospital de Fort Campbell mostrou slides de quatro vítimas terrivelmente desfiguradas pela varíola, com os rostos completamente cobertos por bolhas difíceis de aceitar até pelo amor da própria mãe. Mostrou também um slide de uma autópsia feita no cadáver de um homem russo, vítima de inalação de antraz, ilustrando um cérebro humano transformado pela bactéria em uma massa preta e gordurosa.

– Uma seqüência de três vacinações tem se provado 92,5% efetiva na proteção de macacos *Rhesus* contra o antraz – disse o comandante. – Em coelhos, a eficácia é de 97%.

Jornalistas interessados em vacinas contra varíola e antraz preencheram vários formulários – ansiosos, fazendo piadas sobre marcar "macaco" ou "coelho" – e em seguida marcharam até uma clínica próxima dali, onde médicos militares aguardavam para inoculá-los.

Os que ainda tinham apetite foram levados para a praça de alimentação de Fort Campbell para almoçar no Anthony's Pizza ou no Frank's

Franks. Comerciantes no átrio vendiam camisetas com os dizeres "Sem folga para o Iraque!". Bem como bonés da 101ª Divisão Aerotransportada e litografias baratas de aves de rapina em diversas poses e atitudes.

De volta ao centro de conferências, as instruções continuaram pela tarde. Um sargento especializado em assuntos nucleares, biológicos e químicos, conhecido simplesmente como NBC, demonstrou como colocar uma máscara de proteção M-40.

– A maioria dos iranianos que morreu por conta de armas químicas na guerra Irã-Iraque tinha barba e suas máscaras não se acomodaram de forma apropriada em seus rostos, a fim de protegê-los contra os agentes tóxicos – disse o sargento. – Se alguém tiver barba, recomendo que raspe.

Um dos que menos gostaram desse conselho foi Jim Dwyer, um repórter mordaz e talentoso do *The New York Times*, que se tornaria um camarada muito próximo pelas sete semanas seguintes. Filho de imigrantes irlandeses e ganhador de um Prêmio Pulitzer em 1995 com suas colunas líricas sobre a cidade de Nova York, Dwyer era um enviado de última hora entre os correspondentes de guerra do *Times*.

– Se estiver passando por uma crise de meia-idade – perguntou o seu médico antes de seu envio –, por que não arruma uma namorada, como outros homens da sua idade?

Com 46 anos, orgulhava-se de possuir uma barba de 13 anos. Dwyer questionou o sargento NBC diversas vezes e então se rendeu. Na manhã seguinte ele apareceu com seu rosto típico de irlandês gordo, barbeado e vermelho pelo contato da lâmina, mas pronto para usar a máscara.

Enquanto as máscaras eram entregues, repórteres debatiam sobre a probabilidade de Saddam Hussein atacar com gases de toxina botulínica, sarin ou mostarda. Como na maioria dos conclaves de repórteres, a discussão foi repleta de opiniões e pobre em fatos; uma pequena maioria sustentava que "ser melado", como o Exército chamava um ataque químico, era provável.

– O sinal para um ataque de gás consiste em três roncos de uma buzina ou alguém gritando "Gás! Gás! Gás!" – o sargento continuou. – Como você sabe que há um ataque de gás? Quando você vê alguém colocando a máscara.

Pensei em Wilfred Owen e no seu poema "Dulce et Decorum Est": "Gás! Gás! Rápido, rapazes! – Um êxtase de tropeços."

O tempo padrão para o ajuste da máscara era de nove segundos. Eu não tinha certeza se poderia removê-la da bolsa em nove segundos, e muito menos ajustá-la corretamente no rosto.

Em seguida, o sargento apareceu com uma sacola de lona contendo a Tecnologia de Vestimenta Integrada Leve de Utilidade Múltipla, um nome complexo para um traje complexo, comumente conhecido como JLIST, pronunciado "jay-list" e feito de espuma de poliuretano impregnada de carvão.

– O tempo padrão para partir de MOPP zero – sigla inglesa para Postura Protetora Orientada para Missão – em que você apenas mantém a máscara na embalagem – para MOPP quatro –, que inclui vestir o traje completo, botas de vinil, máscara e luvas – é de oito minutos.

Peça por peça, o sargento vestia seu traje, sempre nos avisando para prender isso ou aquilo com "o fecho de prender e empilhar". Só depois de mais algumas referências me dei conta de que ele estava falando do velcro. Um especialista precisava de mais de oito minutos para vestir o aparato e todos os acessórios. Quando ele removeu a máscara, depois de apenas 30 segundos, suava feito um cavalo de corrida.

– Até agora tudo tem sido muito inocente – disse o major Cate ao subir no tablado. – Mas quero apenas deixar claro para todos vocês que isso é coisa séria.

Antraz, varíola, gás sarin, toxina botulínica, gás de mostarda: na verdade, o dia não pareceu mesmo muito fútil. Cate reviu algumas da regras de conduta para a cobertura de operações de combate. Nenhum jornalista poderia ser excluído das linhas de frente por causa de seu gênero; se uma repórter quisesse ficar com uma companhia de fuzis, que ficasse, embora, pela lei, soldados femininos não pudessem servir em tais unidades.

– A nossa postura é de que a informação deve ser liberada e de que deve haver uma boa razão para não liberá-la, em vez de suprimi-la até que se encontre uma boa razão para mantê-la de fora – Cate adicionou.

Essa afirmação provocou um leve ceticismo, tanto como uma afirmação de política quanto na sua construção sintática.

A segurança era o mais importante e ele continuou:

– Imprensa morta é má imprensa. – Ninguém na sala discordou. – Haverá notícias ruins. Haverá tensão entre as pessoas. Dê uma boa mordida naquele sanduíche sabor paciência.

Logo em seguida, um especialista em assuntos civis ministrou a mesma lição pela qual milhares de soldados passavam:

– Nunca façam o gesto de OK ou de "jóia!" (com o polegar para cima) com as mãos – ele aconselhou. – Na cultura árabe, tais gestos são obscenos. Creio que o gesto de OK com o polegar e o indicador tem algo a ver com a procriação de camelos. (Eu me lembraria dessa informação um mês depois, quando milhares de iraquianos libertos e triunfantes faziam o sinal com o polegar para cima para os soldados americanos que passavam.) Outro especialista fez um resumo de 20 minutos sobre a história e a geografia do Iraque. Três quartos da população de 24 milhões de habitantes iraquianos viviam em cidades. Doze por cento do país eram cultiváveis. A população de Bagdá ultrapassava os 5,5 milhões. A temperatura alta, em média, durante o mês de maio era de 37,7 graus Celsius. O programa petróleo por comida, organizado sob as ordens da ONU, permitiu que Saddam exportasse cerca de 75% a mais de petróleo do que vendia antes da guerra de 1991; o contrabando lhe gerava outros três bilhões de dólares anuais. As instruções terminaram com outro aviso com relação à cultura iraquiana:

– Nunca aponte ou mostre as solas dos seus pés a um árabe.

A lição final naquele dia longo veio do capitão Nick Lancaster, identificado por ele mesmo como o chefe de justiça da divisão. Guerras tinham regras, o capitão Lancaster começou. As regulações de combate reconhecidas internacionalmente existem "com a intenção de prevenir o sofrimento desnecessário. Basicamente, queremos ser os bons rapazes. Queremos que todos saibam que somos os bons da história e que jogamos limpo". A regra básica para combatentes estabelecida que "o sofrimento não deve ser *excessivo*. Há um advogado do Departamento de Defesa em Washington cujo trabalho é revisar todo equipamento a ser comprado para determinar se eles estão de acordo com as leis de guerra e se não infligirão sofrimento desnecessário". Uma vez ferido, o soldado não podia mais ser considerado combatente. Lancaster tinha consciência de que as regras de combate tinham várias distinções legais analisadas em detalhe. Um pára-quedista, por exemplo, é um piloto descendo de pára-quedas; um soldado de infantaria pára-quedista é uma espécie completamente à parte aos olhos da lei, ele é um combatente atacando por meios aéreos.

O capitão discorreu rapidamente sobre outras nuanças legais. A regra básica para o tratamento de iraquianos capturados seria "o tratamento humanitário, o que significa comida, água, tratamento médico. Se eles ganharem o status formal de PGI – prisioneiros de guerra inimigos –, recebem outros direitos, incluindo acesso a tabaco e a instrumentos musicais".

Finalmente, o capitão avisou, a Ordem Geral Número 1 seria reforçada durante o deslocamento das tropas. Conhecida como a proclamação "antiálcool", a ordem, na verdade, continha cláusulas numerosas, algumas das quais Lancaster disse terem sido violadas no ano anterior, no Afeganistão, por soldados da 3ª Brigada da 101ª. Dentre as proibições: É proibida qualquer arma particular na zona de combate. É proibida a entrada em lugares religiosos por motivos contrários à necessidade militar.

– Não queremos ferir a sensibilidade deles com um bando de soldados invadindo uma mesquita – explicou Lancaster. Nada de proselitismo religioso. Nada de saques em sítios arqueológicos. Nada de mercado negro. Nada de animais de estimação.

Um repórter perguntou se a Ordem Geral Número 1 se aplicava a jornalistas credenciados junto às tropas. Lancaster parou de forma judiciosa. Punições são improváveis, ele admitiu, e depois acrescentou: – Meu conselho seria que você obedecesse à regra.

Qualquer campanha militar americana no Iraque faria o possível para minimizar os danos ao país, o capitão concluiu. A razão, entretanto, era menos uma questão de jurisprudência do que de auto-interesse esclarecido.

– Quanto mais infra-estrutura ainda houver lá depois da guerra, menos teremos que reconstruir – disse ele. – E mais rápido poderemos ir embora.

Enquanto saíamos da sala de conferências e partíamos para a última noite em nossos hotéis em Clarksville, ocorreu-me que o capitão Lancaster explicitara a razão pela qual soldados americanos lutavam em cada conflito desde a Guerra do México: o direito de voltar para casa o mais rápido possível.

Estávamos a caminho – lentamente, ao ritmo do Exército.

No final da tarde de quinta-feira, dia 27 de fevereiro, em uma diáspora jornalística, os repórteres foram enviados para suas unidades designadas. A 101ª era composta de sete brigadas, cada uma comandada por um coronel, que era como uma espécie de duque no vasto reino. Cada uma das três brigadas de infantaria, por exemplo, tinha aproximadamente 3.500 soldados e era normalmente expandida em um "time de combate" com seus três batalhões de infantaria aumentados por um batalhão de artilharia, alguns batalhões de aviação e diversas unidades (do tamanho de companhias) de engenheiros, especialistas em comunicação, analistas de inteligência e tropas de defesa aérea. A maioria dos equipamentos da divisão, de helicópteros a canhões de artilharia, foi despachada de trem para Jacksonville, na Flórida, e naquele momento estava a bordo de cinco navios imensos rumo ao Kuwait. Os soldados, entretanto, viajariam em aviões fretados, carregando suas bagagens pessoais, suas próprias armas, máscaras contra gás, óculos de visão noturna e um conjunto de travas e cintas de ombro conhecidas como ETC – equipamentos de transporte de carga.

Fui designado para o quartel-general da divisão, onde eu era o único repórter acompanhando o comandante Dave Petraeus. Já conhecia Petraeus casualmente, desde que era um major trabalhando para o chefe do Estado-Maior do Exército, no início da década de 1990. Minha premissa quando requisitei esse trabalho foi a de que em um posto de comando de uma divisão em combate proporcionava um ótimo ponto de vista ao se poder olhar de cima para baixo, para as operações de suas brigadas e batalhões subordinados, bem como também poderia olhar para cima, para as operações do corpo de exército. Também sabia que Petraeus era uma figura interessante: inteligente, articulado e ousado.

– Talvez a pessoa mais talentosa que já conheci no Exército – disse o general Barry R. McCaffrey, um quatro estrelas reformado, recentemente sobre Petraeus. – Esse homem solta faíscas pelo corpo.

Como filho de um oficial de infantaria, tenho estado em volta do Exército toda a minha vida, incluindo períodos intensos de trabalho como correspondente na Somália, Bósnia e no Golfo Pérsico em 1990-1991. Também escrevi livros sobre a presença do Exército no Vietnã, na Guerra do Golfo e, mais recentemente, no Norte da África durante a Segunda Guerra Mundial; por quatro anos estive de licensa do *Post*, concentrando minhas atenções na pesquisa de uma narrativa histórica das campanhas na Sicília e na Itália em 1943-1944, quando o jornal solicitou o meu retorno temporário para o jornalismo. Essa visão do Exército, acreditei, seria inigualavelmente única.

Que seria uma visão de um exército numa guerra parecia provável. Um confronto sobre o desarmamento do Iraque persistiu entre Washington e Bagdá, virtualmente, desde o fim da Guerra do Golfo, em março de 1991. O Iraque, sem dúvida, violou diversas resoluções do Conselho de Segurança da ONU; novas decisões dos Estados Unidos tentaram sensibilizar o Conselho de Segurança, em novembro de 2002, no sentido de aprovar de modo unânime resoluções mais duras que demandassem o retorno de inspetores de armas da ONU ao Iraque depois de uma ausência de quatro anos, além do acesso irrestrito às instalações no país. Rancoroso, desagradável e até mesmo recalcitrante, Saddam Hussein, apesar de tudo, readmitiu os inspetores e destruiu dezenas de mísseis que infringiam limites balísticos determinados pela ONU.

Entretanto, o presidente George W. Bush e seus conselheiros insistiam que o Iraque provasse que havia desmantelado seus programas de fabricação de armas nucleares, biológicas e químicas.

– Você sabe que ele tem armas de destruição em massa, não sabe? – Paul Wolfowitz, subsecretário de Defesa, disse ao inspetor-chefe de armas da ONU.

Bush também afirmou que "confrontar a ameaça imposta pelo Iraque é crucial para vencer a guerra ao terror", embora ele não tenha apresentado evidências que conectassem Bagdá aos assassinos da Al-Qaeda, responsáveis pelas atrocidades do 11 de setembro de 2001.

O ânimo belicoso e arrogante da administração afastou diversos aliados, particularmente devido ao repúdio de Bush por diversos acordos internacionais – do Protocolo de Kyoto sobre o meio ambiente ao Tratado de Mísseis Antibalísticos e ao Tratado de Ampla Proibição de Testes Nucleares –, bem como devido a uma nova doutrina americana de segurança nacional, publicada em setembro de 2002, que endossava ataques preventivos contra supostas ameaças. Milhões de pessoas insatisfeitas marcharam contra a guerra em 350 cidades do mundo no dia 15 de fevereiro. Outra resolução autorizando o uso de força contra o Iraque e apresentada no Conselho de Segurança, no dia anterior à minha chegada no Kentucky, tinha poucas possibilidades de atrair até mesmo uma maioria simples. Pesquisas de opinião mostravam que uma maioria tímida de americanos apoiava algum tipo de ação militar contra o Iraque, mesmo sem a aprovação explícita da ONU.

– Em determinada altura – declarou Bush – talvez sejamos os únicos restantes. Por mim, tudo bem. Somos a América.

Se o envio de forças americanas para o Sudoeste da Ásia, iniciado no verão anterior, a princípio ajudou no que diz respeito a atrasar um consenso internacional em relação ao Iraque, agora o enorme fluxo de tropas parecia levar os Estados Unidos fatalmente na direção de uma guerra. O envio da 101ª Divisão Aerotransportada foi o mais notável até aquele momento, um sinal inequívoco e talvez irreversível de intenções fatais.

* * *

O Centro de Agrupamento de Contingente em Fort Campbell era um galpão escuro e frio com piso de concreto. Duzentos e noventa e quatro pas-"sageiros, denominados coletivamente de "Chalk 19", incluíam oficiais do estado-maior, a banda da divisão, a companhia do quartel-general da 101ª, uma unidade sinalizadora, Polícia do Exército, guerreiros relações-públicas de Trey Cate, Jim Dwyer, do *Times*, encarregado de cobrir o posto do comando de assalto da divisão, e eu. Os soldados vestiam fardas camufladas para o deserto e coturnos de camurça feitos especialmente para suportar o solo do deserto. Fumantes se apinhavam do lado de fora em uma doca de carga e descarga. Uma voz se destacou no burburinho:

– Ei, DeSouza. O fato de você estar fumando a droga desse cigarro não é desculpa para outra pessoa estar segurando a sua arma. – Outra voz cantava: – Preciso de um abraço. Preciso de um abraço.

Às 16 horas, depois de duas horas de bagunça, carregamos nossas mochilas para um estacionamento, onde o Chalk 19 embarcaria em um par de caminhões de 24 rodas de caçamba aberta. Em uma vida inteira de viagens, nunca aprendi a fazer as malas de maneira prática e a minha mochila High Sierra – vermelho-china em um mar de verde-exército – estava estufada com cadernos, roupas para clima quente, roupas para clima frio, pilhas sobressalentes (tamanhos AA, AAA e C), cabos sobressalentes de computador e de telefones via satélite, um saco de dormir e um colchonete de espuma, extensão elétrica, duas lanternas com lâmpadas vermelhas, um canivete Gerber com ferramentas suficientes para se construir uma casa ou realizar um transplante cardiopulmonar, um gravador, fitas adesivas, óculos de leitura sobressalentes, um colete, um capacete, um kit de barbear suficiente para dois meses e livros em excesso – os quais nunca li e nunca leria. Com um intenso grunhido, consegui erguer a mochila e colocá-la na caçamba do caminhão, ciente e talvez um tanto quanto agradecido pelo fato de jamais vê-la novamente.

Em duas bolsas de ombro eu ainda tinha a máscara contra gás e o JLIST, um computador portátil, dois telefones via satélite, uma câmera digital, um volume grosso de intruções sobre como operar esses objetos, canetas, lápis, mais blocos de notas, outra lanterna e vários itens que via apenas como *coisas*. O que aconteceu, eu pensava, com o repórter corajoso e persistente com um lápis, um bloco de papel e uma máquina de escrever Underwood surrada? O maior medo de um jornalista moderno, além de ficar sem gim, era não ter como escrever ou transmitir uma cópia escrita para a sede de sua redação, pelo amor à redundância, dadas as condições que nos aguardavam, dentro de duas semanas eu acumularia três telefones via satélite, três câmeras digitais, um sortimento de cabos, cordões, fios e adaptadores e dois laptops, incluindo um colocado numa caixa de metal que supostamente agüentaria ser atropelada por um Humvee. Havia ironia nisso tudo: eu nunca me senti à vontade em um mundo repleto de elétrons. Uma semana antes, ao chegar para a reunião de instruções de uso do laptop e do telefone via satélite no *The Washington Post*, ouvi um técnico falar com outro:

– O rapaz que vem para o treinamento hoje é um analfabeto tecnológico. – Eu só podia concordar.

Do estacionamento, fomos levados para uma outra área de espera em um enorme refeitório. Uma televisão estava sintonizada na CNN; o texto na parte inferior da tela dizia que o nível nacional de ameaças fora reduzido da cor laranja para a amarela.

– Passem a notícia – dizia um soldado à frente. – São proibidas armas ou cinturões com munição na nova mobília no refeitório. Espalhem isso.

Do lado de dentro, um soldado lendo a *Odisséia* apoiou a cabeça na mesa e cochilou, sem dúvida sonhando com comedores de lótus e homens transformados em porcos.

Às 17h45 fomos organizados e enviados de volta para fora. Ao anoitecer, um nevoeiro baixara sobre Fort Campbell.

– Vamos, vamos. Chalk 19, por aqui – gritava o primeiro-sargento Henry DeGrace, um veterano da companhia do quartel-general. – Em formação. Tropa, fileiras de dez! Quem aqui *não* tem uma máscara? – Silêncio. DeGrace levantou uma sacola de lona e leu o número marcado nela. – Máscara 104. – Um soldado desleixado apareceu para pegá-la.

Vários ônibus se aproximaram. DeGrace ficou de pé próximo à porta do primeiro ônibus e olhou nos olhos de cada soldado que entrava.

– Pegou todos os seus itens sensíveis?

– Sim, sargento – eles respondiam. – Sim, sargento.

O motorista, um civil com brilhantina no cabelo e óculos de armação grossa que se referia ao seu veículo como Big Boy, aguardava ao lado.

– São 50 assentos, se é que isso ajuda – disse ele enquanto o primeiro-sargento contava cada nariz que passava.

– Você precisa largar esse boné – DeGrace gritou. – Daqui para a frente, apenas Kevlars.

– Ele pronunciou as duas palavras como se fossem uma única: *esseboné*. Com um chiado dos freios a ar, o comboio partiu na direção da pista de decolagem, guiado por uma patrulha da polícia com a sirene ligada.

– Sinto-me importante – disse DeGrace, com um certo cinismo em sua voz.

Notei um brasão de combate da 10ª Divisão de Montanha na sua manga direita e perguntei a DeGrace se ele esteve na Somália quando a unidade foi enviada para Mogadíscio, em meados da década de 1990. Ele esteve, e também servira no Haiti, na Bósnia e em vários outros lugares.

– Sou casado há 17 anos e minha esposa passou por cada uma dessas experiências. – Ele retirou o capacete e me mostrou uma fotografia já amarelando de seus quatro filhos enfiada na presilha da parte de dentro. – O mais velho fez 16 anos este mês – disse ele. – Esta é a mesma foto deles que levei para a Somália. Sempre a mantive no mesmo lugar dentro do capacete. Disse aos meus filhos que estaríamos de volta logo que o trabalho fosse feito. Espero que essa seja a última vez que eu tenha que fazer isso.

DeGrace era esbelto, falava rápido e tinha um bigode elegante. Natural de New Bedford, Massachusetts, ingressou no Exército em 1985. Ele me disse que seu pai, também chamado Henry, alistou-se com 16 anos, enganando as autoridades com a certidão de nascimento do irmão mais velho, morto quando criança. Posteriormente promovido a sargento, Henry, o pai, abriu mão de três listras para se juntar à recém-criada 101ª Divisão Aerotransportada e lutou com a Companhia G do 506º Regimento de Infantaria Pára-Quedista da Operação MARKET GARDEN, na Holanda, até o final da guerra. Henry, o pai, estava com 82 anos e trabalhou nos Correios por 45 anos depois da guerra; Henry Júnior tinha uma *Screaming Eagle* tatuada na panturrilha. Era desse tipo a unidade, uma confederação não só para companheiros, mas também para pais e filhos.

Os ônibus estacionaram em um hangar vazio onde o Chalk 19 se agrupou. Bancos de metal alinhavam-se junto às paredes e os soldados se acomodaram em um enorme estardalhaço de fuzis. Um capelão, sentado a uma mesa coberta por uma toalha com camuflagem do deserto, distribuía exemplares do Novo Testamento e um livro devocional intitulado *O Poder do Clamor*.

– É muito bom – ele me disse de forma prazerosa. – Quer um?

Virei a primeira página, onde um versículo do Salmo 86 dizia: *No dia que precisar, chamarei pelo Seu nome, pois o Senhor responderá.*

Vários capítulos incluíam conselhos sobre "libertação de demônios" e "autocontrole".

A atmosfera no hangar não era jovial e nem sombria. Para a maioria dos soldados, o pior dia ainda não havia chegado, mas apenas o dia da partida. Soldados que ainda precisavam tomar vacinas retiravam seus uniformes e formavam fila para as injeções contra varíola, hepatite ou gripe. Sargentos circulavam pelo hangar chamando soldados do sexo feminino para um último teste de gravidez; mulheres grávidas não podiam ser enviadas para uma zona de combate. Uma jovem especialista gemeu e atirou sua mochila no chão.

– Olhe as minhas coisas, por favor – ela pediu a um colega soldado antes de se juntar à fila.

Conversas fluíam dos bancos. Alguns soldados davam os últimos telefonemas emocionados de seu celulares. Alguns pilotos de helicópteros Chinook, eu fiquei sabendo, voltaram do Afeganistão e ficaram em casa por apenas três semanas antes de serem enviados para o Kuwait.

– Duvido se um dia conseguirei um ano inteiro em casa – um primeiro-sargento disse a um outro soldado. – Este é o meu terceiro ano seguido em serviço fora do país. Gostaria de passar ao menos um ano em casa. Talvez quando me aposentar. – Ele parecia mais cansado do que zangado. Entrei para a companhia do quartel-general porque imaginei que não fosse a lugar algum, a menos que a divisão inteira fosse. Adivinha o que aconteceu? A divisão inteira está indo.

Muita conversa girou em torno da dúvida sobre se o Chalk 19 pousaria na Cidade do Kuwait antes da meia-noite, em 28 de fevereiro, o que renderia a cada soldado uma isenção de impostos para o mês de fevereiro inteiro. Poucos soldados se consideravam mercenários, mas a maioria era muito consciente sobre o que era seu de direito no que diz respeito a pagamentos de tropas enviadas. "Dólares do Deserto", como o jornal de Fort Campbell chamava os benefícios, incluíam uma diária de três dólares e cinqüenta centavos, 100 dólares mensais adicionais, 150 dólares mensais em pagamento de fogo hostil, 241 dólares mensais para despesas básicas de subsistência e até 5.533 dólares em salários mensais livres de impostos sob a "exclusão de zona de combate". Um sargento com dois filhos pequenos me disse que já pegara dinheiro emprestado contando com os rendimentos extras; em Fort Campbell, ele estava tão apertado de dinheiro no final de cada mês que raramente almoçava.

– São seiscentas ou setecentas pratas a mais por mês que fazem bastante diferença – disse ele.

Houve uma comoção no meio do hangar e vi um oficial que conhecia desde a Guerra do Golfo, quando ainda era major. Agora, Benjamin C. Freakley era general-de-brigada e comandante assistente da divisão para operações, conhecido simplesmente como o O. Ele era uma força da natureza, um guerreiro à moda antiga com um grande coração e cinco filhos homens. Mais um jogador de rúgbi de West Point, ele era um metodista devoto, um colecionador de antigüidades, um pedagogo natural e um baterista talentoso cujo solo de "Wipeout", na festa de Natal da divisão, ainda era de se lembrar. Freakley recebeu de Petraeus a missão de supervisionar o envio das tropas; ele estava insatisfeito com o fato de ter sido deixado para trás por duas semanas e com várias dificuldades burocráticas, que agora estava tentando corrigir.

Ele parou de apontar para os soldados por tempo suficiente para que eu pudesse apresentá-lo a Dwyer, que posteriormente se juntaria ao posto de assalto da tropa, normalmente o território de O durante o combate.

– O plano está mudando depressa – Freakley nos disse. O governo turco parecia desfavorável a deixar a 4ª Divisão de Infantaria atacar o Norte do Iraque pelo Leste da Turquia. – Se os estrategistas quiserem proteger os campos petrolíferos do Norte, a 101ª seria uma boa candidata para esse trabalho. – Ao ser questionado sobre a duração de tal campanha, ele pensou por um instante: "Duas semanas se tudo der certo, dois meses se não der. Se chegar até Bagdá, ou até as outras cidades, o plano é utilizar ataques precisos através da identificação de pontos de resistência para então golpeá-los com força e rapidez, e em seguida evacuar. Não haverá arrombamentos."

Freakley saiu em seguida para terminar suas revistas. Às 22 horas, o Chalk 19 recebeu ordens para sair mais uma vez, agora para um pequeno hangar na beira da pista. Cada soldado carregava 20 cartuchos de munição para o caso, ainda que improvável, de a 101ª precisar descer do avião atirando. Eu puxava a minha mochila com rodinhas como um turista. Um capelão assistente, major Len Kircher, falava sobre a quantidade de casamentos de última hora que precedeu o envio das tropas. Um juiz de paz local chegou a ser apelidado de Juiz do Amor. Kircher desaprovava.

– Não faço trabalhos de última hora, frutos de decisões sem pensar, e não caso soldados rasos. A taxa de insucesso é muito alta.

Várias centenas de soldados fortemente armados ouviam impacientes enquanto um policial do Exército lia um aviso obrigatório do governo:

– É um crime federal – dizia ele, sem o menor traço de ironia – carregar armas escondidas a bordo de uma aeronave. – E então, como instruído, os soldados penduraram seus fuzis e lançadores de granadas nos ombros e partiram em direção à pista de decolagem.

Quatro enormes aviões fretados aguardavam no nevoeiro, incluindo um Boeing 747 da Northwest Airlines e um outro avião comercial cuja fuselagem anunciava férias no Havaí. As luzes da pista de decolagem eram de cor laranja e muito estranhas, espalhando longas sombras. O Chalk 19 caminhava em fila ao longo do asfalto na direção do vôo 6208 da World Airways. Enquanto os soldados subiam pela rampa de embarque e guardavam suas armas sob os assentos, com a coronha voltada para o corredor, um comissário de bordo se desculpava pelo alto-falante: por causa de uma válvula quebrada, a aeronave estava sem água. Cada passageiro recebeu uma garrafa de um litro de água "para descarga".

O relógio marcava 00:30 naquela sexta-feira, dia 28 de fevereiro, quando o avião ganhou os ares. Nos monitores de TV, o Homem-Aranha saltava pela cabine durante o filme noturno. Às 15 horas, horário da Alemanha, descemos sobre a paisagem dourada de Hessen para abastecer em Frankfurt. Moinhos de três pás giravam vagarosamente sob o sol da tarde. A velha Europa parecia tranqüila, longe de guerras e rumores bélicos, e pronta para o começo da *happy hour* do fim de semana. O avião taxiou pelo Memorial de Luftbrücke, que comemorava o socorro aéreo organizado pelo Exército dos Estados Unidos em 1947. As ironias, pensei, começavam a se acumular. Por cerca de uma hora, os soldados passearam pela loja de presentes observando os figurinos de Hummel, canecas de cerveja e camisetas que diziam: "Dirigi numa *Autobahn*."

A segunda parte da viagem começou com um comissário de bordo relembrando aos passageiros que "este é um vôo de não-fumantes, e isso inclui tabaco para mastigar". Os soldados guardaram suas latas de Copenhagen. Cruzando os Alpes e a Itália, voamos noite adentro. Sob o brilho de Nápoles, identifiquei a curva escura de Salerno, onde tantos rapazes morreram há 60 anos. A maior parte dos soldados no Chalk 19 assistia ao filme *Harry Potter e a Câmara Secreta*. Um soldado do outro lado do corredor lia com cuidado o Manual de Campo 3-19-4: "O Livro de Bolso do Oficial de Polícia do Exército". Se parecíamos mais um grupo de turistas em um vôo de férias do que um exército marchando para a guerra, a familiaridade daquilo tudo parecia acentuar o sentido apreensivo de incerteza.

Cruzando o Mediterrâneo, o avião voou ao longo do Nilo e em seguida desviou para o leste, no Vale dos Reis, a fim de cruzar o Mar Vermelho e a Arábia Saudita. Ao descer pelo percurso final da viagem, o piloto ordenou que todas as cortinas fossem fechadas e as luzes apagadas para que o avião ficasse o menos visível possível para qualquer pessoa abaixo, armada com um lança-míssil portátil e mal-intencionada.

– Somos muito gratos por tudo que estão fazendo pela nossa nação – anunciou um comissário de bordo. – Boa sorte a todos.

Dezessete horas depois de deixar Fort Campbell, o avião aterrissou na Cidade do Kuwait à 1h50, horário local, no sábado, dia 1º de março, tarde demais para a isenção de impostos relativos ao mês de fevereiro. Os três primeiros soldados a descer a rampa tinham 18, 19 e 23 anos de idade. Eles não mencionaram o dinheiro.

2

BOM PARA VOCÊ E BOM PARA MIM

O Chalk 19 levou quase o mesmo tempo para viajar pelos 16km entre o Aeroporto Internacional do Kuwait e Camp Doha quanto levou para cobrir os 14.250km desde Fort Campbell. Muito cansados, fomos levados do avião às três horas para uma tenda verde enorme em um canto do aeroporto. Sentamos em bancos arrumados com precisão sobre o assoalho de madeira. Lâmpadas fluorescentes iluminavam o local e um jovem sargento pronunciou um discurso de boas-vindas ao Kuwait, sem dúvida nenhuma, no mesmo tom monótono usado para receber as tropas norte-americanas na França em 1917, na Inglaterra em 1942 e no Vietnã em 1968. Uma coluna de soldados britânicos recém-chegados passou próximo à tenda; a visão de aliados parecia ao mesmo tempo estranha e afirmativa em um tempo em que a administração de Bush abraçava o unilateralismo preventivo. O governo dos Estados Unidos montou uma lista de confederados de coalizão supostamente recrutados na campanha contra o Iraque, começando com o Afeganistão, a Albânia, o Azerbaijão e a Bulgária, continuando pelas Ilhas Marshall e a Micronésia e concluindo com as Ilhas Salomão e o Uzbequistão. Eu estava particularmente louco para ver o exército da Micronésia.

O dia raiou quando embarcamos em uma dúzia de ônibus urbanos alugados, equipados com cintos de seguranças e propagandas do McDonald's anunciando um sanduíche chamado McArabia, "feito com pão árabe". Os soldados, exaustos, brincavam com os botões de sinal de parada ou olhavam para os mapas das rotas da Cidade do Kuwait. Dois vigorosos tenentes que serviam como oficiais de protocolo discutiam os objetos a serem presenteados aos dignitários de Washington que viriam, inevitavelmente, para elevar o moral das tropas quando a vitória estivesse garantida. Um oficial sugeriu uma caixa das garrafinhas de Tabasco incluídas em cada pacote de MRE, as quais ele propôs, após esvaziadas de molho picante, serem preenchidas com "Areia Genuína do Kuwait".

O destino de alguns de nós era Camp Doha, a enorme base localizada próxima à Cidade do Kuwait, onde o quartel da 101ª estava temporariamente instalado até que os equipamentos da divisão chegassem de navio. Mas a maioria dos nossos companheiros de viagem ia diretamente para Camp New Jersey, uma área de deserto no Centro-Norte do Kuwait, e ficou decidido que esses passageiros desambarcariam primeiro. O nosso comboio contornou a Baía do Kuwait e seguiu ao norte pela Rota 80, uma rodovia de seis pistas. Essa era a infame Rodovia da Morte, onde tropas iraquianas que evacuavam a Cidade do Kuwait em fevereiro de 1991 foram emboscadas e massacradas por aviões de guerra americanos. Eu vi essa rodovia pela última vez há 12 anos, quando uma enorme procissão de veículos e despojos queimados e roubados se estendia pelo horizonte. Depois de mais de uma década sob as intempéries, o asfalto parecia limpo e anti-séptico.

Por trás da montanha de pedra conhecida como Serra de Mutlaa, os ônibus viraram na direção oeste, rumo ao deserto, e viajaram durante duas horas por uma estrada péssima. Exceto por uma árvore quase morta e solitária, que mais parecia uma alucinação, a paisagem foi absolutamente desértica, até que as barreiras de areia e torres de monitoração de Camp New Jersey surgiram no campo de visão.

– Que belo país – disse o sargento DeGrace com um sarcasmo profundo. – Agora vejo por que estamos aqui.

Por aproximadamente uma hora, esperamos do lado de fora do acampamento em mais uma daquelas expectativas inexplicáveis, particulares a cada movimentação do Exército. Lembraram-me do postulado que dizia que o Exército americano se dá tão bem no caos da guerra porque o pratica todos os dias. Os soldados desceram dos ônibus para urinar no muro de areia; para os mais lentos, uma soldado gritou:

– Ei, depressa. É a nossa vez. – E finalmente uma sentinela sinalizou para que passássemos pela guarita e entrássemos nas instalações.

Camp New Jersey fora nomeado por alguém com um senso de humor bizarro: o Estado-Jardim que ele não era. Pouco mais de 11 mil quilômetros quadrados de deserto interrompidos apenas por alguns poucos agrupamentos de tendas. A 3ª Divisão de Infantaria fora desalojada recentemente para dar lugar à 101ª. Antes de se mudar para um acampamento no deserto ainda mais inóspito no leste, a 3ª Divisão destituiu o New Jersey de algumas comodidades, incluindo a maioria dos assentos de sanitários dos banheiros. Ao longo dessa terra devastada, um italiano de nome Pietro della Valle viajou por mais de uma década, no século XVII, carregando o corpo embalsamado de sua esposa. Era esse o tipo de lugar.

As bagagens do Chalk 19 foram despejadas em uma pilha enorme para ser decifrada por 300 passageiros. Um vento vindo do sul começou a soprar de repente e dentro de 30 minutos cada soldado e sua mochila ficaram cobertos por uma poeira fina e marrom. Enquanto pegávamos nossos óculos protetores, Jim Dwyer amarrava uma camiseta sobre a boca e o nariz; parecia uma mistura de pastor berbere com Jesse James. Dwyer tocou nos cabelos, duros e empoeirados, e observou:

– Depois de um tempo a poeira age como uma espécie de gel.

Dois soldados cantavam enquanto tentavam limpar a poeira dos olhos e carregavam as mochilas com suas tendas:

– *Pegue esse trabalho e jogue no lixo / Eu não trabalho mais aqui.*

Um veterano com um brasão de combate do Vietnã gritava: – Ai. que saudades de Kandahar!

Nós, com destino a Camp Doha, apanhamos nossas bagagens empoeiradas e entramos no ônibus para uma viagem de três horas. Camp New Jersey desaparecia atrás de nós, um posto avançado marrom, doentio, para o qual retornaríamos em breve.

Pouco antes das 18 horas, no domingo, dia 2 de março, esperei pelo general Petraeus do lado de fora do refeitório de Doha. Um oficial do estado-maior da divisão me informara que jantaríamos juntos. A noite era fresca e a brisa soprava. Fechei minha velha jaqueta de campanha.

A alguma distância dali, dois pares de chaminés de uma usina elétrica emolduravam o acampamento. O soldados as chamavam de traves de Scud. Um esquadrão fazendo TF – treinamento físico – passava correndo. Os soldados respondiam em uníssono ao canto do sargento:

Mama e eu deitados na cama,
Mama vira para mim e diz:
Me dê TF,
Bom pra mim e bom pra você.

Camp Doha está aqui desde o final da Guerra do Golfo, passando de um parque industrial abandonado a um próspero acampamento com oito mil residentes e um orçamento anual de 100 milhões de dólares, parte do meio bilhão de dólares investido pelo Exército americano na infra-estrutura do Kuwait. O acampamento me fazia lembrar de Long Binh durante a Guerra do Vietnã, uma enorme instalação recuada, cujos soldados residentes eram chamados de "Sabonetes" por seus companheiros sujos no campo – ou, menos gentilmente, de REMFs, sigla inglesa para "filhos-da-puta recuados e prestigiados".

Depois da minha breve visita a Camp New Jersey, estava grato por ser um REMF enquanto ainda podia. Do outro lado do refeitório, logo depois da caixa de entrega da videolocadora, o Centro de Recreação Frosty proporcionava jogos de cartas, dominó e campeonatos de pingue-pongue. Havia cartazes nas janelas da barbearia do acampamento – "Cortes militares a 5,25 dólares" – e na lavandeira – "Lavagem de uniformes a 3,50 dólares". No centro recreativo, no final da rua, soldados se divertiam nas quadras cobertas de vôlei e basquete ou ocupavam-se em aulas de ioga ou nas dezenas de aparelhos aeróbicos. Os atletas podiam se qualificar para o Prêmio de Forma Física de Camp Doha ao correr 435km, remar 180km e completar 9.000 abdominais e 9.700 flexões. Um shopping próximo à loja de provisões incluía uma loja de suvenires, vendendo camelos talhados em madeira e camisetas com imagens de uma nuvem de fumaça de explosão com os dizeres "Previsão do Tempo em Bagdá: 18 mil graus e parcialmente nublado". Outras lojas vendiam tapetes persas, alianças de casamento gravadas ao gosto do freguês e motocicletas Harley-Davidson Sportster de 1.200 cilindradas. Os soldados passeavam pela loja, onde também se vendia de tudo, de aparelhos de som a perfumes Halston, apetrechos para churrasqueira e CDs do Jay-Z. O presidente Bush afirmara que lutávamos por um estilo de vida, e aqui estava ele.

Enquanto eu me apoiava em uma barreira de tráfego, a Avenida D parecia a cena do bar no filme *Guerra nas Estrelas*. Soldados durões de meia dúzia de países passavam para todos os lados. Cada exército tinha suas próprias variações de fardas para o deserto, de modo que estavam todos misturados em uniformes nacionais distintos. Gurkhas e neozelandeses, tchecos e ianques andavam lado a lado com contratados barrigudos, cozinheiros paquistaneses e voluntários da Cruz Vermelha. Kuwaitianos, sauditas e outros de feições vagamente semíticas eram conhecidos simplesmente como *hajjis*, o que também podia ser usado como adjetivo, tal como em "Essa parabólica *hajji* não vale nada". Pára-quedistas britânicos admiravam juntos duas mulheres pilotos de helicópteros em seus trajes aéreos do Exército americano.

– Olá, olá!

Tropas de combate desfilavam com beretas e chapéus de safári, de caubóis e capacetes de Kevlar; vários deles carregavam o facão obrigatório. A única coisa que todos tinham em comum, além do jeito agressivo, era a máscara contra gás presa à cintura.

Toquei na minha cintura. Mais uma vez deixei minha M-40 no depósito onde estava instalado em uma baia aberta com mais 200 soldados. Naquele momento, Petraeus apareceu. Imediatamente notou a falta da minha máscara.

– Tentando despistar a morte, eu vejo – disse ele.

Eu dei de ombros.

– Toda mina de carvão precisa de um canário.

Ele sorriu e foi na frente, abrindo caminho no refeitório com passos curtos e rápidos, retornando as saudações com um brusco "Assalto aéreo!".

O torso de Petraeus era firme e levemente inclinado. Três anos antes, ele sobrevivera a uma queda abrupta de um pára-quedas a cerca de 20 metros de distância do chão; sua pélvis, esmigalhada, foi recuperada com uma placa e longos parafusos. Com 1,80m e cerca de 70 quilos, ele me fazia lembrar da descrição de George Bernard Shaw sobre o marechal-de-campo Bernard L. Montgomery: "*Um rolo de arame altamente compacto*".

Ajudantes de cozinha paquistaneses serviam frango, purê de batatas e milho verde de lata nos nossos pratos na fila do refeitório. Centenas de soldados comiam enquanto a Fox e a CNN berravam em nove monitores de televisão. Segui Petraeus pelo balcão das saladas. Em um canto atrás, a Sorvete Kayani oferecia baunilha francesa, banana e outros sabores enquanto a Jungle Sucos preparava vitaminas de manga, laranja e kiwi.

Encontramos duas cadeiras vazias e Petraeus não perdeu tempo ao discutir os assuntos que o atormentavam ultimamente. Desde que assumira o comando da 101ª no verão anterior, ele tem se preocupado com o 1003 Victor, codinome do plano secreto americano para a conquista do Iraque. Mas, por causa de ações políticas e diplomáticas secundárias de Washington durante o inverno, a 101ª só recebeu a ordem formal de deslocamento de tropas no dia 6 de fevereiro; o desafio imediato de Petraeus não foi conquistar Bagdá, mas sim como conseguir que cinco mil veículos, 1.500 contêineres, 17 mil soldados e algumas centenas de helicópteros chegassem ao Kuwait no meio de março, em tempo para qualquer ataque ao Iraque. O deslocamento aconteceu em três etapas demasiadamente complexas: de Fort Campbell para Jacksonville, de Jacksonville para a Cidade do Kuwait, da Cidade do Kuwait para uma área de formação de batalha. Especialistas em logística do Exército chamavam as fases de forte para porto, porto para porto e porto para trincheira.

Ele pegou um pouco de salada e falou sobre os eventos das últimas semanas. Para se deslocar equipamento de Fort Campbell para Jacksonville foram necessários 1.400 vagões de trem. A companhia de frete ferroviário CSX prometera quatro trens de 30 vagões por dia, mas, quando o deslocamento começou, apenas três tinham chegado por dia, em média.

– Tive uma teleconferência uma noite com o presidente da CSX às 23 horas – disse Petraeus. – Ele estava ao telefone com alguns de seus executivos, e eu lhe explicava por que era tão importante que chegássemos ao porto o mais rápido possível. Os navios estariam lá em datas certas. Não havia margem para erro. Enquanto eu lhe dizia isso, ele me interrrompeu duas vezes.

– Você perdeu a paciência? – perguntei.

– Não, mas disse a ele que estava contribuindo para a diminuição da eficiência de combate da minha divisão. Houve um silêncio. Ele consertou o erro.

Um desafio levava a outros. Várias centenas de estivadores contratados em Jacksonville insistiam em uma pausa de duas horas para o almoço e pausas a cada hora. Os militares, nada tolerantes no que dizia respeito a tais desculpas, despediram-nos e usaram soldados e supervisores desvinculados de sindicatos para carregar os navios; o comandante de divisão assistente para apoio, o general-de-brigada Edward J. Sinclair, guiou pessoalmente os veículos para embarque às três horas. Quando Washington atrasou a ordem de envio, que, entre outras coisas, provia a autorização legal necessária para pagar pela movimentação da divisão, Petraeus preparou e executou um exercício de treinamento elaborado que levou 112 helicópteros para Jacksonville; mecânicos no local removeram as hélices e embalaram as fuselagens em plástico protetor para o eventual embarque em navios. Quando oficiais intendentes hesitaram em fornecer à 101ª uniformes camuflados para o deserto – embora houvesse 40 mil jogos de uniformes extras em estoque em Fort Campbell –, Petraeus apelou para o subchefe do Estado-Maior do Exército, que ordenou a liberação dos uniformes para que os soldados não fossem para o deserto com os uniformes verdes desenhados para a guerra no Norte da Europa.

Petraeus falava com uma mistura intrigante de urgência e ironia. Era óbvio que ele estava extasiado pela natureza resolutiva do alto comando.

– O diabo está nos detalhes – disse ele. Essa era uma frase que ele ia repetir diversas vezes. Alguns oficiais superiores, eu já sabia, achavam-no muito veemente, muito competitivo, muito *diferente*. Seu pai, Sixtus Petraeus, um capitão do mar holandês, refugiara-se em Nova York no começo da Segunda Guerra Mundial e casou-se com uma mulher do Brooklin, que encontrou no Seamen's Church Institute. Depois de comandar um navio livre durante a guerra, o velho Petraeus posteriormente trocou a vida no mar por um emprego em uma companhia elétrica em Nova York. Ele se estabeleceu em Cornwall, a alguns quilômetros ao norte da Academia Militar de West Point. Seu filho chegaria à academia como um novo cadete em julho de 1970, no fim da Guerra do Vietnã, quando a carreira e o serviço militar obrigatório de cinco anos requerido dos graduados da academia tinham apelo para poucos rapazes americanos de 17 anos de idade.

Dave Petraeus, cujo apelido de cadete era Pêssegos, formou-se entre os primeiros da classe de 1974. "Um batalhador extremo, Dave estava sempre 'com tudo em cima' em esportes, estudos acadêmicos, liderança e até mesmo em sua vida social", o livro anual da academia ressaltava. Um mês depois de sua graduação, casou-se com Holly Knowlton, filha do general-de-exército William A. Knowlton, superintendente da academia. Petraeus manteve o noivado em segredo até que os capitães-cadetes fossem escolhidos antes do seu último ano.

– Eu tinha trabalhado duro e não queria que ninguém pensasse que eu seria um capitão-cadete apenas porque ia casar com a filha do superintendente.

Como um tenente de infantaria designado para uma unidade aerotransportada na Itália, Petraeus era "muito, muito atento", um oficial que servira na mesma unidade recordava. "Era fora do comum encontrar um jovem oficial tão determinado." Mesmo quando era apenas um capitão, sua autoconfiança e seu currículo cada vez melhor fizeram com que um oficial o apelidasse de Super-Homem. Durante os 25 anos seguintes, ele alternou missões de comando e em equipe – incluindo viagens de paz no Haiti e na Bósnia – com o encargo de auxiliar vários generais de quatro estrelas dentre os mais proeminentes do Exército: John R. Galvin, Carl E. Vuono e Henry H. Shelton, quando eram, respectivamente, comandante supremo da OTAN, chefe do Estado-Maior do Exército e presidente da Junta de Chefes do Estado-Maior. (Um colega cético, e talvez um tanto quanto invejoso, chamou Petraeus de "um filho profissional".) Ao longo do caminho ele recebeu o título de doutor em relações internacionais pela Universidade de Princeton. Sua dissertação, "O Exército Americano e as Lições do Vietnã", examinou a cautela que tomou conta do alto comando depois daquela catástrofe, uma cautela que Petraeus compartilhava com toda disposição.

Em meados da década de 1970 ele foi para a Ranger School, talvez o desafio mais severo, tanto físico quanto psicológico. Três prêmios foram distribuídos para homenagear os graduados com honra em cada classe; Petraeus ganhou todos três. Durante um exercício extremamente penoso, ele amarrou uma corda em volta de um outro candidato a Ranger e praticamente o arrastou ao longo do percurso. Um jogador de futebol e esquiador experiente em West Point, Petraeus, agora com 50 anos, continuava obsessivo sobre o que ele chamava de a cultura PT. Quando foi um comandante de brigada na 82ª Divisão Aerotransportada, de acordo com um ex-superior, o seu ânimo competitivo às vezes fazia com que ele "levasse ao chão, como pregos de barracas, jovens oficiais com metade da sua idade".

Recentemente, ele participou de uma corrida de cerca de 16km e terminou-a em 64 minutos. Em Fort Campbell, um oficial do estado-maior me disse:

– Se alguém o vencer em corridas curtas, 6,5km ou algo assim, ele oferece um desafio de 16km e arrasa com ele.

Em 1991, logo depois de aceitar o comando de um batalhão na 101ª, Petraeus assistia a um esquadrão de infantaria praticar um assalto a uma barricada com granadas e munição de verdade. A 36 metros de distância, um fuzileiro tropeçou e caiu. Petraeus nem chegou a ver o clarão da arma. O projétil do M-16 penetrou logo acima do "A" de seu nome na identificação no uniforme do lado direito do seu peito e vazou nas suas costas. Se o tiro tivesse acertado em cima do "A" em U.S. Army, no lado esquerdo, sobre seu coração, ele teria morrido antes de cair no chão.

Petraeus cambaleou para trás e caiu. De pé ao lado dele estava o general-de-brigada Jack Keane, o comandante de divisão assistente que, em 2003, seria o subchefe quatro estrelas do Estado-Maior do Exército.

– Dave, você foi atingido – Keane disse a ele. – Quero que continue falando. Você sabe o que está acontecendo aqui, David. Não quero que você entre em choque.

Mais tarde Keane descreveu aquele dia para mim:

– Ele estava ficando fraco; dava para ver. Ele disse: "Vou ficar bem. Estou me agüentando." Nós o levamos para o hospital em Fort Campbell e eles enfiaram um tubo no peito dele. É uma dor horrível. Normalmente, um sujeito grita e o seu corpo parece levantar da mesa. Tudo que Petraeus fez foi gemer um pouco. Seu corpo nem se mexeu. O cirurgião me disse:

– Esse é o homem mais forte em que já pus as mãos.

Um helicóptero de resgate levou Petraeus, com Keane ao seu lado, para o Centro Médico da Universidade Vanderbilt, em Nashville, a quase 100km do local do acidente.

– Era sábado e fiquei com medo de os principais médicos estarem de folga. Fiz com que ligassem para lá com antecedência para ter certeza de que o melhor cirurgião torácico estava disponível. Descemos do helicóptero e lá estava o médico para quem haviam telefonado, ainda com seu traje de golfe em cor pastel e tudo mais. – Era o Dr. Bill Frist, o mesmo homem que depois de uma década viera a se tornar líder da maioria do Senado americano. Foram necessárias mais de cinco horas na mesa de cirurgia. – Petraeus ficou se recuperando no hospital de Fort Campbell e quase enlouqueceu o comandante do hospital, ao tentar convencer os médicos a lhe darem alta. Ele disse: "Não sou um paciente normal. Estou pronto para sair daqui e provar para você." Ele fez com que lhe tirassem os tubos do braço. Em seguida, pulou da cama e fez 50 flexões. Eles o liberaram.

Mesmo com toda sua experiência e conquistas, Petraeus nunca estivera em uma guerra. Em um exército repleto de veteranos, cujas experiências em batalhas durante o período turbulento que se seguiu à Guerra Fria desde o Panamá até o Afeganistão, a ausência de um distintivo de combate na manga direita do seu uniforme era de chamar a atenção. Suspeitei que ele estivesse ansioso para ganhar a credencial do legítimo veterano.

Terminamos a refeição, mas permanecemos sentados por alguns instantes. Soldados em ambos os lados do refeitório destrinchavam suas coxas de frango com talheres de plástico ou olhavam atentamente para os noticiários na televisão e ignoravam o general de duas estrelas sentado bem ali ao lado deles.

– É muito importante que os nossos pilotos de helicópteros se acostumem às condições de vôo daqui, pois são muito diferentes das condições no nosso país – disse Petraeus.

Quatro tripulantes de um helicóptero Blackhawk de uma outra unidade morreram na semana anterior em uma tempestade de areia. Uma investigação preliminar indicou que o helicóptero batera no chão a mais de 185km/h, com o nariz em uma inclinação de 18 graus e a fuselagem empenada em 27 graus para a direita – sintomas de uma enorme desorientação por parte do piloto. Tanques sobressalentes de combustível no Blackhawk tornaram o acidente ainda mais mortal.

Petraeus estava determinado a minimizar a chance de outros desastres, permitindo aos seus 800 aviadores pelo menos quatro dias de vôos de aclimatação antes de se certificar de que eles estavam prontos para voar em combate. Dentro de mais ou menos uma semana, 150 helicópteros Apache estariam agrupados no campo aéreo de Udairi, no Norte do Kuwait, em sua totalidade sete dos 15 batalhões Apache do Exército.

– Gostaria que Saddam Hussein pudesse simplesmente ver isso, vê-los alinhados lá fora, todo aquele poder de destruição. Tenho que acreditar que isso o traria de volta à realidade.

Perguntei como os Estados Unidos responderiam se Saddam usasse armas químicas.

– Ninguém sabe o que acontecerá se os iraquianos usarem armas químicas – disse Petraeus. – Não está provado que ele tem a capacidade de usá-las com eficiência. Isso não é assim tão simples e as informações sobre onde essas armas estão parecem meio inconsistentes. Não creio que a autoridade de comando nacional vá decidir sobre um curso de ação até que se vejam forçados a tomar tal decisão.

O refeitório já estava quase vazio quando deixamos nossas bandejas na pilha para lavar e saímos para a Avenida D. Luzes vermelhas de aviso piscavam no topo das traves de Scuds. Se a guerra com o Iraque estava a caminho, o Exército americano seria guiado por comandantes de divisão e de brigada que, como Petraeus, juntaram-se às forças militares no despertar da Guerra do Vietnã, suportaram, durante o pós-guerra, um Exército combalido e desanimado e agora herdavam a liderança no serviço. Depois de um quarto de século mantendo os ânimos de pé e aprendendo a arte do comando, a hora deles chegou.

Sensibilidades politicamente liberais eram raras nas patentes mais altas do Exército. Mas eu sabia que Petraeus, por conta do seu intelecto e de uma longa experiência ao lado de generais experientes, era um pensador sutil.

– Um certo grau de humildade intelectual é uma coisa boa – disse ele antes de nos separarmos. – Não existem muitas respostas absolutamente certas por aí.

Entretanto, o que me impressionou mais do que a mente sutil de Petraeus foi sua descrição de um recente exercício eletrônico no qual um "inimigo" robusto causara diversas baixas nas forças norte-americanas.

– Mas no final do dia o tabuleiro é limpo. É só começar de novo e enviar os elétrons para a batalha mais uma vez – disse Petraeus. – Isso – ele apontou para o pequeno mundo à nossa volta em Camp Doha – é real e pessoas reais morrerão.

Na terça-feira de manhã, dia 4 de março, Trey Cate levou Dwyer e a mim até a Cidade do Kuwait para pegarmos nossas credenciais de imprensa oficiais do Comando de Componente Terrestre das Forças Combinadas, que controlava todas as forças do Exército e dos Marines agrupadas no Kuwait. Agora, o centro de mídia do CCTFC fora estabelecido no Hotel Hilton e nós descemos pelo bulevar paralelo à estrada de acesso cortada entre rochedos. A cidade parecia próspera e bem-cuidada. Há pouco mais de uma década, depois da ocupação do Iraque, faltava eletricidade e água encanada, e uma fumaça viscosa proveniente de mil poços de petróleo sabotados cobria o país inteiro. Passamos pelo Spa Al-Corniche, pelo Fuddrucker's, pelo Applebee's e por outdoors reverenciando o Five-Star Burger do Hardee's. Um soldado cheio de inocência ao meu lado perguntou:

– Eles sabem ler em inglês aqui ou apenas escrevem nos anúncios para nós?

O Hilton fazia Camp Doha parecer uma trincheira em Verdun. Jardineiros cuidavam das flores nos pés de palmeiras muito bem tratadas, enquanto se ouvia o som de um órgão tocando música barroca ao fundo. Homens kuwaitianos em elegantes túnicas brancas com botões de ônix falavam em seus celulares, com mantos brancos sobre a cabeça presos por uma trança dupla preta enrolada em volta do crânio. Prestadores de serviço jogavam tênis nas quadras próximas ou descansavam na areia debaixo de guarda-sóis. Em volta da piscina azul-turquesa, alguns oficiais americanos tomavam coquetéis de fruta enfeitados com pequenas sombrinhas de papel; sua identidade era traída pelo corte de cabelo e bronzeado, e também pelas máscaras contra gás presas na cintura. Repórteres podiam ser vistos no Starbucks, no balcão onde havia omeletes e waffles, e no *lounge*, onde eram servidos produtos da Budweiser, todos escrapulosamente sem álcool.

– Eu diria – o fotógrafo de combates Robert Capa disse uma vez – que o correspondente de guerra ganha mais drinques, mais garotas, melhor salário e muito mais liberdade do que o soldado.

No Hilton, as mordomias pareciam divididas por igual. Capa desembarcou com sua capa de chuva Burberry na primeira leva em Omaha Beach e terminou a guerra em Paris, tendo um romance ardente com Ingrid Bergman. Não havia nenhuma Ingrid evidente pelo saguão do hotel, mas aspirantes a Capa perambulavam por toda parte.

Quase ninguém ficou satisfeito com a cobertura da imprensa na Guerra do Golfo Pérsico, onde a maioria dos repórteres foi mantida bem longe da ação. Credenciar jornalistas foi um esforço justo do Pentágono em permitir maior transparência no que diz respeito às operações militares. Ao contrário da sabedoria popular, isso não era um novo conceito; fiquei credenciado com os Marines na Somália e com a 1ª Divisão Blindada na Bósnia. Nem o batalhão de quase 800 credenciados era novidade em termos de números: 557 correspondentes credenciados, entre imprensa escrita e rádio, cobriram o desembarque na Normandia com Capa, somando um total de 700 mil palavras escritas no primeiro dia, e pelo menos 500 repórteres cobriram as ações do Exército da União durante a Guerra de Secessão. Nessa guerra, 527 jornalistas realmente entrariam no Iraque e a cobertura se intensificaria a ponto de serem escritas por semana cerca de seis mil histórias.

Mesmo assim, esse deslocamento de tropas não era nada comum, levando em consideração o mal-estar que persistiu entre o Exército e a mídia por uma geração. Um em cada cinco credenciados trabalhava para uma agência de notícias estrangeira, incluindo vários de países hostis ao governo americano. Também parecia haver um esforço de boa-fé para integrar jornalistas na maioria das operações militares, da companhia até o corpo, embora esse esforço fosse visivelmente ausente por parte dos milhares de tropas de Operações Especiais na região. Comandantes de unidades receberam "conselhos formais sobre a mídia" na forma de uma ordem com 27 páginas que essencialmente insistia para que eles cooperassem. Um livrinho preparado pela 101ª Divisão Aerotransportada, "O Guia do Soldado para a República do Iraque", continha uma seção de quatro páginas intitulada "Lidando com a Mídia". O conselho incluía "oito passos para entrevistas bem-sucedidas". (Passo 4 – responda à pergunta.") O capítulo seguinte, "Animais Perigosos", avisava que "há 46 espécies de cobras venenosas na região".

Para os repórteres, era difícil não se lembrar do destino de Mark Kellogg, um repórter que persuadiu a 7ª Cavalaria a levá-lo em uma expedição no High Plains em 1876.

"Vou com Custer e será para a morte", Kellogg escreveu, como se estivesse prevendo o futuro. Eu estaria em um quartel-general da divisão, onde os riscos eram razoáveis, mas vários dos meus colegas viviam na ponta da lança, em batalhões e companhias. Se alguns deles se viam como herdeiros aventureiros de Hemingway e Kipling, John Reed e Richard Harding David, que assim seja. Ninguém sabia que 16 jornalistas logo estariam mortos no Iraque, de acordo com números posteriormente publicados na *Columbia Journalism Review*, ou que seria mais perigoso ser um repórter nessa guerra iminente do que um piloto de combate.

Comi um sanduíche do Hilton e em seguida assinei um documento da CCTFC no qual jurei não divulgar certos tipos de informações, tais como movimentações das tropas. As regras em questão se assemelhavam àquelas impostas aos repórteres no Vietnã.

Um capitão relações-públicas me entregou o meu novo crachá laminado. Um aviso dizia que "o usuário deve usá-lo em toda e qualquer situação", uma ordem que foi imediatamente ignorada por todos. Eu já não era mais um turista com bagagens demais. Eu era, de acordo com a credencial pendurada no meu pescoço, "Jornalista Credenciado 03-063-018".

3

"ESSA COISA VAI ACONTECER"

A maioria dos soldados alistados e oficiais da 101ª temporariamente instalados em Camp Doha foi acomodada na Baia 7 do Armazém 6. Um bilhete do comandante do quartel-general colado à porta de metal avisava: "O Hotel 6 está passando por uma mudança de gerência. A baia será reorganizada e arrumada. Precisamos encaixar mais camas." Enquanto mais chalks chegavam de Fort Campbell, mais camas dobráveis eram encaixadas, a ponto de 210 soldados serem acomodados em uma área da metade do tamanho de um campo de futebol, o que dava ao armazém a aparência e a atmosfera de Calcutá. O major Brian Coppersmith, um oficial do estado-maior da divisão que ocupava uma cama na mesma fileira que Dwyer e eu, comparava o lugar a "um ônibus da Greyhound. Quanto mais pessoas você empurra para dentro, menos elas falam umas com as outras".

A enorme quantidade de pessoas naquele lugar fazia aparecerem cartazes com recados um tanto quanto hostis. Anúncios nos banheiros portáteis azuis do lado de fora do Armazém 6 mostravam a silhueta de um canguru e um aviso: "Uso exclusivo do contingente da Força-Tarefa Australiana. Saudações, companheiro." Mas a mesma quantidade de pessoas também permitia um estudo detalhado do Exército americano em uma espécie de microcosmo. Mesmo representando uma pequena fração dos quase meio milhão de soldados em serviço, a Baia 7 parecia um típico exemplo do Exército em geral, no que diz respeito à raça: 59% de brancos, 25% de negros, 10% de hispânicos e 7% classificados como "outros". Nosso pequeno universo também refletia a realidade sobre uma América que, no século XXI, não podia declarar guerra sem a presença feminina. Quinze por cento do contingente eram agora compostos de mulheres – incluindo 10 mil dos 67 mil oficiais – e mais de um em cada dez soldados era casado com outra mulher soldado; várias equipes compostas de marido e mulher ocupavam a Baia 7 e os alojamentos vizinhos, trocando histórias tristes de filhos pequenos deixados, de repente, sob os cuidados dos avós ou outros substitutos.

A Baia 7 também refletia a juventude do Exército. O sistema de promoção para-cima-ou-para-fora, segundo o qual aqueles que não continuavam a subir de patente eram forçados a deixar o Exército, significava que mesmo os oficiais de carreira se reformavam, em média, como tenentes-coronéis aos 43 anos, depois de 22 anos de serviço.

Expressões ocasionais de truculência também podiam ser ouvidas em Camp Doha, com uma pungência do tipo "traga-me a cabeça de Saddam em um espeto". Um lingüista usava uma camiseta com os dizeres "Eu Aprendi a Falar Árabe para que Você Não Precisasse". Mas a maioria dos soldados irradiava tranqüilidade e desprendimento no que dizia respeito aos seus adversários iraquianos. Certamente sem nenhum ódio incrustado em seus ossos. A maioria tinha uma convicção um tanto incipiente de que essa missão estava, de alguma maneira, conectada aos ataques terroristas de 11 de setembro de 2001, uma ilusão alimentada pela liderança política da nação. Desde bem antes do 11 de setembro, entretanto, o Exército americano tornara-se uma força expedicionária atuando nas áreas globais de interesse. Se fossem legionários modernos, esses soldados, todavia, iriam se ver como defensores de uma fé secular que abraçava liberdades variadas e outorgas, incluindo algumas que eram nobres e outras – tais como o consumo diário de mais de 25% do suprimento diário do petróleo mundial por apenas 5% da população mundial – nem tanto.

Do lado de fora da Baia 7, logo depois do meu jantar inicial com Petraeus, ouvi a seguinte conversa entre dois soldados:

1º SOLDADO: – Esse cara que representa o Iraque nas Nações Unidas não pára de falar que nós queremos tomar todo o petróleo da região. Que isso! Vê se se enxerga.

2º SOLDADO: – Acho que nem sequer *queremos* a região árabe.

3º SOLDADO: – E não queremos mesmo. Muita confusão.

Uma vantagem gerada por essa convivência tão próxima foi a oportunidade de fazer amigos com uma rapidez incrível. Dentre os meus oficiais preferidos na 101ª estava o tenente-coronel Jim Larsen, o sub-G-3, ou o oficial de operações da divisão, que ficou tão doente no Afeganistão, no ano anterior, que em dez dias chegou a perder cerca de 10kg. Larsen passou uma década nas Forças Especiais e, em dezembro de 1989, desceu de pára-quedas com os Army Rangers no rio Hato, durante a invasão do Panamá. Depois que a luta terminou, os homens tiveram tempo para se limpar, descansar e ler a correspondência vinda de casa.

– Havia caixas e mais caixas de cartões de Natal endereçados "para qualquer soldado", vindo de pessoas bem-intencionadas nos Estados Unidos – Larsen me disse. – Os rapazes choravam intensamente ao ler esses cartões. Era tanta tensão emocional acumulada que bastava apenas um cartão de um estranho para liberá-la.

– Fiquei pensando – continuou ele – se existe uma tensão similar sendo acumulada aqui, sem os soldados se darem conta disso.

Outro vizinho, que vivia a cinco camas da minha, era o advogado de mais alta patente da divisão, o coronel Richard Hatch. Em uma manhã, fui até ele para conversar sobre os vários aspectos legais que parecem infestar as guerras modernas. Eu sabia de Petraeus que a lista de alvos iraquianos em potencial também incluía um apêndice de algo em torno de 10 mil áreas protegidas: mesquitas, escolas, sítios arqueológicos, hospitais. O apêndice mudava diariamente, às vezes em questão de horas, quando a inteligência era aprimorada. Algumas categorias de alvos, conhecidas como os Grandes Sete, também mudavam. O número quatro nos Grandes Sete, por exemplo, fora a Al-Qaeda, a organização responsável pelos ataques do 11 de setembro, mas isso foi corrigido no início de março e virou algo mais genérico, "grupos terroristas", os quais incluíam 14 organizações. Algumas das áreas protegidas perderiam esse status se estivessem ocupadas pelas forças militares iraquianas. Outros alvos exigiam aprovação do Comando Central, no Catar, ou até mesmo do secretário de Defesa, antes que pudessem ser atacados; dentre esses estavam áreas onde os ataques tinham grande probabilidade de causar "trinta ou mais mortes estimadas de não-combatentes".

Hatch ajeitava seu saco de dormir. Ele era alto e ossudo, com o pomo-de-adão proeminente e uma expressão preocupada. No meio de seus equipamentos, um exemplar do *Livro do Mórmon.*

– São 17 procuradores, mais dois advogados de defesa, desdobrados na divisão – ele me disse. – Cada brigada tem um BOLT [sigla em inglês para equipe operacional de advogados de brigada]. No Afeganistão, cada batalhão enviado queria um advogado. As coisas ficaram, certamente, mais jurídicas. Entrei para o Exército em 1982. A invasão de Granada aconteceu um ano depois, e logo depois disso os batalhões Ranger passaram a ser enviados com advogados para qualquer lugar que fossem. Quando começamos a entrar nesses tipos de operações que não eram de guerra, tais como de manutenção da paz, onde os soldados passavam bastante tempo conversando com prefeitos locais e esse tipo de coisa, de repente todos começaram a dizer: "Ah, isso parece algo que um advogado poderia fazer."

Parte do trabalho legal era prosaica – incluindo a revisão dos vários contratos assinados pelo Exército com vendedores locais, por exemplo.

– Os kuwaitianos estão aproveitando bastante essa oportunidade – disse Hatch com um sorriso apagado. – Eles estão ganhando um bom dinheiro. – O aluguel de um veículo com tração nas quatro rodas que recentemente custava 1.500 dólares por mês agora custava 3.000 dólares. Mas para o Exército, a esta altura do jogo, o dinheiro parecia não importar.

Hatch falava sobre as regras de engajamento com o intuito de regular a maneira como a força era aplicada. A 101ª distribuiu cartões amarelos e laranja com essas regras, que incluíam dez resumos para prover os soldados com orientação prática. O número 7, por exemplo, aconselhava:

> A sua unidade sofre um ataque e você nota uma jovem mulher civil que aparenta estar apontando para os locais onde as tropas amigas estão escondidas. Baseado nas ações dela, esses locais são então alvejados. Resposta: atire para eliminar a ameaça. A mulher passou a ser uma combatente.

Mas o Comando de Componente Terrestre das Forças Combinadas acabara de imprimir, por conta própria, 150 mil cartões com as regras de engajamento para distribuir para os soldados. Eram similares, mas não idênticos, aos cartões da divisão. Perguntei a Hatch se todo esse aconselhamento legal não poderia confundir um jovem soldado de 19 anos de idade. Ele deu de ombros levemente.

– O nosso pensamento é assim: podemos e, então, devemos? Se estamos sendo alvejados e os tiros vêm de uma mesquita, podemos revidar? Absolutamente. Devemos? Bem, esta é uma outra questão. Talvez fosse possível contorná-la em vez de correr o risco de aparecer na primeira página de todos os jornais do país e estar ao vivo na CNN.

Podemos e, então, devemos? Isto parecia uma justa pergunta socrática, não apenas para um fuzileiro decidindo se vai atirar na direção de um minarete, mas também para a conduta estratégica do único superpoder mundial remanescente.

Camp Doha tinha algumas características penais inegáveis – por causa de ameaças de ataques terroristas, ninguém podia sair sem uma permissão assinada por um coronel ou general –, mas também era fabulosamente estranho. Uma máquina varredora de ruas suíça de cor amarela – um Brodd-son 2500 Scandia – rolava pelas ruas com a tarefa monstruosa de limpar a areia deste solo erosivo. No lado norte da base, soldados pediam café com leite e *croissants* em um pequeno *trailer* chamado Green Beans Café. Um blindado Abrams passava ocasionalmente com um aviso pendurado no pára-lamas: "Teste de Estrada."

Ao longo da rua do Armazém 6, um pelotão de detecção químico alemão construíra um *Biergarten* cercado de arame farpado, com luzes coloridas e mesas redondas altas, do tipo visto em bares de Berlim. Na Rua 15, a Companhia A da 152ª Infantaria, uma unidade da Reserva do Exército de Vincennes, em Indiana, freqüentemente fazia churrascos. Na frente de um armazém adjacente, observei dois soldados tchecos removerem a lona de um caminhão e descarregarem 50 caixas de cerveja Radegast; a regra geral número um evidentemente não se aplicava a tropas estrangeiras. Enquanto Dwyer e eu caminhávamos até outro refeitório para um estupendo café-da-manhã – com torrada francesa, mingau de aveia, *bacon*, salsichas, ovos fritos –, passamos por soldados da 101ª que gritavam:

– Bom-dia, senhor. Assalto aéreo! – Dwyer respondia com o slogan do *Times*:

– Bom-dia, senhor, todas as notícias apropriadas para publicar!

O meu lugar preferido para ouvir conversas era a fila da loja de provisões. Soldados às compras prontos para partir rumo ao deserto aguardavam com suas cestas cheias de lenços umedecidos e protetor solar, olhando o tablóide *National Enquirer* ("A Estratégia Streisand da AIDS") e o *Star* ("Brad: Estou com um Sério Problema"). Em que tipo de problema, eu pensei, o Brad poderia estar envolvido?

– Ela tem um corpo ótimo – um soldado ao meu lado disse a um outro numa manhã.

– Você ainda não a viu por trás. – Um sargento logo à frente suspirou com intensidade.

– Por que você está perguntando por quê? – ele perguntou a um outro suboficial.

– Logo que cheguei, eu disse que isso não fazia sentido, e eles atiraram nos meus pés. Besteira viajando na velocidade da luz continua sendo besteira.

Um soldado segurando dois maços de Marlboro Light disse: – Tem uma arma maneiríssima chamada Spider. Ela dá 390 tiros por minuto. – Ele soltou uma estranha risada.

Depois, na quarta-feira à tarde, dia 5 de março, andei até o quartel-general do comandante da guarnição para ver o encarregado por Camp Doha, o coronel Ulysses Brown, Jr. Encontrei-o em um escritório espaçoso com quatro poltronas de couro e um sofá também de couro em cima de um tapete azul. Uma réplica da Estátua da Liberdade estava em cima de um armário; atrás da mesa de Brown estavam as bandeiras dos Estados Unidos, do Kuwait, do Exército americano e do III Exército em hastes envernizadas. O coronel parecia severo e sem o menor senso de humor.

– Todos neste quartel-general morrem de medo dele – um oficial do estado-maior me disse com um sussurro. Nunca levei um esporro maior do que o que levei no meu primeiro dia de trabalho.

– O número de pessoas vivendo em Camp Doha passou de cerca de 800 para 7.800 – disse Brown. – A base foi estabelecida depois da Guerra do Golfo para dar apoio com equipamentos a uma brigada. Agora, ela apóia mais de duas divisões. Funcionários civis, que hoje em dia acompanham todos os deslocamentos militares dos Estados Unidos, proviam água, comida, banheiros e "controle de acesso" – outros 40 guardas de segurança acabavam de ser contratados. Em Doha, o maior contratado era um consórcio chamado Combat Support Associates, Ltd. – O contrato da CSA tem crescido intensamente desde o início da concentração das tropas. Autorizamos 2.200 pessoas deles no verão passado e agora chegamos a 2.800, e esse número ainda está aumentando. Dentre esse montante de pessoas, 1.400 são oriundas de outros países.

Além dos domínios de Doha, nove acampamentos foram construídos no interior do Kuwait. O décimo acampamento estava sendo planejado. Brown disse seus nomes: Virginia, Pennsylvania, New York, New Jersey, Victory, Commando e assim por diante. (Vários eram nomeados de acordo com os estados mais atingidos pelo 11 de setembro.) Quando perguntei quanto eles custariam para operar em conjunto, ele deu de ombros.

– Não faço idéia.

Quando me levantei para ir embora, Brown fez uma última observação:

– As pessoas têm de se dar conta de que essa coisa vai acontecer.

Hesitei por um momento.

– Que coisa?

– A guerra – disse ele. – Essa coisa vai acontecer.

Às oito horas da manhã seguinte, dia 6 de março, subi em uma caminhonete com E. J. Sinclair, o S, ou comandante assistente de apoio da divisão. Um piloto de Apache que comandara, recentemente, uma brigada na Coréia, Sinclair era grande e animado, com um rosto largo e sincero, um tipo de homem de quem os outros homens gostavam imediatamente. Na década de 1920, seu pai se mudou da Pensilvânia para Montana, onde se tornou rancheiro e gerenciou uma construtora. Sinclair jogou basquete em West Point, incluindo um ano com o lendário técnico Mike Krzyzewski. Hoje, como general-de-brigada, o S era o chefe de logística da divisão.

Fomos de carro primeiro até o porto da Cidade do Kuwait, passando por um labirinto de tanques de armazenagem de petróleo, guindastes e postos de segurança de fronteira organizados por guardas kuwaitianos que ergueram um aviso: "Soldados, deste lado." O ar cheirava a salmora e petróleo. Estacionamos próximo à água e segui o Sinclair por seis lances de escadas até o último andar do prédio da administração do porto, de onde se tinha uma visão panorâmica dos píeres. O primeiro navio de Jacksonville, o USNS *Larry G. Dahl*, transportava 72 helicópteros e quase dois mil veículos para a 101ª; o navio era aguardado para chegar à meia-noite. Três outros, agora cruzando o Mediterrâneo ou o Mar Vermelho, chegariam dentro de uma semana.

Sinclair apontou para uma grande extensão de concreto estendendo-se a partir do local de atracagem mais próximo.

– Aquele estacionamento – de 133.500m² – é o local que usaremos para remontar as aeronaves. Há 350 mecânicos esperando pelo primeiro navio. Achamos que podemos montar um batalhão Apache em um dia, e um batalhão Blackhawk em dois. Com os Kiowas, você basicamente gira a chave e sai voando.

Quatrocentos contêineres, de 6 ou 12 metros, seriam levados diretamente para os diversos acampamentos, incluindo o New Jersey, onde estaria o principal quartel-general da divisão – o D-Main. Cada contêiner era marcado com um adesivo com um código de barras que, na teoria, permitia a um leitor eletrônico determinar o que havia dentro e a que unidade pertencia. Mas o deslocamento apressado da divisão já havia causado dificuldades.

– Você já deve ter ouvido – disse Sinclair – que o servidor do D-Main está no terceiro navio e não chegará aqui até 14 ou 15 de março. Alguém se esqueceu de checar se ele estava no primeiro navio. – Eu não sabia disso.

Antes de virarmos para descer, Sinclair apontou para um pequeno pátio abaixo.

– Foi ali que os iraquianos executaram o comandante do porto quando passaram por aqui em agosto de 1990 – disse ele.

Entramos na caminhonete e partimos em direção ao norte para o campo aéreo de Udairi, uma viagem de duas horas. Perguntei a Sinclair que assuntos preocupavam mais o S naqueles dias. Ele respondeu de imediato:

– Combustível.

Engenheiros contruíram um oleoduto do porto até Udairi, onde mais de três milhões e meio de litros de combustível aéreo JP-8 já estavam estocados; o suprimento cresceria para em torno de 26 milhões e meio de litros nas próximas duas semanas. (Em uma jogada inteligente alguns anos antes, o Exército converteu quase todos os veículos táticos para o JP-8, de Humvees e caminhões a blindados e helicópteros.)

Mas transportar combustível por centenas de quilômetros para dentro do Iraque era mais complicado. Estrategistas militares calculavam que um comboio de 10 mil veículos entrando no Iraque precisaria se reabastecer a cada 100km, ou cinco vezes entre o Kuwait e Bagdá. Uma única divisão blindada poderia consumir quase dois milhões de litros de combustível em um só dia. A 3ª Divisão de Infantaria, fortemente equipada com centenas de blindados e veículos de transporte de pessoal, tinha 170 caminhões-tanque, a maioria deles carregando 19 mil litros. Mas o JP-8 usado em helicópteros tinha de ser filtrado e testado para garantir a pureza e requeria caminhões-tanque adaptados de 9.500 litros. Dois batalhões Apache consumiam mais de 225 mil litros em apenas uma noite de ataque. Para a 101ª, com 256 helicópteros, a coreografia dos combustíveis envolvia bicos específicos, mangueiras, manutenção dos caminhões, segurança, suprimento, posicionamento e uma centena de outras variáveis. O Exército calculava que sozinho consumiria cerca de 150 milhões de litros de combustível em três semanas de combate no Iraque, uma quantidade equivalente à gasolina consumida por todos os exércitos aliados juntos durante os quatro anos da Primeira Guerra Mundial.

Perguntei se o Exército, por motivos de custo, rejeitou algum dos pedidos da divisão.

– Não – Sinclair respondeu.

– Quais são as chances de se encontrarem armas químicas ou biológicas no Iraque?

Mais uma vez, ele respondeu de imediato:

– Cem por cento.

Sinclair serviu como o comandante assistente de apoio por quase dois meses sob o comandante anterior da 101ª, o general-de-divisão Richard Cody, outro piloto de Apache que, 12 anos antes, foi creditado como o piloto que disparou os primeiros tiros na Guerra do Golfo, em um ataque a uma área de radares iraquiana. Perguntei se muita coisa mudara com a chegada de Petraeus.

– O estilo de Cody era atravessar paredes, e os homens atravessariam essas paredes com ele. Cody simplesmente tinha esse efeito nos soldados – disse Sinclair. – O general Petraeus é mais racional, menos emocional. Perguntei a ele qual era o sentido de exaurir oficiais subalternos. O que se prova com isso? E daí se um cara não é um bom corredor? Isso significa que ele não é um bom oficial? Ben Freakley e eu não vamos correr com ele. Já disse a ele que ficaria feliz em encontrá-lo numa quadra de basquete na hora que quiser.

Depois da Serra de Mutlaa, viramos em uma trilha empoeirada e seguimos para o oeste. Udairi surgiu à nossa vista como *Oz*. Meia dúzia de hangares e uma fileira de prédios pré-fabricados se alinhavam ao lado do campo aéreo. Uma faixa de areia queimada marcava o local onde um incêndio causado por um curto circuito tinha recentemente incinerado, em três minutos, as cinco tendas onde ficavam os refeitórios do acampamento.

Ventava muito naquele dia e a visibilidade era muito ruim, mas um número incrível de helicópteros do 11º Regimento de Helicópteros de Ataque e de outras unidades podia ser visto na pista. A CIA ocupava uma instalação cercada por grades e arame farpado; vários Predators – os veículos aéreos não tripulados da agência – estavam no hangar distante.

Dentre outros encargos, o comandante assistente de apoio tinha responsabilidade sobre todas as aeronaves em ação.

– Quando cheguei aqui no meio de fevereiro, não havia ninguém encarregado – disse Sinclair. – Os helicópteros voavam por aí sem muito controle. Agora, gerenciamos o campo aéreo quase que como um porta-aviões. Os helicópteros ficam estacionados de acordo com a natureza de suas missões e com o momento que sairão. É assim que se faz em um porta-aviões.

E, depois de uma pausa, continuou:

– Haverá cerca de 270 helicópteros aqui, mais 20 aeronaves não tripuladas e cerca de 11 mil pessoas. Será o maior grupamento de helicópteros de ataque na história do Exército americano. Isso o torna um primeiro alvo. Isso me assusta muito. Se Saddam fosse capaz de lançar um míssil Scud no meio de tudo isso, seria devastador.

O pequeno escritório de Sinclair era equipado com um tapete barato, uma mesa e uma única cadeira. Havia uma mancha marrom aos pés de cada parede onde a poeira caíra nos rejuntes. Ele entrou em uma sala de conferências adjacente e sentou-se em uma cadeira dobrável. Em seguida, chegaram cinco dos aviadores mais experientes do Exército, que, juntos, possuíam dezenas de milhares de horas de vôo em Apaches, Blackhawks, Chinooks ou Kiowas.

Havia trabalho a ser feito, trabalho sério, mas um item trivial na agenda de Sinclair era na verdade vital: as pás dos helicópteros deveriam ser envoltas em fita adesiva ou pintadas? Os rotores dos Apaches e Blackhawks giram em velocidades tão altas – 444m/s nas pontas – que grãos de areia poderiam perfurar a langarina de titânio na borda frontal de cada pá. Como um verme, o grão de areia iria então corroer o material deteriorado dentro da pá, o que poderia desequilibrar o helicóptero aerodinamicamente e causar um desastre. Tradicionalmente, as lâminas das pás eram protegidas com pedaços de fita preta, que tinham de ser trocados após uma ou duas missões. Mas a aplicação da fita era demorada, difícil no deserto, e requeria um adesivo que suportasse bem a temperatura quente. Alguns especialistas em aviação insistiam que uma grossa camada de tinta preta, aplicada depois de cada vôo, era um substituto eficiente para a fita.

Havia um pequeno estoque de pás de rotor. A 101ª tinha apenas cinco pás sobressalentes, que custavam 80 mil dólares cada. Mais especificamente, um Apache custa 20 milhões de dólares e cada Blackhawk transportava quatro tripulantes e 16 passageiros. A questão fita *versus* tinta ilustrava claramente os milhares de desafios técnicos que cada comandante encarava. Era preciso esquadrinhar os detalhes no Exército ou ocorreriam falhas, e falhas significavam soldados mortos. O assunto foi debatido calorosamente entre os aviadores durante meses.

– Prefiro ser enterrado a colocar fita adesiva nas pás – disse-me um comandante de batalhão de helicópteros. – Serei enterrado com a pintura.

Enquanto algumas outras unidades ainda optavam pelo uso da fita, Petraeus comprara 13 mil latas de tinta preta em spray para a 101ª. Mas críticas ainda persistiam do lado de fora da divisão – e do lado de dentro.

Sinclair abriu a discussão com um aviso:

– Não estou convencido de que precisamos discutir novamente esse assunto. Gastamos 120 mil dólares em tinta preta *spray*, e continuo pensando que essa é a coisa certa a ser feita.

– Por outro lado, uma vez que você tiver um furo na pá... bem, você sabe o que isso significa – disse o subtenente Jack Bartol. Um ex-piloto de Apache, Bartol voou por 23 anos e foi o principal conselheiro de aviação na 101ª. – Isso é uma decisão para o comandante. *Eu* não me importo. – Bartol abriu um sorriso tímido que de certo modo mostrava que ele se importava muito.

– É, seus babacas, mais da metade de vocês diz sim, e a outra metade diz não. Vocês não estão apenas preocupados em sujar as mãos de tinta, estão? – Os lábios de Sinclair sorriram. Mas os seus olhos não.

– Gostaria que na aeronave em que estou voando se usasse a fita – disse Bartol. – Mas, se for pintada, não me importo. – Ele levantou as mãos abertas.

– A menos que alguém me convença, usaremos a tinta – disse Sinclair. – Não faremos em cada uma algo diferente.

Alguém mencionou que a Raytheon Corporation tinha uma equipe de contratados em Udairi. Sinclair mandou chamar o especialista em manutenção de helicópteros da equipe.

– Eu sei, da última vez – na Guerra do Golfo, em 1991 – que se pode aterrissar com pás prateadas facilmente – disse Bartol. – Mas aterrisse por dois ou três dias e vai descobrir buracos nas pás.

O tenente-coronel Jim Lauer, piloto de Blackhawk e assistente do chefe do estado-maior, disse:

– Qualquer tipo de proteção é melhor do que nenhuma.

– Se eu tivesse o meu próprio Apache – Bartol repetiu –, iria querer com as fitas.

Sinclair olhou-o de maneira curiosa, talvez contemplando a possibilidade de um subtenente possuir um helicóptero de 20 milhões de dólares. Ele suspirou e embaralhou um maço de cartões de anotações. Os cartões escorregaram por entre os seus dedos, espalhando-se pelo chão.

– A questão é quanto tempo vocês planejam voar com essas aeronaves – Bartol disse.

– Meses. Um ano.

Bartol balançou a cabeça em sinal de afirmação.

– É uma decisão e tanto, eu sei.

– Para fazer direito com a tinta – Lauer completou – se gasta uma lata inteira por pá.

Roger Gonzalez, o contratado da Raytheon, entrou na sala. Animado e bem-cuidado, ele tinha o nome "Speedy" tatuado no bíceps direito. Gonzalez entregou a Sinclair um pedaço da nova fita 3M.

– Se você vai fazer muitos pousos em ambiente com muita areia – disse ele –, isso aqui é muito melhor do que a tinta.

Sinclair respondeu com um olhar ameaçador. Gonzalez prosseguiu:

– De qualquer maneira, as pás precisam ser limpas primeiro. Além disso, a fita precisa de 24 horas para secar, antes que o helicóptero possa decolar. – Gonzalez completou: – Deixe-a secar ou ela será destroçada. – A fita rasgada pode se enrolar no rotor da cauda. Ele mencionou outra unidade de helicópteros. – Lá é uma bagunça. Não sei o que eles estão fazendo, mas aquelas pás parecem trigo triturado.

Sinclair soltou um assovio.

– Bem, isso me enche de confiança. – Todos começaram a falar ao mesmo tempo, até que Sinclair os interrompeu:

– Ei, rapazes, não estamos de brincadeira aqui. Vocês têm quatro ou cinco dias para estar prontos, e então iremos fazer algo. Vocês não estão me ajudando em nada. – O *algo* ficou suspenso no ar.

Sinclair olhou para o teto.

– Talvez seja melhor voltar e falar com ele – não havia a necessidade de nomear Petraeus – que colocaremos a fita apenas nos Apaches. Ele não vai gostar nada disso.

– Vou apoiar qualquer que seja a sua decisão – disse Bartol. – Não estou de sacanagem com você.

Gonzalez mencionou que vários helicópteros estavam estacionados no hangar de manutenção ao lado. Ele sugeriu uma inspeção rápida. Enquanto caminhávamos para fora, Sinclair expressou uma enorme admiração pelo novo Apache Longbow, apontando como a aeronave precisava de apenas uma fração de segundo para se "desmascarar" – surgir por trás de uma montanha – e registrar mais de mil alvos potenciais, que eram, então, separados automaticamente conforme sua prioridade e alvejados por até 16 mísseis Hellfire. De uma distância de vários quilômetros, um batalhão Longbow poderia reduzir a cinzas em 20 minutos uma brigada blindada inimiga de mais de cem blindados e veículos de transporte de pessoal.

Dentro do hangar, dois Blackhawks se encontravam desmontados, suas pás arrancadas e sistema hidráulico exposto. Sinclair olhou atentamente uma pá de Blackhawk apoiada sobre vários cavaletes. Outro subtenente, Brian Twigg, ouvia atentamente enquanto Sinclair explicava o seu dilema.

– Senhor – disse Twigg –, tem que usar a fita.

Sinclair sorriu, dessa vez com os olhos.

– Se isso der uma merda, vou procurar por você. – Ele pôs o enorme braço em volta de Twigg, que era uma cabeça mais baixo.

Às 15h20, enquanto nos dirigíamos para o sul, Sinclair ligou para Petraeus de seu celular.

– Ouvi umas vantagens sobre o uso da fita – Sinclair disse a ele. – Mas, lá no fundo, lembro dos problemas que tivemos com ela.

De volta a Camp Doha, alguns telefonemas resolveram o dilema de Sinclair. Não havia quase nenhum rolo de fita disponível para a 101ª no

Kuwait. Os suprimentos da divisão foram estocados num armazém na Costa Leste durante uma tempestade recente.

– Toda aquela discussão – disse Sinclair balançando a cabeça – e não há fita.

As 13 mil latas de tinta spray não seriam desperdiçadas. Mais uma pequena crise fora resolvida. Isso, descobri, era o que os líderes faziam: resolviam uma sucessão infinita de crises.

– Estou no comando por seis dos sete últimos anos – disse o coronel William H. Forrester, que comandava os Blackhawks e Chinooks na 159ª Brigada de Aviação. – E ninguém jamais me ligou depois das 21h30 – nem uma vez – para me perguntar: "Ei, Bill, você teve um dia legal?"

A questão fita *versus* tinta parecia prosaica, mas exemplificava algumas facetas da cultura do Exército. O debate era encorajado. A dissidência era tolerada, mas com má vontade. Respostas definitivas eram raras, e a tolerância com a ambigüidade era uma virtude de comando. A interação espontânea ajudava a criar uma ponte no espaço entre as patentes; também prevenia que decisões de vida e morte se tornassem opressivas demais. E a camaradagem lapidava a comunhão, uma ligação de circunstâncias compartilhadas e destino coletivo pelos quais os soldados justificavam as suas vidas.

Ventos de 90km/h e o mar agitado atrasavam a chegada do primeiro navio, o *Dahl*, para o desagrado e a irritação de cada oficial da 101ª. O vento arrancava as folhas de metal dos armazéns de Doha e enchia as baias com uma poeira marrom e fina que escurecia a parede ao fundo. Dormimos com respiradores de papel e acordamos na sexta-feira, dia 7 de março, cobertos de poeira. O sargento Mark Swart, que ocupava a cama próxima à minha, tentou remover a areia dos dentes, esfregando-os com o dedo indicador.

– Que *merda* – disse ele. – Vamos à guerra para acabar com isso.

Com Swart ao volante, Dwyer e eu viajamos por cerca de 50km até Camp Victory, para visitar os batalhões Blackhawk e Chinook que aguardavam a chegada dos helicópteros. O vento se intensificou ao meio-dia, quando entrávamos pelos portões, reduzindo a visibilidade para alguns metros à frente do pára-choque. Swart desceu do carro para pedir informações e um vento forte arrancou a porta do carro de sua mão – amassando-a bastante, com um som de metal se dilacerando – e levando o seu quepe, que foi visto pela última vez cruzando o deserto da Síria.

Com óculos de proteção e bandanas, Dwyer e eu caminhamos lentamente pela areia para observarmos de perto uma cena patética: centenas de soldados, cujas barracas foram levadas pelo vento durante a noite, empilharam suas mochilas, armas e caixas de alimentos nas suas camas para evitar que elas também fossem levadas. Usando toucas ninja, os soldados se enrolavam em seus sacos de dormir para se proteger. Vários deles ficaram acordados a noite toda, agarrados a cordas como funcionários de circo. Outros, incapazes de encontrar suas botas e óculos de proteção naquela ventania, abrigavam-se em um *trailer* que servia de banheiro. Pelo menos 17 barracas, cada uma podendo comportar 60 pessoas, caíram ou simplesmente desapareceram, incluindo os refeitórios do acampamento.

– Estamos funcionando no modo de autopreservação neste momento – disse-nos o capitão Jeff Beirlein, um comandante de companhia. Quando ele sorriu, seus dentes estavam marrons de poeira. Um piloto de helicóptero Chinook de 27 anos disse que seu segundo aniversário de casamento se aproximava; ele passara o primeiro no Afeganistão. – Tudo que quero fazer é ir para casa e trepar com minha mulher.

O vento parou, os céus se abriram e logo antes do amanhecer de sábado o *Dahl* atracou no porto. Com 62 mil toneladas e quase 300 metros, o navio requeria duas áreas de desembarque, as de número 18 e 19. Uma enorme rampa foi abaixada, e aproximadamente duas mil toneladas de cargas eram removidas dos porões do navio, incluindo equipamentos para três batalhões de infantaria. Dois enormes guindastes amarelos erguiam caixas de munições e as colocavam nas docas – havia de tudo, de mísseis Hellfire a munições de fuzis – enquanto Humvees, caminhões-tanque e geradores para hospitais desciam pela parte de trás do navio.

Encontrei E. J. Sinclair na doca C com um capacete branco de construtor com uma única estrela de general-brigadeiro. O barulho dos exaustores do navio era ensurdecedor; então, Sinclair sorriu e apontou para uma dezena de soldados com capacete que desembalaram um Apache e em seguida colocaram uma barra de reboque na traseira. Um trator John

Deere rebocou o helicóptero pela rampa. Um contêiner com as pás na cor verde-oliva trazia o aviso "Não Pressione contra a Embalagem com uma Empilhadeira". Cada metro quadrado da doca que não estava coberto por helicópteros estava coberto por tanques de combustível e caixas contendo radares de controle de incêndio habilmente empilhadas, apesar do aviso escrito a giz em cada uma delas: "Não Empilhe!"

O tenente-coronel Joe Dunaway, comandante do batalhão de manutenção de aeronaves da 101ª, guiou-me por uma escada, subindo até a parte aberta do convés, onde soldados soltavam as correntes de um Chinook. O barulho do lado de fora era menos intenso. O mar brilhava com a luz do sol.

– A altura da porta na rampa traseira do *Dahl* é de 4,9 metros. Duas aeronaves são mais baixas do que isso, o Apache e o Kiowa, e desse modo podem simplesmente passar por baixo – disse Dunaway. – Os Blackhawks e os Chinooks são mais altos; então precisarão ser erguidos e removidos do navio pelo guindaste. Podemos tirar uma aeronave a cada 12 minutos, desde amarrá-las até colocá-las no chão. São 72 helicópteros neste navio e 96 no próximo, o *Bob Hope*.

Dunaway observava enquanto um Humvee descia do navio, dirigido por um estivador paquistanês. Filho de um campeão de rodeios de Oklahoma, Dunaway entrara para o Exército como soldado da cavalaria blindada na Alemanha em 1985; alguns oficiais de alta patente o consideravam o comandante de batalhão mais importante na divisão.

– Se você viver da maneira correta, tudo funciona – disse ele. – Nos 13 deslocamentos de tropas dos quais participei, este tem sido o mais tranqüilo.

Antes de retornar para Doha, juntei-me a Sinclair para o almoço em uma sala limpa e sem janelas com um pôster de Veneza na parede. Nosso anfitrião foi o comandante do *Dahl*, Bradford Collins, natural do Maine, com um bigode de leão-marinho e usando um macacão azul com a palavra "Capitão" bordada no bolso direito do peito.

– Somos os donos deste navio, você e eu, o pagador de impostos americano. Tenho muito orgulho disso – Collins nos disse enquanto comíamos cheeseburguers. – Existem sete navios da classe do *Bob Hope* e oito da classe do *Watson*, incluindo o *Dahl*.

A frota fora construída depois da Guerra do Golfo para permitir o envio mais rápido de forças expedicionárias. Não era fácil deslocar um exército para um local tão distante como o Kuwait, mas era mais fácil do que fora anos atrás. A adaptação das forças armadas – e particularmente do Exército – em uma força efetiva e moderna estava centrada em sua grande parte em uma busca por mobilidade e inteligência. O poder de fogo do Exército ainda era baseado em cinco sistemas de armamentos elaborados originalmente depois do Vietnã para lutar contra legiões soviéticas na Europa Central: o blindado Abrams, o Veículo de Combate Bradley, o helicóptero de ataque Apache, o míssil de defesa aérea Patriot e o Sistema de Foguetes Múltiplo de Lançamento. Transportar esse antigo "legado de força" rapidamente para as zonas de combate contemporâneas era metade da batalha. (Enviar a 101ª era como transportar cem lojas Wal-Mart para o outro lado do mundo em três semanas, de acordo com uma análise do Exército.) O Exército também tinha equipamentos pré-posicionados suficientes para suprir sete brigadas em depósitos, em localidades desfavoráveis, no mundo inteiro, incluindo Doha.

Collins esfregou o bigode com dois dedos.

– O *Dahl* é maior do que o *Hope* 15,2 centímetros – disse ele.

– Acho que tamanho é documento – disse eu –, até mesmo quando se tem mais de 300 metros. Sei quem é Bob Hope, mas quem foi Dahl?

– Ah! – Collins sorriu e nos guiou pelo passadiço. De um aparelho de som na cozinha vinha uma velha canção do Buffalo Springfield: "There's something happenin' here / What it is ain't exactly clear." Uma fotografia em uma das paredes celebrava os campeões da "Diego Garcia Volleyball de 2001".

Na parede oposta, uma placa homenageava o soldado Larry G. Dahl, que, enquanto vigiava um comboio de caminhões próximo a An Khe, no Vietnã do Sul, em 23 de fevereiro de 1971, atirou-se contra uma granada de mão lançada pelos inimigos para salvar seus colegas. Ele foi condecorado com a Medalha de Honra, *post mortem*. Larry Dahl ainda não tinha 22 anos quando morreu.

4

A TERRA DO NÃO MUITO CERTO

Novos sinais de uma guerra iminente apareciam a cada dia. No dia 9 de março, comandantes anunciavam que todas as forças preparadas para atacar o Iraque deveriam mudar para o horário Zulu, uma sincronização geralmente imposta antes de operações de combate. O ajuste fez com que as pessoas dependentes de horários – inclusive aqueles preocupados com fechamentos de jornais no fuso horário de Washington – corressem para a loja de provisões de Doha em busca de um relógio sobressalente: seis da tarde no Kuwait, que significavam dez da manhã em Washington, seriam três da tarde Zulu, a mesma que a hora de Greenwich.

O Exército, é claro, usava o relógio de 24 horas; portanto, 6pm tornavam-se 1800, ou 1000 EST, ou 1500Z. Outro ajuste seria necessário em algumas semanas com o advento do horário de verão, o que acontecia no Iraque e nos Estados Unidos, mas não no Kuwait ou no mundo Zulu. Se tudo isso era um pouco confuso, não havia dúvidas de que não importava a hora precisa, pois os ponteiros do relógio continuavam a girar.

Protestos contra a guerra continuavam a irromper em todos os continentes. A resolução proposta pelo Conselho de Segurança da ONU, autorizando o uso da força contra o Iraque, teve pouco apoio além dos Estados Unidos e da Grã-Bretanha, e parecia fadada ao fracasso, mesmo sem uma ameaça de veto por parte da França. No dia 1º de março, o parlamento da Turquia votou para proibir que as tropas americanas usassem bases turcas, o último exemplo de diplomacia americana malfeita e mais um lembrete de como Bush falhara em reunir uma aliança comparável à ampla coalizão internacional construída por seu pai em 1991. A menos que fosse anulada, a decisão turca tornava impossível um segundo *front* pelo norte; 36 navios, aguardando ordens no Mediterrâneo com equipamentos para a 4ª Divisão de Infantaria, teriam agora que mudar o curso para o Golfo Pérsico, enquanto os 17 mil soldados da divisão – ainda aguardando no Texas e no Colorado – teriam de passar pela Cidade do Kuwait depois que as batalhas começassem. A decisão da Turquia também animou outros países opostos à guerra.

Em Doha, seguimos esses acontecimentos com uma curiosidade remota; era como se assistíssemos de uma enorme distância. Carrinhos de supermercado na caixa registradora previam a vida no deserto poeirento que se aproximava: sacos plásticos, bastões químicos laranja que brilhavam por 12 horas quando ativados, toalhas de banho sobressalentes, talco para assaduras, loção hidratante, Chapstick e reservatórios de água usados como mochilas. Soldados agarravam pacotes de cotonetes como se fossem tesouros de família.

Sutis mudanças psicológicas podiam ser sentidas em Camp Doha. Vários soldados agora guardavam papel higiênico e a procura por certos artigos parecia epidêmica. Um pedaço de fio grosso encontrado na rua provocava um diálogo interior: posso usar isso? Será que vai caber na minha mochila? Os soldados gastavam horas arrumando as mochilas e reorganizando seus equipamentos. Mexer em seus pertences, descobri, consumia uma enorme quantidade de tempo no Exército. Até mesmo os mais organizados pareciam estar sempre vasculhando bolsos, mochilas, compartimentos, abrindo e fechando, pegando e soltando bolsas. O som de velcro – ou melhor, fecho de prender e empilhar – era o som das forças militares modernas.

No refeitório, soldados prontos para partir para o campo de batalha se enchiam de sorvete e guloseimas, nem tanto pelo prazer de comer, mas para tê-los na lembrança. Fregueses lotavam as barbearias para um corte final; cada ponta de cabelo no deserto seria um incômodo. Também notei que as pichações nos banheiros lidavam com temas de infidelidade e marido traído. A traição parecia atormentar a mente dos jovens soldados. Os comentários políticos também ficaram mais ácidos, como a pichação que dizia: "Se você tivesse votado no Gore, não estaria aqui."

Todos os soldados receberam a ordem de carregar não só sua máscara contra gás, mas também seus trajes JLIST de proteção química. Seguindo a instrução, tirei o meu do saco plástico selado a vácuo e o vesti para me assegurar de que nenhum componente estava faltando: calça pantalona, a parte de cima com capuz regulável, luvas, chapéu de chuva, panos desinfetantes, injetores de atropina e minhas botas de borracha número 47, que foram o último par quando peguei meu equipamento em Fort Campbell. Só precisava agora de um carro de palhaço para subir em cima. Cada traje custara 221 dólares, ficamos sabendo. Estufei-o em uma sacola de lona e o joguei debaixo da cama. A mina de carvão ainda precisava de um canário.

A missa na Igreja de Nossa Senhora do Deserto atraiu vários soldados para ouvir o capelão pregar sobre "paciência e coragem" naquele domingo da Quaresma, um tempo para "testar a perseverança de cada um". Um jovem soldado de tênis e jeans que servia como coroinha bocejava sem parar durante toda a missa. O sermão foi tão desarticulado que cheguei a pensar que talvez o padre estivesse falando em línguas. Dwyer, produto de uma educação em colégio jesuíta, observara com astúcia que o Exército americano e a Companhia de Jesus compartilhavam um amor mútuo pelo ritual, pela hierarquia e por idiomas particulares.

O quartel-general da 101ª monitorava o progresso da divisão através da Reunião de Atualização de Batalhas, uma conferência que acontecia duas vezes por dia e tinha sua própria formalidade litúrgica. Essas reuniões em Doha geralmente levavam mais de uma hora e eram conduzidas na sala de Petraeus, um espaço isolado no canto de um armazém próximo ao portão principal. Trinta e seis oficiais do estado-maior em cadeiras dobráveis lotavam a sala de cerca de 30m². Um tapete persa barato cobria o assoalho e uma bandeira da *Screaming Eagle* cobria uma das paredes. A sala logo ficou quente, apesar de um ventilador giratório barulhento, e os oficiais na parte de trás quase não podiam ouvir. Oficiais exaustos e com as pálbebras pesadas cochilavam, despertando com uma repentina sacudidela. A sala ecoava com o som de tosse seca causada pela poeira do Kuwait.

Apesar da falta de requinte, as reuniões de atualização de informes proporcionavam uma antevisão sobre um exército preparando-se para a guerra. Um projetor em PowerPoint equilibrado em uma caixa de água mineral piscava a cada imagem, todas com o carimbo SECRETO, enquanto oficiais permaneciam numa seqüência precisa para descrever os assuntos que lhes preocuparam durante o dia. Os detalhes discutidos às vezes eram idiotas: alguns sargentos do refeitório, por exemplo, descobriram que tinham de usar duas cadeiras kuwaitianas sobrepostas, pois americanos com o traseiro largo terminaram no chão depois que cadeiras únicas desabaram.

Mas, na maioria das vezes, o assunto era sério e até mesmo sombrio: agentes de compras reviraram o Kuwait em busca de 3.500 extintores de incêndio depois da destruição das barracas no Udairi; comandantes precisavam de 20 mil pilhas de nove volts sobressalentes, porque descobriram que as novas luzes de sinalização infravermelhas utilizadas para indentificar veículos americanos e prevenir o fratricídio consumiam uma pilha por noite; a divisão armazenou seis mil torniquetes e mais de 10 mil faixas de curativos de pressão; e 40 ocorrências de "disparos acidentais" foram registradas no Kuwait, incluindo episódios em que soldados loucos para atirar a qualquer custo abriam fogo contra veículos kuwaitianos e britânicos.

A reunião de atualização de batalha do dia 11 de março, uma terça-feira, às 19 horas, não foi nada atípica. Petraeus entrou dois minutos atrasado, carregando seu caderno preto e uma mochila marrom contendo sua máscara e o JLIST.

– Atenção! – berrou uma voz. Os oficiais do estado-maior se levantaram. – Vocês deixaram a sala bem quente – disse Petraeus, gesticulando para que todos se sentassem. Um meteorologista da Força Aérea previu clima hostil, incluindo uma "ventania" que diminuiria a visibilidade para 200 metros. E então o oficial de inteligência da divisão, o G-2, mostrou uma seqüência de fotos de reconhecimento e de satélite com detalhes sobre a movimentação de mísseis terra-ar iraquianos no sudoeste de Bagdá.

Praticamente, toda a 101ª já havia chegado ao Kuwait, quase 16 mil soldados. Mas poucas unidades tinham algum equipamento além daquilo que levaram consigo nos oitenta e poucos aviões saídos de Fort Campbell. O *Bob Hope* era esperado para atracar naquela noite, e logo em seguida era esperada o *Stockham.*

Como ninguém sabia quando a guerra iria começar, permanecia incerto se a 101ª acumularia poder dc combate suficiente a tempo para participar da invasão. O plano de ataque americano mudara dramaticamente nos últimos 18 meses, através de quase uma dúzia de repetições com nomes diferentes – tais como GUARDIÃO VIGILANTE, Plano de Operações AZUL e TEXUGO IMINENTE –, bem como ambições diferentes, desde capturar campos de petróleo iraquianos a "isolar" Bagdá. O plano mais recente, o COBRA II, era baseado num ataque por dois corpos – o V Corpo do

Exército e uma força combinada de Marines americanos e soldados britânicos – para extirpar o regime de Saddam. Mudanças dramáticas eram feitas até mesmo durante o mês de fevereiro, quando o Exército foi avisado de que não contaria com duas divisões blindadas que constavam nos planos do V Corpo. Além disso, o Exército recebeu a ordem de abandonar o seu esquema tradicional de movimentar suas forças de combate pelos mares, uma matriz meticulosa conhecida como TPFDD, sigla inglesa para Dado de Envio de Força Seqüenciada Temporizado. O TPFDD listava unidades para o deslocamento e suas seqüências de prioridade para garantir que os soldados de combate eram acompanhados por logística e unidades de apoio. Em vez disso, em um esforço para tornar o deslocamento das tropas mais eficiente, unidades foram despachadas em "pacotes de força" específicos.

Em conseqüência disso, a força de assalto americana encolhera em quase metade dos mais de 200 mil soldados inicialmente convocados. Velocidade, mobilidade e a captura rápida de Bagdá agora eram as prioridades.

– Isso é um novo paradigma para nós – disse um general. – É hora de descer do barco e lutar.

A campanha aérea de 16 dias planejada para preceder a invasão terrestre fora encolhida para 12 horas – comparada com as cinco semanas de bombardeios preliminares em 1991. Petraeus sabia que era possível, até mesmo provável, que os ataques terrestres e aéreos fossem feitos simultaneamente.

– O propósito dessa divisão, inicialmente, é posicionar os Apaches para entrarem na briga – ele me disse durante o jantar. – Os Apaches serão os astros do show. – Com os Marines e os britânicos a leste, o V Corpo do Exército contaria com a 3ª Divisão de Infantaria para avançar em direção a Bagdá ao longo da extremidade oeste do vale do Eufrates, evitando o terreno pantanoso entre os rios Tigre e Eufrates. Aquela divisão, com quase 20 mil soldados e normalmente instalada na Geórgia, vinha treinando durante meses no Kuwait e era uma das mais letais na história do Exército; o seu poder de fogo incluía cerca de 250 blindados Abrams, 260 Veículos de Combate Bradley, helicópteros de ataque Apache e ampla artilharia. A 101ª seguiria a trilha da 3ª DI, estabelecendo pelo menos dois pontos avançados de reabastecimento aéreo – os FARP, no inevitável jargão militar – bem dentro do Iraque.

Esses postos de abastecimento no deserto permitiriam que três batalhões Apache da 101ª atacassem defesas iraquianas nas proximidades de Bagdá pelo sul e pelo oeste, ajudando a limpar o caminho para a 3ª DI e, então, para o restante da 101ª. A Divisão Medina, que era talvez a mais bem equipada das seis divisões da Guarda Republicana e bloqueava as rodovias 1 e 8 na direção da capital, deveria ser destruída.

E, finalmente, parte da 101ª poderia acabar no Objective Lions, codinome para o Aeroporto Internacional Saddam Hussein, embora o plano de ataque para esse momento permanecesse ambíguo. ("Flexível", um oficial me disse, "mas nunca desestruturado.") O esquema para a captura de Bagdá ainda era um trabalho em andamento. O Exército pretendia estabelecer três bases operacionais em torno do perímetro oeste da capital – denominadas Lions, Saints e Bears, em homenagem aos times profissionais de futebol americano –, enquanto os Marines construíram mais algumas a leste. Equipes de combate da brigada de cinco mil soldados ou mais atacariam a cidade a partir dessas bases, destroçando defesas iraquianas e expulsando o regime. Quais divisões do Exército controlariam as respectivas bases operacionais dependeria de como a marcha pelo país progrediria, bem como de questões técnicas, tais como capacidades de comunicação. O comandante do V Corpo, o general-de-exército Wallace, mais tarde me disse que ele suspeitava que "ao chegar a Bagdá, inverteríamos os papéis, com a 101ª providenciando soldados no momento e a 3ª DI apoiando-os" em uma luta urbana de intensidade de infantaria onde os blindados seriam mais vulneráveis. Mas primeiro o Exército tinha que lutar para chegar a Bagdá.

– A Medina é a chave para essa coisa toda – Wallace dissera aos seus subordinados no começo de março. – Quando a Medina for destruída, isso enviará uma mensagem para o restante das unidades da Guarda Republicana de Saddam. – Mais tarde, depois que Bagdá tiver realmente caído, Wallace diria: "Como estávamos vindo do sul, tínhamos que nos livrar daquela coisa. O nosso foco sempre esteve na Divisão Medina, por todos os 12 meses. E a filha-da-puta nunca se moveu. Estávamos a monitorando o tempo inteiro."

Mesmo assim, se a 101ª estivesse atrasada ao se agrupar no Kuwait, a guerra começaria sem a divisão. Eu sabia que havia muito mais coisas em jogo do que a glória de uma unidade cheia de brio. Por vários meses, o Exército americano vinha se desentendendo com o secretário de Defesa, Donald Rumsfeld, que não se absteve de dizer que os militares operavam com lentidão e não estavam dispostos a adaptar seu *modus operandi* às necessidades desse conflito, uma imagem incorporada por causa do fracasso em 1999 da unidade chamada Força-Tarefa Hawk ao deslocar Apaches para a confusa Albânia com ânimo suficiente durante a campanha de Kosovo. Numerosas lutas de pequena escala e algumas grandes batalhas foram declaradas contra os esforços de Rumsfeld de construir uma força mais ágil, capaz de deslocamentos rápidos, manobras sorrateiras e violência extrema e excessiva, efetivada com armamentos de precisão. Rumsfeld acabou com um novo sistema de artilharia do Exército, o Crusader, declarando-o obsoleto, e castrou politicamente o chefe de Estado-Maior do Exército, o general Eric Shinseki, ao apontar o seu sucessor mais de um ano antes da data prevista para a aposentadoria de Shinseki. Houve até rumores sobre reduzir o Exército de dez divisões para oito ou talvez reorganizar o serviço para eliminar divisões no intuito de promover brigadas supostamente mais enérgicas.

Vários generais, tanto reformados como em serviço, acreditavam que Rumsfeld estava politizando o corpo de oficiais e caricaturando o Exército. Havia algo de verdade em tudo isso. O conceito, ouvido freqüentemente em Washington, de "generais de Clinton" – aqueles herdados pela administração Bush, ou céticos em relação à visão de Rumsfeld – era ridículo e alarmante. O Exército, dirigido por Shinseki, começara a se "transformar" numa criatura mais submissa – com uma capacidade declarada para a "entrada forçada em pontos múltiplos" – muito antes de George W. Bush assumir o governo.

Mas também havia algo verdadeiro sobre o estereótipo geralmente aceito: o Exército podia ter suas dificiências; era como uma filha zelosa, mas sem atrativos, especialmente quando comparada a suas irmãs mais espertas e glamourosas, cujos líderes tinham relações-públicas mais inteligentes. Discordâncias entre o Exército e a liderança civil do Pentágono aumentaram a um nível extremo. Quando Shinseki, no dia 25 de fevereiro, alertou o Congresso sobre a possibilidade de o pós-guerra no Iraque requerer "centenas de milhares" de soldados americanos, o subsecretário de Defesa, Paul Wolfowitz, denunciou essa estimativa como "incrivelmente despropositada". Wolfowitz disse, no final do mês de fevereiro:

– É difícil imaginar que precisaríamos de mais forças para fornecer a estabilidade no Iraque pós-Saddam do que as que temos para conduzir a guerra e assegurar a rendição da sua força de segurança e do seu Exército. Difícil de imaginar.

Então, o Exército estava marchando na direção do Iraque com rancor e algo a provar. A não-participação da 101ª – uma de suas divisões mais famosas e uma unidade que freqüentemente se gabava de sua agilidade letal – na guerra seria, no mínimo, desanimadora.

A reunião de atualização se arrastava. Quinhentos sacos de soda cáustica foram requisitados para a higienização do acampamento e 20 mil pares de óculos de sol Wiley X foram enviados.

– Se tivermos sobressalentes, daremos à 3ª Divisão – disse Petraeus. Alguém no fundo da sala disse: – Negociaremos com eles para termos os assentos dos vasos sanitários de volta.

Desde dezembro, a 101ª tinha gasto 30 milhões de dólares em equipamentos extras, em sua maioria sugestivos de uma invasão medieval ou de um combate urbano que o Exército esperava evitar no Iraque: 162 bastões de arrombamento, 486 ganchos de escalada, 81 escadas de assalto retráteis, 81 machados de batalha, 27 rifles de longa distância calibre .50, 16 mil jogos de algemas de plástico reutilizáveis e aparatos óticos retrovisores. Outra imagem mostrava a quantidade de munições que chegara ao Kuwait, incluindo diversos mísseis: 169 Hellfires, 216 Stingers, 106 Javelins, 96 mísseis TOW – mísseis teleguiados, lançados por canhões e monitorados visualmente.

Vários oficiais balançavam em suas cadeiras para permanecer acordados. Era raro quem conseguia dormir por mais de três ou quatro horas por noite. Imagens adicionais brilhavam sobre a tela. Uma seqüência de tabelas coloridas indicava a prontidão para a batalha de cada unidade subordinada dentro da 101ª. As categorias iam de “atirar” e “movimentar” até “comunicar” e “treinando”. Uma caixa verde significava que a unidade estava mais do que 85% pronta em uma determinada categoria. Âmbar e vermelho indicavam graus menores de prontidão, enquanto preto para menos do que 50% de prontidão, marcava a unidade como despreparada para o combate. Como apenas um navio havia chegado, as imagens permaneciam salpicadas de preto.

O comentário apressado de Petraeus durante a reunião deixava claro que ele estava ansioso para sair de Doha e partir para Camp New Jersey. Mas, antes disso, o D-Main – o quartel-general principal da divisão – precisava ser preparado. O Centro de Operações Táticas, ou TOC em inglês, ocuparia uma enorme tenda branca, fabricada por encomenda para permitir que mais de 100 oficiais do estado-maior trabalhassem em uma única sala com todos os equipamentos eletrônicos e de comunicação necessários para controlar uma divisão em combate. Eu já tinha visto a tenda em Fort Campbell – só faltavam um mestre-de-cerimônias e um trapézio para completar o efeito circense – e entendia a razão de os engraçadinhos de plantão chamarem-na de TOC Mahal.

Infelizmente, a tenda havia desaparecido. Era para estar a bordo do *Dahl*, mas não pôde ser localizada. Oficiais de intendência estavam prontos para fazer uma varredura pelo *Bob Hope* na esperança de que o contêiner tivesse sido redirecionado para o segundo navio, assim como o servidor do D-Main fora desviado para a terceira embarcação.

– Esse pessoal está trabalhando 24 horas por dia? Aposto que não – disse Petraeus. – Quem vai retirá-la do navio? Encontre-a, arranque-a de lá e leve-a até Camp New Jersey. Temos que resolver isso o quanto antes. Sei que vocês estão tão impacientes quanto eu para fazermos o que tem de ser feito.

Ele ficou de pé e encarou seu estado-maior.

– Na verdade, não estão. Ninguém está tão ansioso quanto eu. Gostaria muito de estar pronto um pouco antes da data limite imposta pela ONU. Isso é que é esperar até o último minuto. Estamos perdendo tempo. É isso que estou dizendo: isso *não* é um negócio qualquer.

Petraeus olhou para o teto por um instante. Trinta e seis pares de olhos fitavam o seu rosto.

– Sei que temos uma existência cheia de altos e baixos neste momento – disse ele. – Vocês terão de agüentar a minha impaciência. Estamos em uma corrida louca aqui. Daqui a pouco, alguém ou alguns de nós precisarão decidir se estamos prontos ou não. Não tenho qualquer medo de precisar dizer que não podemos fazer o serviço. Mas ficaria muito arrependido em dizer que não podemos fazê-lo porque não nos esforçamos o suficiente.

A sala ficou em silêncio, que era quebrado apenas pelo ruído do ventilador.

– OK – disse Petraeus. – Obrigado. Assalto aéreo!

Tive a oportunidade de ver Dave Petraeus diversas vezes desde o nosso jantar inicial no refeitório. Jantamos juntos mais duas vezes, incluindo bifes e pernas de caranguejo na quarta-feira à noite, durante uma comemoração semanal em Camp Doha, quando montaram uma mesa de carnes e frutos do mar. Ele também me levou em algumas viagens de inspeção. Petraeus sobreviveu pacientemente às minhas perguntas sobre o preparo de sua divisão e sobre o seu próprio para o combate.

Eu não queria aumentar a carga de responsabilidade sobre Petraeus fazendo-o sentir que cada gesto seu estava sendo analisado. Ter um repórter na sua cola, e 60 na divisão, tornava a 101ª uma espécie de vitrine. Mas eu tinha a impressão de que ele gostava de ter alguém com quem conversar fora da cadeia de comando. Mesmo no meio de 17 mil soldados, um comandante de divisão podia se sentir isolado e solitário.

Eu o conhecia melhor agora. Intenso, bem-humorado e determinado, ele era alguém que deixara de esquiar porque "se eu não podia esquiar em um determinado nível, não queria mais fazer de jeito algum". Em West Point, a princípio, Petraeus pensou em se tornar um médico do Exército, não porque se sentisse atraído pela medicina, mas porque "era o desafio maior". Ele abraçou um código pessoal que requeria dele impor "a si mesmo padrões elevados e fazer isso em público. Essa é a chave. E então, quando tiver sucesso, isso vai significar alguma coisa de verdade".

Ele estava sob uma enorme pressão, mas o demonstrou em uma única ocasião. Durante uma reunião de atualização, quando um oficial do estado-maior informou sobre problemas recorrentes de comunicação que o V Corpo parecia incapaz de corrigir, Petraeus disse:

– Ligue para aquele coronel encarregado do corpo e diga a ele que o problema agora me foi comunicado e que ele tem até o nascer do sol para dar um jeito. Diga que ele tem duas divisões no corpo e que uma delas está sem comunicação neste momento. O que há de errado com esta situação?

O diabo, é claro, continuava nos detalhes. A habilidade de Petraeus em identificar uma pequena falha – na taxa de consumo de combustível de uma companhia de caminhões ou no número de mísseis TOW disponíveis para a 1ª Brigada – era de admirar, levando-se em consideração o fluxo de dados que passava por ele no decorrer do dia.

– Quando era soldado de infantaria, o máximo de logística que me interessava era o que cabia numa mochila – ele me disse. – Agora sei que, embora as táticas não sejam fáceis, elas são relativamente simples quando comparadas com a logística.

Petraeus era um perfeccionista, puramente e simplesmente, e seus subordinados nunca sabiam quando ele ia aparecer com seus olhos acurados. Petraeus tinha uma afeição imorredoura pelo 3º Batalhão do 187º Regimento de Infantaria, que ele já comandara, mas, quando a 101ª ainda estava em Fort Campbell, ele suspeitou que a unidade estava se poupando no treinamento físico com o tempo ruim.

– Cheguei a ponto de passar correndo pelo batalhão nas manhãs de chuva só para ter certeza de que eles estavam fazendo exercícios – Petraeus me disse uma tarde em Doha. – Eles nunca me decepcionam.

– Então você deu uma folguinha a eles? – perguntei.

Ele deu um sorriso.

– Passei por lá ontem.

Mesmo que a guerra parecesse inevitável, ainda não era certa, e, para os comandantes, essa ambigüidade trazia um desafio psicológico e um dilema moral. Seria legítimo que um oficial ficasse desapontado se Saddam Hussein capitulasse, forçando o Exército a segurar as rédeas? No início da manhã do dia 12 de março, uma quarta-feira, Dwyer e eu estávamos parados do lado de fora dos escritórios da divisão, quando Petraeus apareceu para conversar. Perguntamos a ele como se sentiria se o confronto com o Iraque fosse resolvido sem o uso de armas.

– Haveria emoções conflitantes – disse ele. – Alívio por não colocar esses soldados maravilhosos em perigo. Um pouco de desilusão, e seria exatamente isso: "um pouco" de desilusão. Esta é a luta mais importante de nossas carreiras, e cada soldado de todos os níveis treinou para isso por meses, talvez por anos.

Ele parou para contemplar a metáfora.

– Se isso fosse resolvido sem uma guerra, seria um pouco como vencer o maior desafio de sua vida com o seu oponente simplesmente atirando a toalha. Mas se tem sempre em mente que, se formos para a guerra, alguns dos filhos e filhas da América não voltarão para casa, não importa o quanto tudo correr bem.

Petraeus guardou o uniforme ensangüentado que usava quando foi atingido em 1991, e pensei se aquilo não era o seu próprio distintivo vermelho de coragem, um lembrete de um dia horrível que certamente o tornara mais forte. Perguntei sobre comandar em combate pela primeira vez. A pergunta parecia constrangê-lo um pouco, e ele mencionou alguns episódios de grande tensão em sua carreira, incluindo a captura de um particularmente notório criminoso de guerra na Bósnia:

– Aquela foi uma das únicas ocasiões na minha vida – e acredito poder contá-las em uma só mão – em que pude sentir a minha pressão sangüínea disparar – disse ele.

– Você sentiu esse disparo nesta operação? – perguntei.

Ele balançou a cabeça.

– Ainda não – disse ele sorrindo e, em seguida, mudou de assunto. – Vou até o porto e depois até o V Corpo. Gostariam de ir, você e Jim?

Gostaríamos sim. Entramos na caminhonete Chevy Suburban do general e nos juntamos a dois homens que logo se tornariam companheiros diários. O capitão David G. Fivecoat, 31 anos, ex-aluno de West Point, natural de Delaware, Ohio, inteligente, curioso, cabelos louros muito claros servindo em sua segunda inspeção como auxiliar de Petraeus, uma experiência que seus companheiros sugeriam, brincando, que ele relatasse num livro de memórias intitulado *Sucesso Através da Dor*. O sargento Jeremy Miller, o motorista, era um ex-campeão de luta livre estudantil no Texas, com um filho pequeno, um sorriso incandescente e a ambição de pilotar helicópteros.

Ao meio-dia, estávamos de volta aos píeres 18 e 19. O *Dahl* já havia partido e em seu lugar estava o *Bob Hope*.

– Engraçado, não parece 15,2cm mais curto – eu disse. Depois, com um toque de brincadeira, falei para Petraeus: – E, por falar nisso, E. J. Sinclair disse que não correrá com você, mas ficaria feliz de o encontrar numa quadra de basquete a qualquer hora.

– Ótimo – disse Petraeus ao descer do carro. – Um a um, valendo a quadra inteira. Esse é o jogo. A quadra inteira. – Ele fechou a porta e caminhou na direção do navio com suas passadas curtas e rápidas.

– Esse – disse Dwyer – é um sujeito altamente competitivo.

Fivecoat desceu do carro e balançou a cabeça.

– Ele é o cara mais competitivo do planeta.

Petraeus seguiu pela rampa, subiu a escada para o convés aberto e desceu de novo a rampa logo em seguida.

– Urra! Assalto aéreo! – ele gritou, batendo nas costas dos soldados e fazendo sinal de "jóia!" (com o polegar levantado). – Urra! Assalto aéreo! Continuem com essa coisa. Bom trabalho, rapazes!

No píer próximo à popa, ele parou para conversar com um soldado raso chamado Jonathan Aleshire. Uma coisa levou a outra e, dentro de 30 segundos, o general comandante, de 55 anos, desafiara o soldado raso, de

19 anos, para uma competição de flexões. Eles se abaixaram no concreto enquanto um grupo de soldados se formava em volta deles, como meninos assistindo a uma briga de rua.

– Tudo bem, essa é a regra – disse Petraeus. – O peito deve tocar o chão e na subida os braços devem estar esticados. – Ele sorriu. – Acompanhe-me. – Duro como uma tábua de passar roupa, de olhos fixos em Aleshire, Petraeus abaixava, levantava, abaixava, levantava. Aleshire o acompanhava. Cinco, seis, sete. Os soldados que assistiam contavam e gritavam incentivos. Onze, doze, treze. As veias do pescoço deles se estufavam. Dezoito, dezenove, vinte.

No vinte e sete, o recruta Aleshire perdeu as forças e desabou no concreto. Petraeus fez mais 20 flexões e em seguida ficou de pé sem derramar uma gota de suor. Erguendo-se sobre os dedos dos pés e com os polegares enfiados no colete de artilharia, ele disse ao arquejante recruta:

– Você pode debitar isso no seu imposto de renda como parte da sua educação.

Ao entrarmos de volta no carro, o sargento que procurara pela tenda no *Bob Hope* veio até a janela do carona.

– Senhor, ela não está no navio. Vasculhei-o de ponta a ponta.

– Filho-da-puta – disse Petraeus. – Era só o que faltava.

A chuva começou a cair quando saímos do porto.

– Há momentos em que penso, droga, espero que eles saibam onde estão nos metendo – disse Petraeus. – E a verdade imutável é que eles nunca sabem.

Antes de retornar a Camp Doha, desviamos para o norte, para Camp Virginia. O velocímetro marcava 170km/h ao nos aproximarmos da Serra de Mutlaa. Enquanto Petraeus conversava em particular com Wallace, o comandante do V Corpo, Dwyer e eu conversávamos com o oficial de ligação da 101ª Divisão Aérea no V Corpo, o tenente-coronel Rick Carlson. A tenda desaparecida era mais um obstáculo a ser transposto.

– Chamamos isso aqui de A Terra do Não Muito Certo – Carlton nos disse. – Aqui tudo é difícil.

Na quinta-feira, dia 13 de março, quando finalmente chegara a hora de deixar Camp Doha, quase todos os nossos invasores companheiros já tinham se mudado para acampamentos no deserto e a Baia 7 ficou quase fazia. Parecia um tanto quanto abandonada e triste, como um campo de futebol depois de uma longa partida. A maioria das camas não estava mais lá, haviam sido dobradas e levadas silenciosamente. O chão estava repleto de lixo da vida em acampamento: garrafas de água vazias, esparadrapos, embalagens de comida. A música "Stairway to Heaven", do Led Zeppelin tocava baixinho no aparelho de um soldado: "And so we ride on down the road."

Mais protestos pela paz eram esperados em Washington, Nova York, Madri e outras cidades ao longo do fim de semana, mas a paz tinha se tornado uma esperança distante demais. O presidente Bush planejara se encontrar com os primeiros-ministros da Grã-Bretanha e da Espanha em Açores no domingo; os dois eram seus parceiros mais leais na campanha fútil para assegurar uma nova resolução do Conselho de Segurança autorizando o uso de força contra o Iraque. Bush propôs dar a Saddam mais quatro dias, até o dia 17 de março, para provar que estava se desarmando. Depois disso, o presidente parecia determinado a atacar preventivamente, apesar da avassaladora oposição internacional.

No que diz respeito à 101ª, as caixas cor de âmbar, vermelhas e pretas nas tabelas de prontidão tornavam-se gradativamente verdes; era como assistir à troca das folhagens de outono ao contrário. Um quarto navio trazendo mais equipamentos era esperado na sexta-feira, e naquele ponto, de acordo com um documento enviado ao V Corpo – "a divisão terá todos os equipamentos necessários e munições para completar os preparativos para o combate... Nós temos agora 15.797 *Screaming Eagles* nesse jogo". Treinamentos com armas e vôos de aclimatação no deserto se intensificaram. Grupos de Apaches, Blackhawks, Chinooks e Kiowas voavam do porto para as bases do deserto a cada dia; cerca de 100 aeronaves pertencentes à 101ª agora estavam estacionadas no campo aéreo de Udairi, com outras 50 em Camp Thunder, mais da metade do total da divisão.

Fiz uma última incursão compulsiva para compras na loja de provisões. Um jovem soldado em linha apontou para o sinal AAFES no registro e disse: "Isso não quer dizer que seja 'Serviço de Permuta da Força Aérea do Exército'. Significa 'Sempre e Eterna Exploração dos Soldados'." Comprei chicletes, um par de óculos de natação que podiam ser usados numa tempestade de areia e – numa compra que sugeria uma certa tristeza, para não dizer desequilíbrio – um jogo de plaquinhas de metal para coleira de cachorro, em branco. Como deixei de comprá-las em Fort

Campbell, imaginei que, se eu morresse em uma queda de helicóptero, poderia ser indentificado por um processo de exclusão, como o Homem que Nunca Foi, o único passageiro usando placas anônimas.

Dwyer e eu fizemos o último almoço no refeitório. Um aviso na entrada da fila para servir as bandejas dizia que consumiríamos 425 calorias com o bife *teriyaki*, mais 255 com o arroz chinês, 125 com o macarrão com ovos, 110 com a vagem e mais 80 calorias com o molho. O pudim de queijo não estava na lista.

De volta ao Armazém 6, Trey Cate organizou uma varredura final no lugar. Pegamos alguns cabides deixados para trás, algumas camas, uns doze pedaços de papelão e colocamos tudo em duas caminhonetes Pajero. Mochilas, caixas de comida e uma enorme antena receptora de sinal via satélite foram empilhadas no veículo. Ao passarmos pelo portão às 14h15, parecíamos a Família Busca-Pé, com fuzis de assalto.

Éramos cinco na caminhonete. Phil Collins cantava no rádio. Meus companheiros se empenharam num debate animado sobre onde Osama bin Laden poderia estar escondido. As especulações iam da Índia até a Costa Rica. Na rodovia, seguindo no sentido norte, passamos por enormes comboios de *trailers* carregando blindados britânicos. Os recrutas em cima dos caminhões usavam toucas ninja enroladas no pescoço e óculos de natação presos no capacete.

– A Inglaterra ainda está nos apoiando? – perguntou um tenente. – Quase não vejo o noticiário.

Um outdoor na rodovia anunciava produtos Givenchy. Viramos para o oeste, na direção do deserto, próximo à Rota Principal de Suprimentos Barbara, em seguida passando por um ferro-velho para onde os kuwaitianos levaram os destroços da Rodovia da Morte em 1991. Acres e mais acres de sucatas de blindados, Mercedes queimadas e tubos amassados de aeronaves enferrujavam sob o sol.

Começava a entardecer quando vimos os lançadores preparados de uma bateria de mísseis Patriot apontando para o norte. Soldados com metralhadoras num posto de guarda se apoiavam em suas armas e observavam a movimentação a distância. Uma sentinela averiguou com cautela os nossos cartões de identificação e em seguida nos deixou entrar num labirinto de sacos de areia e arame farpado que demarcavam a entrada principal de Camp New Jersey, nosso novo lar.

5

O ESTADO-JARDIM

Acordei cedo no dia 14 de março, uma sexta-feira, e caminhei com Dwyer até o refeitório para o café-da-manhã, a cerca de 1,5km de distância. Camp New Jersey estava mais cheio do que quando passamos por ele rapidamente, duas semanas antes, mas não parecia nada menos primitivo. Dividíamos uma tenda do tamanho de uma sala com 14 soldados, homens e mulheres; em uma noite a tosse era tão intensa que um soldado reclamou:

– Parece que estou em uma ala de tuberculosos.

As regalias de Camp New Jersey não incluíam água corrente. O banho de chuveiro era racionado – tínhamos direito a dois banhos por semana –, embora um sargento tivesse me avisado que os caminhões-pipa de vez em quando não chegavam. O barbear podia ser improvisado com uma garrafa de água e uma embalagem de refeições prontas usada como bacia. Uma fumaça negra soprava de barris de dejetos humanos em chamas, retirados de baixo das latrinas de compensado – conhecidas como queimadores de merda – e encharcados de combustível. A maior parte de qualquer expedição militar envolve esforços prodigiosos e auto-sustentacão. Em New Jersey, tudo, cada detalhe, levava mais tempo, desde conseguir um copo de café até ficar de pé na fila dos "tubos de urina" – cilindros plásticos da altura da virilha que eram fincados no chão.

Ainda que desolada, prevalecia uma certa beleza típica das regiões periféricas do mundo. Enquanto Dwyer e eu caminhávamos, o sol declinava no horizonte a leste numa mescla de laranja e azul, transformando as torres de guarda em silhuetas de madeira. Pelotões corriam pelo deserto ou pulavam de um lado para outro com uma exuberância atlética. Os canos das botas de deserto dos soldados eram marcados com seus tipos sangüíneos; uma legião de Os, As e A-positivos. Um soldado passou por nós com um lançador de granadas no ombro, cantando em falsete: "Sha-na-na-na, good-bye!" Eu imaginava que, em seu espírito distante e marcial, esse acampamento era similar aos postos romanos avançados, talvez à antiga Timgad, no Norte da África, construída pela Terceira Legião em 100 d.C., onde um viajante descreveu a cadência da marcha dos soldados de Trajano cobertos de bronze e "bárbaros do deserto com pinturas e penugens fugindo pelas trilhas estreitas".

Alcançamos a tenda amarela pouco antes das sete da manhã e encontramos a fila do refeitório estendida por quase 70 metros ao longo de um caminho de pedregulhos cercado por sacos de areia. Uma bandeira americana surrada dependurava-se tímida em um mastro baixo, e um aviso dizia: "Por favor, descarreguem todas as armas e assegurem-se de que estão travadas antes de entrar. Obrigado!"

Atrás de nós, um trio de soldados da 3ª Brigada, conhecidos como os Rakkasans, conversavam animados.

1º SOLDADO: – Estou sempre no pensamento dela. Combinei com o florista. Na primeira segunda-feira de cada mês ela receberá um buquê de flores. Ponho no cartão de crédito e vai diretamente de mim para o trabalho dela.

2º SOLDADO: – Você é um criminoso conquistador.

3º SOLDADO: – Você deve ter lido muitos livros, hein, soldado?

1º SOLDADO: – As coisas que sei sobre o amor são assustadoras.

2º SOLDADO: – Mande a ela 11 rosas e diga que ela completa o buquê.

1º SOLDADO: – Como fui criado por quatro tias, tenho uma perspectiva interessante sobre as mulheres. É um milagre eu não ser meio afeminado. E digo mais: sei muito bem me virar num shopping.

Levou um pouco mais de 30 minutos para chegar até os serventes da cozinha que distribuíam ovos mexidos e batatas fritas. Havia um contêiner repleto de caixas de leite dinamarquês e um concentrado rotulado "Bebida Laranja". Havia lâmpadas fluorescentes penduradas na armação da tenda, que estava bordada com motivos florais. Lá dentro, dez longas fileiras de mesas se dispunham como numa festinha de jardim. Cada mesa acomodava 24 soldados. Havia mulheres, mas não muitas. Esse era um acampamento de infantaria de combate, cheio de soldados jovens cujos rostos se tornavam mais bronzeados a cada dia no sol. Alguns Rakkasans vestiam camisetas com os dizeres: "Lute com força. Violência de ação." Testosterona preenchia a tenda como gás.

– Eu estava falando com Dickinson – um oficial sentado ao nosso lado disse ao seu amigo do outro lado da mesa. – Os meninos dele andaram lhe dizendo que eu estava amolecendo. Tenho que elevar um pouco o nível. – Dwyer e eu puxamos conversa e descobrimos que os dois homens eram o capitão Robert Kuth, comandante da Companhia Bravo, do 1º Batalhão da 187ª Infantaria, e seu oficial executivo, o capitão Ben Fielding.

Ambos serviram no Afeganistão com os Rakkasans. Fielding tinha 33 anos e havia deixado o Exército por vários anos para seguir uma carreira como boxeador profissional. Kuth tinha 29. Ele tinha 126 homens em sua companhia – "sem força total, mas bem próximo". Desde que chegara a Camp New Jersey, vindo de Fort Campbell, ele nos disse, "a maior parte dos treinamentos tem sido focada em ações de batalha. Tomar um prédio, tomar uma sala, tomar uma trincheira. Transposição inicial de minas e outros obstáculos. Criar uma passagem segura por esses obstáculos".

Um soldado passou carregando uma escopeta Mossberg calibre .12.

– Para derrubar portas – disse Kuth. A esposa de Fielding dera à luz uma menina havia dois dias. – Estou motivado – disse ele – porque quero que ela cresça em uma nação livre e segura.

Passei a manhã explorando Camp New Jersey. Seis mil soldados viviam aqui, incluindo os Rakkasans e a equipe da divisão. Outros componentes da 101ª estavam acampados temporariamente em Camp Pennsylvania, Udairi, Camp Thunder e outras bases.

De um aparelho de som em uma tenda vinham os acordes pitorescos do Concerto para Piano Nº 21 em Dó Maior de Mozart. Em uma tenda ao lado, onde o sargento DeGrace e soldados da companhia do quartel-general viviam, ouvi uma voz urrar:

– Se fizer isso de novo, dou-lhe um pé na bunda. – Trey Cate ficou de pé em cima de sua cama e disse para ninguém em particular: – Você acorda de manhã e grita "Assalto aéreo!". Sai pela porta e fica tudo bem, o dia todo. Mas o dia começou bem porque você é um *Screaming Eagle*.

A 180 metros da nossa tenda ficava o acampamento da divisão de artilharia. Às 11 horas fui até lá para conhecer o comandante da artilharia, o coronel William L. Greer, um homem louro, alto, que estudara agronomia na Kansas State University. Um cartaz no Centro de Operações Táticas da divisão de artilharia listou "Possíveis Ameaças a Camp New Jersey"; dentre os perigos listados constavam: emboscadas/ataques oportunos em veículos individuais e estacionados. Como a maioria dos artilheiros, Bill Greer tinha paixão pela sua arte.

– Não foi nenhum maldito soldado de infantaria quem deu a ordem de tomar Bastogne durante a Batalha do Bulge – disse ele. – Foi um artilheiro, o general Anthony McAuliffe, quem disse "Loucos!" para os alemães quando eles quiseram que ele se rendesse.

Greer deu-me um rápido resumo sobre os armamentos. A 101ª carregava dois tipos de armas: canhões Howitzer de 105mm, com alcance de 17,1km, e os 155mm, com alcance de 29km. O 105 era mais móvel – cada projétil pesava 15,8kg e tinha um alcance de 75 metros – enquanto o 155, com projéteis de 50kg, tinha um alcance de 250 metros, e era mais letal.

– Levaremos bastante iluminação – bombas de iluminação de fósforo branco – e não muitas munições que liberam granadas que falham, porque, se você tem soldados de infantaria leve passando pela área mais tarde, a preferência é para munições com taxa de falha próxima a zero. Por exemplo, a DPICM – munição convencional aperfeiçoada de dupla utilidade –, ao ser deflagrada, libera várias bombas menores com uma taxa de falha de dois a cinco por cento, dependendo da distância. Em geral, quanto mais longe a distância, mais baixa é a taxa de falha.

Perguntei a que distância os atiradores preferiam que sua infantaria estivesse de uma área de impacto. Greer disse:

– A proximidade de perigo para um morteiro de 60mm é de 200 metros. Trezentos metros para morteiros de 81mm, 500 metros para os de 105mm e 600 metros para os de 155mm.

Ele continuou:

– Estamos basicamente reunindo suprimentos para cinco dias para levarmos para o Iraque e ainda assim teremos de ser reabastecidos. Dado o peso dos veículos, haverá muito atrito. Veículos quebrados, esse tipo de coisa. É para isso que os líderes são pagos: para fazer os mal-entendidos desaparecerem.

Antes de partir, Greer me apresentou ao capitão Jim Peay, comandante de um destacamento de radar antibateria e cujo pai, o general H. Binford Peay III, conheci quando comandava a 101ª durante a Guerra do Golfo.

– Gostaria de voltar a Bagdá daqui a dez anos, só para ver como as coisas estão – disse o jovem Peay. – Queria ver se será como a França, cheia de monumentos celebrando a libertação.

A TOC Mahal desaparecida continuava desaparecida, mas uma tenda sobressalente foi erguida para o quartel-general da divisão e um servidor extra foi instalado. Técnicos ainda trabalhavam nos cabos e ajustavam a luz para o posto de comando quando cheguei. Havia máscaras contra gás, capacetes e fuzis empilhados ao lado da tenda. Vários oficiais comiam seus alimentos prontos frios e bebiam água do reservatório em suas mochilas; eles sugavam os canudos como narguilés. Brian Coppersmith, cujas obrigações no estado-maior incluíam moderar as reuniões de atualização de batalha como um tipo de mestre-de-cerimônias, passou com uma enorme caneca de café.

– Você é fã dos Pistols? "Road runner, road runner / Fifty thousand watts of power!" – Com sua mão livre Coppersmith brincou de tocar uma guitarra invisível, um Johnny Rotten em camuflagem de deserto. – Descobri qual é o meu problema – disse ele. – Meu nível de cafeína tem estado baixo. – Ele foi embora cantando: "Road runner, road runner."

Petraeus sentou-se à mesa da frente com o chefe de estado-maior, o coronel Thomas J. Schoenbeck, à sua esquerda, e à sua direita estava o O, Ben Freakley, que finalmente conseguira se juntar à divisão no Kuwait. Atrás deles, 33 oficiais sentavam-se em três fileiras de mesas, suas posições na equipe identificadas por placas afixadas nas costas de seus laptops. Todos ficavam de frente para a parte dianteira da sala. Havia fones posicionados sobre cada mesa para que os oficiais pudessem ouvir a todos os presentes, apesar do som ensurdecedor dos geradores do lado de fora. Ao meio-dia, até mesmo o zunido constante foi abafado temporariamente pela sirene antimíssil, conhecida como a Voz Gigante, que estava sendo testada.

Um mapa enorme do Kuwait e do Sul do Iraque dominavam a parede da frente, tendo aos seus lados monitores de vídeo. Estavam marcadas no mapa, quase paralelas ao vale do Eufrates, as rotas potenciais de helicópteros com nomes como Marte e Eclipse; as rotas terrestres de suprimentos tinham nomes de cidades americanas. Um relógio digital com dígitos em vermelho mostrava as horas no Kuwait, no Kentucky e o horário Zulu.

Tabelas de prontidão indicavam o progresso estável da divisão de preto ao vermelho, do âmbar ao verde; as unidades mais marcadas de verde eram, em sua maioria, aquelas de maior prioridade, porque entrariam no combate primeiro, ou seja, a 3ª Brigada e as unidades Apache. Uma grande tela mostrava seis perguntas em negrito: "O que estamos fazendo? O que o inimigo está fazendo? Onde estamos vulneráveis? Onde o inimigo está vulnerável? Como está o nosso plano? Quais são as mudanças que precisamos fazer neste plano?"

Outra tela, intitulada "Fraquezas do Inimigo", listava as vulnerabilidades do Iraque: FM [rádio] insegura; IMINT e SIGINT [imagens e inteligência de sinais] imprecisas; C2 [comando e controle]; sem apoio aéreo nas proximidades; ressuprimento logístico; capacidade noturna e em qualquer clima limitada. A lista formava um catálogo de incapacidade militar no século XXI, um esboço de um adversário aguardando ser esmagado.

No final da tarde de sexta-feira, fui com Petraeus de carro até o deserto próximo ao campo aéreo de Udairi, para observar soldados em treinamento para montar um posto avançado de abastecimento, um FARP. O dia era quase perfeito. Pequenas colinas faziam uma sombra azul enquanto o sol brilhante descia no céu a oeste. Perguntei a Petraeus se o plano de ataque parecia audacioso o suficiente.

– A melhor das hipóteses consiste em alguém chegar perto de Saddam e lhe dar um tiro na cabeça – disse ele. – De que jeito se pode ser audacioso com apenas uma divisão do Exército no campo e outra – a 101ª – ainda no processo de entrada no país? Por outro lado, poderíamos, literalmente, estar em Bagdá em três ou quatro dias. Quão audacioso você quer ser? No final das contas a situação é a seguinte: eles lutam? Eles derrubam pontes? E, então, conseguiremos manter a logística funcionando?

Encontramos E. J. Sinclair com um grupo de oficiais assistindo a um par de Apaches circularem acima de suas cabeças. Com uma insensibilidade estupefata, os militares nomearam os FARPs em homenagem a companhias petrolíferas, apesar de o secretário de Defesa, Rumsfeld, insistir que a invasão de um país com uma reserva confirmada de 112 bilhões de barris "não tinha nada a ver com petróleo, absolutamente nada a ver com petróleo". O posto Exxon ficaria localizado perto de Nasariyah, no Sul do Iraque; o Shell ficaria a sudoeste de Najaf. O "Conoco", o FARP cuja montagem estava agora sendo ensaiada, seria construído a 480km para dentro do Iraque, a menos de 160km de Bagdá. Os soldados alinharam uma dúzia de bicos e mangueiras conectadas a caminhões-tanque. Organizados com muita precisão, as 12 estações ficavam a 45 metros de distância uma das outras. O primeiro Apache se ajustou antes de aterrissar numa estação, levantando uma nuvem monstruosa de poeira que, em segundos, cobriu a aeronave por completo.

– À noite, equipados com óculos de visão noturna, voar sobre esse deserto aberto é como voar sobre o oceano – disse Sinclair. Ele chegou mais perto do meu ouvido para que eu pudesse escutá-lo melhor com todo aquele barulho. – É muito difícil dizer a que altura se está ou mesmo encontrar referências terrestres para se orientar. Descobrimos que sobrevoar a uma altura de 23 a 30 metros do chão do deserto é bom o suficiente – não é baixo demais para levantar poeira ou alto o suficiente para proporcionar tempo de reação, se necessário. Mas aterrissar – ele balançou a cabeça –, aterrissar é muito difícil, até mesmo durante o dia.

O tenente-coronel Lee Fetterman, que comandou o antigo batalhão de Petraeus, o 3º da 187ª Infantaria, juntou-se ao círculo de oficiais. Ele bateu continência na borda do seu capacete de Kevlar coberto por uma rede de camuflagem.

– Fiquei sabendo que você está verde do outro lado da fronteira – disse Petraeus. – É verdade?

– Tudo que precisamos é de alguns mísseis, senhor, e estaremos prontos para o que der e vier.

– Ótimo.

– Sabíamos que ficaria satisfeito, senhor – disse Fetterman com um sorriso apagado. – É sempre melhor deixá-lo feliz do que infeliz.

No caminho de volta para New Jersey, Petraeus, sentado no banco da frente, virou-se para olhar-me nos olhos.

– No final das contas, o que conta é o risco. Não posso deixar de enfatizar a questão da distância. Iremos muito mais longe do que a divisão já foi no passado. Acho que o maior desafio agora é a paciência. Isso que fazemos são coisas de caráter industrial – ele apontou para outro grupo de helicópteros sobrevoando no horizonte – e é preciso ser metódico. Existem milhares de questões passando pela sua cabeça.

Perguntei sobre a dissertação de doutorado dele e a marca residual do Vietnã sobre o Exército americano.

– Mais cuidado – falou Petraeus. – Desde o Vietnã, quando os militares americanos são contrários ao uso da força, isso se torna um veto virtual. Por cautela, os líderes militares mais experientes são contrários ao estereótipo do militar mordiscando um charuto, dando socos na mesa e defendendo a idéia do apocalipse nuclear, que nos levaria de volta à Idade da Pedra. A Guerra do Vietnã certamente fez aumentar o cuidado com certas questões por parte dos militares. – Ele parou por um longo momento e completou: – Isso não é uma coisa ruim e estou completamente de acordo.

Enquanto passávamos pelo portão do acampamento, eu arrisquei dizer que as divisões aerotransportadas tinham, talvez, perdido a sua utilidade em guerras modernas. Petraeus se mexeu em seu assento mais uma vez. Em vez de defender a utilidade tática de tais unidades, ele enfatizou o tipo de soldados que elas atraíam:

– Existe muito valor no fato de se ter pessoas que se confrontaram com os seus medos – disse ele. – Penso isso sobre pára-quedismo. É preciso *algo* para pular de um avião sem estar conectado a coisa alguma.

Dentro do Centro de Operações Táticas, puxei uma cadeira dobrável próxima a Petraeus na mesa da frente e terminamos a nossa conversa.

– Isso não vai ser muito bonito no final – comentou. – Não há como fazer o que fizemos pelas últimas semanas e ainda deixar tudo bonitinho. Na verdade, acho que vai ser bem feio para nós. Temos que agüentar firme para passar por tudo isso.

– Creio que a 3ª Divisão de Infantaria vá acelerar o passo e chegar em Bagdá num pulo só. Eles são auto-suficientes. Eles têm todo o combustível, toda a munição e tudo o mais de que precisam. Tiveram meses para se preparar e experimentar este ambiente. Eles se acham como molas comprimidas. Estão irritados e querem simplesmente sair do deserto. A única maneira deles conseguirem isso é passando por Bagdá. A questão é se todos conseguirão acompanhá-los, se podemos contribuir. Estamos chegando atrasados e nos inserimos num plano que já existia.

Tive a sensação de observar um mágico no palco tentando fazer um objeto pesado levitar apenas com a força do pensamento.

– Temos que manter a pressão e mover adiante – falou Petraeus. – É por isso que, quando alguém me diz que vai fazer algo amanhã, pergunto se não pode ser feito esta noite.

Os dias pareciam voar, como se a guerra inevitável tivesse uma força gravitacional que nos puxava para a frente com uma velocidade cada vez maior.

No dia 15 de março, sábado, pouco antes das dez da manhã, Dwyer e eu andamos até o Centro de Operações Táticas da 3ª Brigada, um emaranhado de tendas a cerca de 800 metros a sudeste do D-Main. O coronel Michael S. Linnington, comandante Rakkasan, acabava de concluir uma conversa animadora com os seus subordinados e abriu caminho para o seu sargento-ajudante, um samoano bem-apessoado chamado Iuniasolua Tului Savusa. Depois de avisar sobre o perigo de cobras e roedores, Savusa disse:

– Muitos soldados estão recebendo cartas de rompimento de relacionamentos, e eles ficarão por aí sentados sozinhos, pensando sobre o assunto. Certifiquem-se de comunicar aos seus suboficiais para que eles saibam o que está se passando e não façam nada impensado.

Alguns minutos mais tarde, pedi a atenção de Savusa próximo à saída da tenda e perguntei a ele sobre o moral dos soldados.

– Mais da metade dos soldados nesta brigada tem experiência de combate no Afeganistão – observou ele. – O maior desafio agora é manter os padrões e a disciplina, além de deixar claro para os soldados mais jovens os perigos envolvidos. Não sei bem se eles têm noção do que estamos prestes a fazer. Mas esses rapazes estão prontos. Eles têm confiança em seus líderes. E têm um certo brilho em seus olhos.

Fiz a minha própria análise do moral dos soldados com uma rápida inspeção nas várias latrinas de madeira. Os soldados tinham tão poucas oportunidades de descarregar seu estresse e frustração, que a pichação assumia uma importância muito maior do que a de simplesmente servir para rabiscar obscenidades, embora houvesse várias desse tipo. "Foda-se este lugar", um poeta escrevera com o tipo de exuberância do rap. "Fodam-se os Rakkasans. Foda-se você. Foda-se eu. Foda-se, foda-se, foda-se." Também li "Bush é o Anticristo" e "Sim, mesmo quando andar pelo Vale, não temerei mal algum porque Vós estais comigo". *Está?*

Dwyer e eu passamos algumas horas com a Companhia D do 1º Batalhão Rakkasan, que tinha a missão de manter a segurança do posto Shell para o tipo de reabastecimento de helicópteros que eu vira no dia anterior. O comandante da companhia era o capitão Corey A. Brunkow, um ex-estudante ruivo de West Point e filho de um técnico de telefonia de Concordia, no Kansas. A companhia dirigiria por 385km, do Kuwait ao Shell, em 32 veículos armados com metralhadoras calibre .50, lançadores de granadas Mk-19 ou mísseis antiblindados TOW. Brunkow ainda não havia recebido nenhum mapa e não sabia nada sobre sua rota além do fato de passar pela Baixa Mesopotâmia.

– Não há como cobrir tudo que vai acontecer num campo de batalha – observou ele. – E com certeza, com tiros voando por toda parte, haverá bastante confusão. Os rapazes estão preocupados com a falta de apoio total em casa. Estamos acompanhando o noticiário. Mas, no final das contas, quando o presidente decidir ir em frente com a guerra, os rapazes estarão aqui para fazê-la acontecer.

Nesta manhã, a Companhia D estava praticando navegação pelo deserto e como reagir a uma emboscada. Brunkow passava cuidadosamente os detalhes com os seus 81 soldados, da mesma maneira que Petraeus com os seus 17 mil. Quantas pilhas AA a Companhia D deveria carregar? Um soldado em combate poderia usar até uma dúzia a cada 24 horas para os óculos de visão noturna, miras a laser e outros equipamentos. Ordens chegaram para que cada veículo carregasse um pneu sobressalente, mas o teto de lona em um Humvee não suportaria o peso extra e não havia mais onde levá-lo; Brunkow enviou soldados para procurar pedaços de compensado para proteger o teto dos veículos. Minas terrestres eram uma ameaça constante, e Brunkow, depois de pensar cuidadosamente, decidiu colocar uma camada única de sacos de areia no assoalho dos veículos para protegê-los de explosões.

– Existe um limite de peso que se pode colocar num Humvee antes de começar a quebrar eixos ao se dirigir sobre pedras.

A maioria dos Rakkasans, ele completou, passaria pelo Iraque em comboios de caminhões abertos nos lados. Os assoalhos das carrocerias seriam alinhados com caixas de alimentos, que eram consideradas tão eficientes quanto sacos de areia.

– Ah – disse Dwyer –, um tributo ao bolo fofo.

Brunkow mexia nos rádios problemáticos em seu Humvee enquanto Dwyer e eu passávamos por uma fileira de veículos estacionados na areia. Cada soldado usava um par de óculos escuros. A maioria usava um alfinete no cinto para prender os protetores auriculares, um hábito que passei a compartilhar.

– Não existem distrações por aqui – disse Brunkow quando se juntou a nós novamente. – Eles não têm esposas esperando em casa à noite, não têm reunião de pais e professores para ir. Não têm nada melhor a fazer do que treinar e se preparar para a guerra.

Cada soldado logo recebeu dois cartões de identificação, para serem colocados dentro dos seus capacetes. Ambos os cartões eram datados de 1º de junho de 1966; eles eram usados para encontrar mortos e feridos em campos de batalha do Vietnã e do Camboja ao Panamá e ao Afeganistão.

O primeiro cartão, o Formulário 1156 do Ministério do Exército, o "Relatório de Baixas", incluía itens a serem marcados para qualquer soldado morto, ferido, desaparecido ou capturado. "Corpo recuperado?" Sim. Não. "Corpo identificado?" Sim. Não.

O Formulário 1155 do Ministério do Exército, a "Afirmação de Testemunho sobre Indivíduo", era mais pessoal, mais pungente. "Data da morte ou da última vez em que foi visto. Era casado? Tinha filhos? Apelido? Outras marcas de identificação, tais como tatuagens ou sinais de nascença."

A 101ª sozinha tinha mais de 550 profissionais da área médica, sendo 11 médicos, 25 assistentes de médico e centenas de paramédicos. Eles treinaram para o combate em quatro bonecos incrivelmente parecidos com humanos, que custavam 200 mil dólares cada e reproduziam sintomas de traumas que iam de pulso irregular a pupilas dilatadas e hemorragias intensas. Programados para receber 77 tipos de medicações, os bonecos "morriam" se tratados de forma incorreta.

– Alguns desses rapazes verão coisas horríveis – o cirurgião da divisão, o tenente-coronel R. W. Thomas, me disse. – Quando eles depararem com um braço ou perna recém-dilacerados, ainda fumegando, queremos que sejam capazes de lidar com o problema, em vez de recuar. A primeira regra é: cheque o seu próprio pulso.

No domingo de manhã, encontrei Petraeus no Centro de Operações Táticas da divisão estudando o mapa, mais uma vez combatendo a Divisão Medina em sua mente.

– Hoje será um bom dia no que diz respeito a remover o resto dos helicópteros do porto, a remover um grande número de veículos e contêineres do porto, levá-los aos seus campos e pegar o restante da nossa carga básica de munições.

O Exército, desde o fim da Guerra Fria, lutou em campos de batalha, consistindo desde um deserto no Iraque, uma cidade na Somália às montanhas no Afeganistão. Perguntei como era possível evitar lutar a última guerra enquanto se tenta antecipar os acontecimentos da próxima.

– Aprendemos que, contra um inimigo com praticamente nenhuma defesa aérea, onde quase não há esconderijos ou disfarces, é possível detoná-los com um apoio aéreo muito próximo. Que revelação – disse Petraeus com um certo tom de sarcasmo. – Mas como se aplicaria isso se estivesse tentando desmantelar rebeldes nas Filipinas no meio de uma floresta densa? Como se aplicam as lições de um caso a outro?

– Surgindo da Guerra do Golfo da última vez, havia dois tipos de comandantes. Havia um tipo que, baseado em 100 horas de combate, nas quais sua unidade pode ou não ter sustentado fogo, estava pronto para fazer mudanças radicais e de organização. E então havia outros que reconheciam o contexto e os fatores em jogo, que eram bem mais sutis em suas análises. – Petraeus riu. – Não foi Mark Twain quem disse que, se um gato sentar em uma tampa quente de fogão, nunca mais repetirá esse gesto, nem mesmo em uma tampa fria?

– Quando você olha para as lições do Vietnã, uma delas diz: "Não se apresse a entrar." É a mesma história. Por outro lado, se você intervier mais cedo, poderá até evitar que as coisas cheguem a esse estado.

Tom Schoenbeck, o chefe de estado-maior ultracalmo que jogou como receptador no time de futebol americano da Universidade da Flórida, puxou uma cadeira para perto de nós. Ele entregou a Petraeus um rascunho do Relatório de Status da Unidade, um documento secreto usado pelo Pentágono para acompanhar o nível de preparo para o combate. Petraeus estudou a página e em seguida puxou sua caneta e marcou-a com tinta preta. Onde o documento declarava que a 101ª estava "pronta para conduzir operações de combate", Petraeus riscou a frase e a substituiu por "continua a preparação para operações de combate". Ele disse para Schoenbeck:

– Não creio que possamos dizer que estamos prontos para o combate, ainda.

O refeitório continuava a ser um posto esplêndido de observação; era como observar a vida selvagem de um posto de observação em cima de uma árvore, ou de um barco com fundo de vidro. Mesmo assim, era difícil identificar com precisão o humor geral em Camp New Jersey. Certamente havia uma certa agitação causada pela espera, um desejo de seguir logo em frente. Mas detectei não somente resignação sobre qualquer que fosse o destino reservado a cada soldado, mas também um sentimento de inevitabilidade sobre o fato de essa guerra talvez não ter um desfecho, sobre essa guerra ser apenas mais uma campanha num perpétuo estado de guerra.

– Nunca iremos para casa – ouvi um soldado dizer a outro com um suspiro. – Continuaremos a nos mover de um caldeirão para outro: Iraque, Coréia, Irã. Será como na Segunda Guerra Mundial, pulando de um lugar para outro.

No jantar de domingo, Dwyer e eu nos sentamos de frente para um cirurgião do batalhão Rakkasan que descrevia com muitos detalhes os procedimentos de triagem em combate:

– Se ele tiver um ferimento na cabeça e com grande perda de massa encefálica, você o colocará na pilha dos "prováveis" – disse o cirurgião. "Provável" significava "provavelmente moribundos". – Num trabalho como este, você descobre como a vida humana é frágil. Um pequeno ferimento que parece insignificante pode se transformar num ferimento mortal. Um pequeno trauma na cabeça que resulte num hematoma, bem... – Ele deu de ombros. – Por outro lado, você verá alguém ferido de tal maneira que parece improvável que sobreviva, e ele sobreviverá. – Ele se levantou e empurrou a cadeira. – Cuide-se – disse ele antes de desaparecer na escuridão da noite. – Não quero ver você como paciente.

Talvez por estarmos um tanto quanto perturbados por essa aula sobre patologia de combate, Dwyer e eu conseguimos nos perder na caminhada de volta para a nossa tenda. Ambos escrevíamos perfis de Petraeus para os nossos respectivos jornais e estávamos ansiosos por voltar ao trabalho o mais rápido possível. Não foi o que aconteceu. A lua foi encoberta por um céu nublado e a escuridão pareceu engolir o feixe de luz da lanterna de Dwyer.

– Aquele ali não é o posto de comando de assalto? – disse eu, apontando para uma silhueta escura lembrando vagamente o posto. – Ou é o Centro de Operações Táticas da 3ª Brigada? Onde estamos afinal?

Como infelizes beduínos, vagamos de tenda em tenda, pedindo informações sobre como chegar ao D-Main em tons de crescente desespero.

– Vocês estão o mais longe possível de onde querem ir – um soldado nos disse, triste, com um balançar de cabeça. Finalmente, depois do que nos pareceu horas na selva de Camp New Jersey, encontramos um Rakkasan muito solícito que nos apontou para a direção certa. – Andem nesta direção – ele nos disse. E finalmente chegamos à nossa tenda. Nunca antes uma ala de tuberculosos nos pareceu tão aconchegante.

No dia 17 de março, segunda-feira, a Casa Branca anunciou que o presidente Bush falaria à nação naquela noite. Trey Cate despachou rapidamente vários soldados para Camp Doha e eles retornaram com a caminhonete repleta de salgadinhos, molho, Coca-Cola e uma televisão Samsung na qual planejávamos assistir ao discurso. E, então, alguém calculou que a transmissão do discurso aconteceria às quatro da manhã no horário local. Ninguém ficou acordado.

Enquanto dormíamos, Bush deu a Saddam e a seus filhos 48 horas para deixar o Iraque.

"Sua recusa em obedecer", o presidente avisou, "resultará num conflito militar, a ser iniciado no horário de nossa escolha."

Saddam, de farda, apareceu logo em seguida na televisão iraquiana, com uma pistola no coldre e avisando que "esta será a última grande batalha dos nossos tempos no Iraque com o tirano maligno, e também a última grande guerra de agressão da América".

O prazo de Bush, que expiraria no dia 20 de março, às quatro da manhã, horário do Kuwait, deu à reunião de atualização de batalha da manhã uma certa urgência. Entrei no TOC às 7h25 e encontrei Petraeus com um fone de ouvido e microfone fazendo anotações enquanto ouvia a teleconferência matinal do V Corpo.

– Excelente – ouvi-o dizer. – Excelente. – Um dos quatro monitores de vídeo projetava um mapa com as unidades da Divisão Medina marcadas com ícones vermelhos em forma de losango; o Kuwait estava coberto por retângulos azuis, os símbolos das unidades americanas. Cerca de 130 mil soldados americanos, incluindo 64 mil Marines, lotavam o Kuwait, juntamente com 25 mil soldados britânicos. A ausência de ícones significava as várias tropas de Operações Especiais já infiltradas no Iraque, incluindo o 10º Grupo de Forças Especiais do Exército, no Norte, e a Força-Tarefa 20, operando no deserto, a oeste, com o 5º Grupo de Forças Especiais, bem como com os comandos britânicos e australianos.

Uma placa enorme no Centro de Operações Táticas avisava que o desafio diário e as senhas de respostas para sentinelas eram, respectivamente, GRAXA e CAÇADOR. Oficiais do estado-maior entregavam, apressados, seus relatórios.

– Peguei. OK. Peguei – disse Petraeus, impaciente. O tenente-coronel D. J. Reyes, o chefe de inteligência, relatou:

– Na nossa avaliação, Saddam Hussein dispersará suas forças para assegurar a sobrevivência delas. – Um slide carimbado SECRETO/NOFORN – "proibida a distribuição para estrangeiros" – mostrava a localização dos radares iraquianos e dos mísseis antiaéreos SA-2, detectados através de interceptações de comunicações. Enquanto isso, os 31 meteorologistas que trabalhavam na divisão – o clima era mais do que uma preocupação passageira para uma unidade com 21 dúzias de helicópteros – começavam a monitorar as condições climáticas nos arredores de Bagdá, assim como mais ao sul.

– Peguei – disse Petraeus. – Peguei. Peguei.

No final da reunião, ele abriu seu notebook e passou uma ordem do alto comando. Num esforço para convencer os iraquianos de que os americanos vinham como libertadores e não invasores, "nenhuma bandeira americana ou de nenhum Estado deve ser usada nos veículos". Ben Freakley fez uma carranca, em seguida olhou para mim e, discretamente, fez um gesto colocando o polegar para baixo.

Ao sair da tenda, Trey Cate me entregou uma folha de papel assinada por Reyes. A segurança em torno do Centro de Operações Táticas aumentara nos dois últimos dias e o documento me permitiria entrar e sair sem alarmar as sentinelas, ao mesmo tempo que me dava "livre acesso a todas as atividades da 101ª Divisão".

Petraeus parou para conversar por um momento do lado de fora da tenda. Estava de capacete, colete, portando sua pistola e outros equipamentos, aos quais os soldados se referiam como bugigangas de batalha.

Evidentemente, ele andara contemplando a arte do comando. Sem mais nem menos, ele disse:

– Acho isso intelectualmente a coisa mais desafiadora que já fiz, incluindo a minha graduação e o trabalho com o chefe do Estado-Maior. É muito interessante e complexo, e tentar entender o processo é muito divertido. Uma divisão é um sistema de sistemas, e fazer com que funcione é muito complicado. A aviação militar, por si só, já é um complexo industrial.

O vice-presidente Richard Cheney, em mais uma de suas afirmações de pré-guerra que mais tarde se verificou que oscilavam entre erros honestos e mentiras flagrantes, declarou publicamente que o Iraque "tinha de fato reconstituído armas nucleares". Perguntei a Petraeus se ele acreditava que Bagdá armazenava armas de destruição em massa. Ele classificou a possibilidade de o Iraque possuir armas químicas em "80% a 90%". As chances de as tropas americanas serem "meladas" com armas químicas, ele completou, são de "50%".

Caminhei de volta para a tenda de relações públicas, e, assim que liguei meu laptop, Cate entrou na tenda numa agitação explícita. Seu rosto estava vermelho e seus olhos, cerrados.

– É tarde demais para retirar uma história? – perguntou ele. Estávamos frente a frente.

– Dos jornais da manhã? – Olhei para o relógio. – É uma da manhã na Costa Leste. A maioria dos jornais já foi impressa, e as histórias já estão na internet. Sobre o que está falando?

– O general comandante acabou de ler o perfil dele escrito por Dwyer na página do *New York Times* na internet. Dizer que está zangado é pouco. Ele quer a história seja retirada e, se isso não puder acontecer, ele quer uma retratação. – Cate falou sobre as supostas ofensas que Dwyer escrevera; a maior de todas parecia ser que, do ponto de vista de Petraeus, a história o descrevia como um general disposto a vencer a guerra sozinho. – Você pode me fazer um favor? – Cate perguntou. – Pode ler isto e me dizer o que você acha? – Ele me entregou uma cópia impressa do artigo de Dwyer. Praticamente cada frase tinha sido marcada com tinta preta, com várias notas na margem escritas com a letra de Petraeus.

Sentei do lado de fora numa cadeira de metal e estava apenas na metade do que me parecia um texto muito generoso quando Dwyer apareceu, seguido momentaneamente por Cate. Dwyer ouviu educadamente a queixa de Cate e olhou as anotações no papel.

– Bem, é tarde demais para evitar que a história seja publicada – disse ele. – E acho que ele está se preocupando de forma exagerada.

– Também acho, Trey – disse eu. – E, se ele não gostou disso, não vai gostar do perfil que escrevi sobre ele que também sairá nos jornais da manhã.

Cate parecia péssimo ao se dirigir de volta ao Centro de Operações Táticas para confessar que tinha sido incapaz de impedir a publicação no *New York Times* e no *Washington Post*. Dwyer e eu trocamos olhares intrigados.

– Isso – disse eu – vai ser uma longa guerra.

A pequena tempestade logo se dissipou. Petraeus também não ficou feliz com o meu perfil, mas engoliu em seco o seu desgosto. Ele permaneceu frio o restante do dia, antes de recuperar o seu bom humor. Eu não soube quando aconteceu, mas, naquela tarde, ele disse a Scott Wallace, o comandante do V Corpo, que a 101ª estaria pronta para o combate no dia 21 de março, dali a apenas três dias. Ele estava numa posição difícil e eu quase podia imaginar a pressão que estava sofrendo.

– Ninguém reconheceu aquele comandante veemente que você descreveu – brincou Petraeus na manhã seguinte. Depois ele completou: – É difícil se ver da forma como os outros vêem.

Cheguei ao refeitório às 6h20, no dia 19 de março, onde encontrei a fila maior do que de costume e praticamente imóvel. Um soldado à minha frente especulou sobre as possibilidades:

– Eles estão em greve. Acordaram tarde. O ônibus foi seqüestrado. – Os soldados esperavam de pé, fumando ou simplesmente contemplando o deserto naquilo que pareciam ser as horas finais de paz.

Cada soldado, como de costume, estava abarrotado de equipamentos – capacete, armas, JLIST, máscara, cantil, cinto de munições e colete à prova de balas. Catalogar os objetos carregados por guerreiros numa batalha sempre intrigou escribas, desde Homero a Tucídides. Dave Fivecoat, o auxiliar cujas qualidades incluíam a habilidade nata de um soldado de infantaria para liderar outros homens na calada da noite, forneceu-me um inventário do seu uniforme e dos bolsos de seu colete à prova de balas.

Três canetas (duas pretas e uma azul); um Chap Stick, para lábios rachados; dois rolos de papel higiênico; dois cartões de identificação; 47 dólares e 40 euros; embalagens de café instantâneo, creme e açúcar; uma câmera; uma caneta-lanterna vermelha; uma laterna pequena; GPS portátil; cinco pentes de munição para fuzil automático M-4; dois pentes de munição para pistola M-9; uma bússola Silva; dois curativos de primeiros socorros e um caderno com capa de tecido, volume XXII. Em seu capacete, ele carregava duas fotos plastificadas de sua namorada, um pedaço de um painel de sinalização de segurança e formulários do Departamento do Exército, números 1155 e 1156. Também usava um relógio de pulso Timex Ironman, plaquinhas de identificação e óculos escuros de armação grossa. Ele carregava um canivete, um conjunto de ferramentas Leatherman, o M-4 com iluminação e a mira de ponto vermelho C-More e, em um coldre em sua perna, a sua M-9. O colete à prova de balas Interceptor e as placas de cerâmica usadas para reforçar a armadura pesavam cerca de 8kg. No pescoço, Fivecoat usava uma medalha de São Miguel, o padroeiro dos aerotransportados. Eu também usava uma, um presente de um capelão caridoso.

Quando finalmente entramos no refeitório, sentei com uma dupla de operadores de um míssel Stinger. Um era o cabo Joe Smiley, de 23 anos de idade, que vinha de Leitchfield, no Kentucky. O outro era o soldado Clint Stinson, de Caledonia, no Mississípi, que tinha 29 anos.

– Só quero servir os meus seis meses aqui e ir para casa – disse Smiley. – Quero fazer o que tenho de fazer e voltar para casa a salvo. Tenho muitas coisas acontecendo em casa para arrumar encrenca por aqui.

– Quando eu chegar em casa – disse Stinson –, estou planejando ir para Cloudmont. É um resort no Norte do Alabama. É simplesmente o lugar mais bonito do mundo. É excelente para se jogar golfe.

Smiley bebeu o suco de sua caneca.

– Onde eu moro fica a 30 minutos da Mammoth Cave, o maior sistema de cavernas do mundo. Nunca estive lá.

– O meu primeiro aniversário de casamento é no mês que vem – disse Stinson – e eu vou estar numa guerra.

Às 11 horas, mais de cem comandantes e oficiais do estado-maior se agruparam na tenda MWR – sigla inglesa para moral, bem-estar e recreação – para um ensaio do assalto inicial ao Iraque. Havia Yahtzee, Banco Imobiliário e outros jogos de tabuleiro empilhados nas prateleiras próximas aos kits de vôlei e *badminton*. No assoalho de madeira, havia uma maquete do vale do Baixo Eufrates de seis por nove metros. Mais uma tempestade de areia soprava furiosa. As cordas da tenda rangiam sob a força dos ventos e a luz do lado de dentro era de cor esverdeada e cheia de poeira.

Uma voz sobressaiu no burburinho:

– Todos os comandantes zero-cinco e zero-seis – tenentes-coronéis e coronéis – venham até aqui para perto do mapa. O general comandante quer tirar uma fotografia histórica. – Cerca de uma dúzia de homens e uma mulher – a tenente-coronel Kristen Shafer, comandante do 311º Batalhão de Inteligência Militar – posicionaram-se com expressões tensas, tão imóveis e atentos como oficiais da Guerra de Secessão posando para um daguerreótipo. Antes que eles se dispersassem, Mike Linnington, o comandante Rakkasan de estatura elevada, fez chifrinhos com os dedos por trás do capacete de Petraeus.

Os oficiais se sentaram nas cadeiras e bancos para o ensaio de três horas. Quando me virei para sair, o major Larry Wark, secretário do estado-maior, entregou-me um envelope.

– Imprimi alguns e-mails que a minha esposa me enviou – disse ele. – Quero que fique com eles e veja como as pessoas em casa estão assustadas. – Caminhando com dificuldade, com o vento forte que soprava partículas de areia, li as cartas ansiosas de Corinne Wark. Ela deu voz a milhares de esposas preocupadas, parentes, filhos e amigos que aguardavam ansiosos pelo desfecho desta guerra:

"Vocês todos estão presentes nos meus pensamentos e em minhas preces", ela escrevera ao seu marido no dia anterior. "Rezo para que isso acabe logo e que todos vocês estejam em segurança. Você é a luz da minha vida e não posso mais esperar para passarmos o resto de nossas vidas juntos."

Algum tempo depois, encontrei Petraeus parado em frente ao D-Main, observando 17 caminhões-tanque, com capacidade para 20 mil litros de combustível, chegarem a Camp New Jersey. Ele parecia tão feliz quanto uma criança com 17 bicicletas novas.

– Vou lhe dizer uma coisa. – disse ele. – É bem provável que tudo dê certo.

O sol se pôs e o vento parou de soprar. A poeira permanecia no ar. Em volta do acampamento, sob as últimas luzes do dia, soldados se moviam como sombras armadas, preparando-se para o fim da paz.

PARTE II

GUERRA

6

"A COISA MAIS AUDACIOSA É NORMALMENTE A COISA CERTA"

A guerra começou quando a maioria de nós estava dormindo, que é normalmente como as guerras começam. Alguns poucos soldados com insônia declaravam ter ouvido o ronco de mísseis Tomahawk a 75 metros de distância do chão, em seu trajeto na direção de Bagdá antes do amanhecer de quinta-feira, dia 20 de março. A grande maioria, entretanto, ficou sabendo através de rumores e da televisão: várias antenas receptoras de sinal via satélite apareceram ao redor do acampamento. Na tenda de relações-públicas, o discurso de Bush do Salão Oval era reprisado sem parar no monitor de TV:

– Sob minhas ordens, as forças de coalizão deram início ao ataque a alvos selecionados de importância militar... Não aceitaremos nenhum resultado a não ser a vitória.

Trey Cate fitava o aparelho de TV e murmurava:

– Essa vai ser uma guerra muito estranha. Passaremos por ela e assistiremos a ela ao mesmo tempo.

Mais detalhes vieram à tona durante a reunião de atualização das 7h30, onde sentei numa cadeira de lona ao lado de Dave Fivecoat e Larry Wark em um canto apertado da tenda do D-Main apelidada de Skybox. O serviço de inteligência dos Estados Unidos informava que localizara de forma ostensiva a presença de Saddam numa casamata em Dora Farms, uma instalação residencial no sul de Bagdá; quatro bombas de uma tonelada – a Força Aérea as chamava de Volkswagens – e 40 Tomahawks devastaram o local num golpe de decapitação que, se talvez tenha surpreendido os iraquianos, sem dúvida nenhuma surpreendeu o Exército americano. Como fiquei sabendo mais tarde, naquele dia, até mesmo o general-de-exército Wallace, comandante do V Corpo, só ficou sabendo da tentativa de assassinato contra Saddam pela CNN.

Tom Schoenbeck se espremeu pela Skybox a caminho do assento do chefe na mesa da frente, ao lado de Petraeus.

– Estou num estado de expectativa neste momento – disse ele. – As coisas estão começando a acontecer, mas ainda não é hora de ficar muito agitado. Acalmem-se, acalmem-se. – Ele sorriu e fez um gesto de contenção com as mãos.

As coisas realmente tinham começado a acontecer. Uma carga elétrica percorreu a tenda quando os oficiais se deram conta de que o ataque terrestre poderia ocorrer 24 horas antes do previsto. Um Predator, veículo aéreo não tripulado, localizara fogo sendo disparado a mais de 90 metros acima de um poço de petróleo aparentemente sabotado próximo a Basra. As forças britânicas e americanas não podiam permitir a destruição de campos no Sul, que geravam uma receita de 50 milhões de dólares por dia em petróleo. A 1ª Força Expedicionária Marine, os britânicos e a 3ª Divisão do Exército atacariam aquela noite. Rakkasans da 101ª já haviam começado a se posicionar próximos à fronteira do Iraque em cinco comboios de assalto terrestre e parecia bastante provável que os seus batalhões seriam, muito em breve, ordenados a avançar e assegurar o Exxon, a base de reabastecimento próxima a Nasariyah e então o Shell. Petraeus conseguiria cumprir sua promessa de estar pronto no dia 21: o quinto e último navio estava descarregando, e a divisão, agora, tinha 120 helicópteros no Udairi e outros 136 em Camp Thunder.

Durante a reunião de atualização, relatórios e rumores voavam pelo Centro de Operações Táticas como moscas. Alguns pareciam improváveis, e outros provaram-se equivocados, tais como a afirmação de um espião americano de que Saddam envenenaria os suprimentos de água nas cidades ocupadas por tropas americanas. Uma análise do V Corpo declarava que um alto comandante iraquiano "fora autorizado a usar 30% do seu estoque de armas químicas num ataque preventivo contra os Estados Unidos e as forças de coalizão". Outros relatórios, menos especulativos, eram baseados em imagens de satélite do Aeroporto Internacional Saddam Hussein, a oeste de Bagdá, que mostravam tropas iraquianas bloqueando as pistas de decolagem com montes de terra para prevenir um ataque surpresa pelos americanos. A Divisão Medina da Guarda Republicana estava "dispersando-se em áreas urbanas e construídas para garantir sua sobrevivência", relatou um oficial de inteligência, confirmando também que a 14ª Brigada Mecanizada da divisão havia preparado posições de combate ao longo do rio Eufrates, entre Karbala e Bagdá. Comandantes iraquianos ainda pareciam esperar o ataque principal em três rodovias nos vales do Tigre e do Eufrates, em vez do ataque planejado pelo V Corpo a oeste, através do Desfiladeiro de Karbala.

– Qual era a veracidade das informações sobre essas posições no caso de partirmos para cima delas com Apaches? – perguntou Petraeus.

– Senhor – disse o tenente –, no momento temos coordenadas matriciais de oito dígitos. – Um mapa da localização que apontava com precisão cada alvo dentro de dez metros. Outras informações do Serviço de Inteligência também mostravam que a força militar iraquiana encolhera consideravelmente desde a Guerra do Golfo. Em vez de 950 mil soldados em 60 divisões regulares de um Exército, como era o caso em 1991, havia agora não mais do que 350 mil em 17 divisões. A Guarda Republicana era agora constituída por 80 mil soldados, dos 150 mil de outrora.

Petraeus finalizou a sessão matinal lembrando a seu estado-maior de que "a Ordem Geral Número 1 foi extendida ao Iraque". E então, como se a situação necessitasse de uma declaração mais marcial, ele completou:

– Estamos em guerra.

Uma calmaria estranha ocorreu em Camp New Jersey naquela manhã e aproveitei aquela calma momentânea para sentar-me do lado de fora do Centro de Operações Táticas numa pilha de sacos de areia com D. J. Reyes, o G-2, ou oficial de inteligência da divisão, baixo e de óculos. Eu sabia que a capacidade de inteligência dos militares americanos era extraordinária. Através de um sistema chamado TENCAP – sigla em inglês para Exploração Tática de Capacidades Nacionais –, os analistas de campos de batalha podiam acessar interceptações eletrônicas e de comunicação, bem como imagens de satélites, da Agência Nacional de Segurança, da Agência Nacional de Imagens e Mapeamentos, do Escritório Nacional de Reconhecimento e de outros domínios da enorme burocracia da inteligência americana. O que permanecia obscuro para mim era como a astúcia tecnológica se traduzia em vantagens no âmbito do combate. O que uma matriz com coordenadas de oito dígitos poderia lhe dizer sobre a disposição do inimigo em morrer pela sua causa? O que isso significava no que dizia respeito à reação de 24 milhões de iraquianos ao verem seu país invadido pelos americanos? Eles seriam receptivos à libertação? E à ocupação?

– Da perspectiva de um sistema, posso lhe dizer o que os iraquianos têm, o que estão fazendo, onde eles estão e, provavelmente, para onde estão indo – o tenente-coronel Reyes me disse. – O que eu não posso lhe dizer é o que se passa na cabeça deles. Eles estão dispostos a lutar? Eu sou partidário de Sun Tzu: nunca subestime o seu inimigo. De modo mais objetivo, creio que a 14ª Brigada Mecanizada da Divisão Medina da Guarda Republicana vai lutar. Subjetivamente, não estou certo por quanto tempo. O meu instinto me diz que vamos causar um sério dano psicológico neles, além do dano físico.

No que diz respeito à inteligência humana, ou espiões, perguntei se ele concorda com a sabedoria popular, que os vê como um ponto fraco para os Estados Unidos. Reyes concordou e apontou que tinha um senso diminuto sobre o inimigo iraquiano, nem ao menos informação biográfica sobre os comandantes da Medina ou da 14ª Brigada Mecanizada. Ambigüidade, ele disse, é parte do repertório do oficial de inteligência.

– Eu sempre tento me lembrar: o que é o "E daí?". É por isso que dizemos "informações objetivas primeiro". O outro ponto importante é: se você não tem nada importante para relatar, não relate.

Reyes passou a mão no cabelo cortado rente.

– Você deve se sentir confortável sentado no pântano com os crocodilos. Você tem que ter mais coragem do que eles têm dentes. O coringa consiste em táticas assimétricas. Pensamento fora do convencional. Posso muito bem visualizar o Saddam envenenando a água e nos culpando por isso. Posso vê-lo incendiando poços de petróleo, ou ateando fogo em trincheiras de petróleo, que estão por toda parte, em volta de mesquitas, *em todo lugar*. Posso ver inundações táticas, onde ele explode represas. Posso ver iraquianos se passando por soldados americanos.

E acrescentou:

– As pessoas dizem que ele usará produtos químicos tão logo cruzemos a fronteira do Iraque. Eu acredito que não. Por que ele entregaria o jogo neste momento? Eu, pessoalmente, penso que ele os usará quando vir que estamos mesmo entrando em Bagdá. Estou muito preocupado com Bagdá. Estou muito preocupado com todas as áreas urbanas. Os nossos sistemas, de modo geral, serão mitigados ou derrotados se a coisa descambar para uma guerra urbana. A disposição arquitetônica da cidade permitirá ao inimigo nos atrair para emboscadas. Seremos engolidos como moscas na fogueira.

Ele se mexeu no saco de areia usado como assento. Uma ansiedade adicional para a 101ª era a vulnerabilidade dos helicópteros da divisão, particularmente na zona de utilização de mísseis em torno de Bagdá; dizia-se que, em termos de poder letal de defesa aérea, perdia apenas para Pyongyang, na Coréia do Norte.

– Perco o sono pensando nisso. Porque é preciso se preocupar com tudo. Mísseis Roland, triplo A – artilharia antiaérea – e até mesmo armas com mira comum, sem o auxílio de radares. Em Mogadíscio, helicópteros foram derrubados com granadas de propulsão RPG-7. Como se combate isso? Perco o sono pensando nisso. Todos os dias, quando entro nas reuniões de atualização de batalha, penso: por que não consigo uma resposta?

Perguntei sobre como é trabalhar para Petraeus.

– Ele é muito compreensivo e transmite muita empatia – disse Reyes. – Mas esse homem tem padrões altíssimos. Todos os generais são assim. Você dá algo a eles e querem mais. É preciso ter colhões para dizer "Não sei, mas vou descobrir". Também é preciso ter estômago para dizer "Essa é a minha opinião". É uma arte, assim como uma ciência. Você não compreende isso como tenente. Compreende, sim, depois de 20 anos levando tiros na cara. Um bom dia para mim é quando ninguém me diz nada.

Esta guerra poderia, perguntei, virar algo perigoso? E se as táticas assimétricas do Iraque não levassem a um desafio competitivo onde os Estados Unidos eram claramente superiores, mas, em vez disso, a uma campanha de guerrilha?

– Existe um nevoeiro muito pesado de guerra lá fora – disse Reyes. – No final das contas, a pergunta é: você vai conseguir suportar as conseqüências das suas atitudes? Você fez o melhor que pôde? Estamos fazendo isso por uma razão. Não sei qual é, mas sei que é algo muito maior do que eu. A questão é simplesmente aceitar.

Caminhei de volta para a tenda de relações públicas e estava lendo o meu e-mail, às 12h25, quando a CNN relatou que um míssil iraquiano fora disparado na direção do Kuwait. Lançado de Basra, o Ababil-100 – o primeiro de 17 mísseis balísticos que o Iraque dispararia – foi detectado primeiro por um destróier da Marinha americana no Golfo Pérsico. Segundos depois, o grito da Voz Gigante ecoou em Camp New Jersey. A sirene começou baixa e logo se elevou até um som estridente e contínuo. Os soldados na tenda se apressaram para pegar suas máscaras contra gás, correndo na direção de um contêiner a 45 metros de distância, que fora coberto no dia anterior com sete camadas de sacos de areia e convertido num abrigo antimísseis. Um pouco atrapalhado, também parti na direção do contêiner, seguindo uma trilha de injetores de atropina, papéis de detecção de produtos químicos e filtros sobressalentes que caíam das mochilas dos soldados, enquanto eles tentavam colocar a máscara.

O aviso de fora de perigo logo soou e caminhei de volta para o Centro de Operações Táticas, onde encontrei Petraeus do lado de fora, sorrindo, embora a sirene o tivesse acordado de um cochilo.

– Você está numa guerra – disse ele, batendo no meu ombro. O relatório inicial – geramente, relatórios iniciais nunca estão certos – indicou que cinco mísseis iraquianos foram abatidos. – Sabe de onde os primeiros disparos da guerra foram feitos? – perguntou Petraeus. – De Camp Thunder, a bateria Patriot. Lutei para conseguir aqueles troços. Eles não iam colocar nenhum Patriot lá. – O Ababil-100 aparentemente foi apontado para os quatro mil soldados e para a frota de helicópteros em Thunder antes de ter sido interceptado e destruído.

Perguntei como ele se sentia sobre o esforço de decapitar o regime assassinando Saddam em Dora Farms. Petraeus citou um provérbio do general John Galvin, um de seus mentores: "A coisa mais audaciosa é normalmente a coisa certa."

Ele partiu na direção do heliporto para pegar o general Wallace. O comandante do V Corpo vinha para discutir os ataques terrestres, os quais tinham sido realmente adiantados em mais de um dia. Voltei sem pressa para a tenda de relações públicas, abri um pacote de MRE – usei o método de Petraeus, cortando o pacote no comprimento, como se estivesse limpando um peixe – e sentei-me numa cadeira dobrável do lado de fora. Petraeus e sua equipe passaram em duas caminhonetes assim que o Blackhawk de Wallace aterrissou a várias centenas de metros ao sul. Pude ver minúsculas figuras batendo continência. Em seguida, as caminhonetes retornaram na direção do D-Main.

Para minha surpresa, os veículos desviaram do Centro de Operações Táticas e pararam na minha frente. Petraeus e Wallace desceram da caminhonete da frente. Guarda-costas fortemente armados e auxiliares desceram da segunda caminhonete. Comecei a andar na direção deles quando me dei conta de que havia deixado minha máscara contra gás na cadeira e voltei para apanhá-la.

– Ele está colocando o uniforme de volta – provocou Petraeus.

Wallace removeu as luvas de cavalaria e esticou a mão.

– Nos conhecemos há muito, muito tempo – disse ele com um sorriso agradável. – Lembro-me de um bistrô com uma boa taça de vinho.

Falamos brevemente sobre o nosso encontro prévio havia 16 meses, em uma pousada confortável na Bélgica, durante um *tour* de três dias – organizado pelo Exército como um exercício educacional e de formação de equipes – pelos campos de batalha da Segunda Guerra Mundial nas Ardenas e na Floresta de Huertgen.

Forte e com olhos castanhos, com o rosto de feições viris e uma voz tão suave que às vezes se tornava inaudível, Wallace descrevia a si mesmo como "um sujeito simples com idéias simples". Nascido em Chicago e educado no Kentucky, ele se formara em West Point, em 1969, como oficial de blindados. "Sempre pronto para superar qualquer pessoa quando se tratava de crises de riso, Wally vive num filme de comédia sem-fim", observava o anuário da academia. "Um dos melhores atletas entre nós, tem sido um enorme prazer para mim ser derrotado por ele por quatro anos." Ele pretendia ser piloto de helicópteros, mas foi reprovado na escola de pilotagem, um fracasso inesperado que o deixara amargurado por algum tempo, quando foi enviado para uma temporada de um ano no Vietnã, próximo do final da guerra. Na maior parte de sua carreira esteve na Alemanha, com unidades de cavalaria blindada, ou no Deserto do Mojave, no Centro Nacional de Treinamento. Suas idéias simples incluíam uma convicção de que "liderança passiva não é liderança". Wallace tinha preferência pela "disciplina funcional", o que ele definia como "fazer o que é certo o tempo todo, mesmo se não houver alguém olhando". Uma pessoa de fala objetiva e caráter inabalável, ele tinha uma grande reputação quanto à acuidade tática.

O plano de guerra de Wallace para o Iraque previa "cinco batalhas", das quais apenas uma envolveria diretamente os iraquianos: deslocamento, logística, terreno, inimigo e cronologia. ("Temos que tê-lo amarrado o tempo todo", ele declarou.) Chamado de Scott pelos seus amigos, ele não deixava de contar para os soldados que o seu nome de batismo era William Wallace, como o chefe de um clã escocês conhecido como Coração Valente. Num discurso emocionado para a 2ª Brigada de Petraeus, três dias antes, o comandante explicara a razão de enviar suas tropas para a batalha:

> Eu me lembro do 11 de setembro. E vocês? Esta é a razão de todo este trabalho. Não há lugar neste mundo para armas de destruição em massa, especialmente nas mãos de alguém demente como Saddam Hussein... Quero que a minha família esteja em segurança, quero que a família de vocês esteja em segurança. Quero saber que, quando os meus netos entrarem num avião, eles não tenham que se preocupar se estarão seguros. Não quero que a família de vocês se preocupe se está segura quando for ao shopping. Este velho homem está muito orgulhoso por estar de pé aqui na frente de todos vocês.

De repente, a Voz Gigante soou mais uma vez. Arrancamos a M-40 da sua sacola, colocamos a máscara no rosto e a ajustamos. Não tenho certeza de que alguém tenha conseguido o tempo padrão de nove segundos.

Enquanto caminhávamos na direção do abrigo, eu disse:

– Isso vai tornar qualquer conversa inteligente difícil. – A minha voz, que já parecia um gorjeio patético por causa de toda a poeira do Kuwait, soava baixa e estrangulada através da máscara.

– O dia vai ser longo – Wallace replicou.

Para dentro do abrigo, entraram duas dúzias de soldados, todos com os olhos arregalados e a boca e o nariz dentro da máscara.

– Mais pessoas entrando. Movam-se – dizia uma voz. As paredes internas do contêiner eram cobertas com papelão para maior proteção. Um adesivo dizia que o contêiner era feito de "Aço Resistente à Corrosão Atmosférica Superior". Um recibo de carregamento, assinado por D. Virginia Bartholomew, no Depósito do Exército em Sierra, na Califórnia, datado de 15 de dezembro de 2002, mostrava que o contêiner carregara "tapetes para pista de aterrissagem", pesando aproximadamente oito toneladas e com o valor de 727.650 dólares. A Sra. Bartholomew afirmara que "os pacotes no interior estão marcados corretamente, rotulados e sinalizados".

Petraeus tentou puxar uma conversa descontraída. A caixa de voz da máscara dava às suas palavras um som metálico. Wallace, levemente surdo e sem muita vontade de conversar, ouvia tranqüilamente, com seus olhos esbugalhados através da máscara. Petraeus finalmente desistiu, balbuciando:

– Ele vai ter que pagar por isso.

Wallace balançou a cabeça concordando.

– Aquele filho-da-puta está prestes a me tirar do sério – disse ele. Dois estrondos ecoaram a distância, aparentemente de uma bateria Patriot disparando um par de interceptores, o que, mais tarde, descobrimos ser outro Ababil-100 lançado na direção da Cidade do Kuwait.

Quinze minutos depois, o sinal de fora de perigo soou novamente. Saímos do contêiner e arrancamos a máscara; nossos rostos estavam vermelhos e brilhavam de suor. Coração Valente parecia pronto para levantar sua espada e partir para a ofensiva. Ele remungava:

– Não vou ficar nessa expectativa por um dia a mais do que for preciso. – Com Petraeus ao seu lado, ele ficou por mais um tempo para discutir o casamento forçado de seu V Corpo na Alemanha, e com duas divisões baseadas nos Estados Unidos que normalmente trabalhavam para o XVIII Corpo Aerotransportado, a 101ª e a 3ª Divisão de Infantaria, uma união que refletia o expediente exigido nesta nova era expedicionária. – É preciso aprender sobre novas personalidades – disse Wallace –, as manias de cada um.

Perguntei a ele qual a parte mais difícil de seu trabalho, agora que a guerra havia começado.

– Simplesmente a espera. Há muito pouco o que posso fazer nas próximas 24 ou 48 horas, exceto vir aqui olhar nos olhos de Petraeus. O que me impressiona sobre esta operação é a exigência de manter o fluxo de forças e lutar ao mesmo tempo. Isso é um pesadelo. – A decisão do Departamento de Defesa de abandonar a meticulosa matriz de envio do Exército e partir para a guerra com apenas 90 mil soldados mostrava, segundo Wallace, a enorme habilidade e flexibilidade do Exército.

Mas, perguntei, o envio em fluxo tornava realmente o deslocamento mais veloz?

– Não sei se o tornou mais veloz – disse Wallace. – Sei que o tornou mais difícil. – Dentre outras necessidades, inclusive unidades de polícia do Exército e de assuntos civis, o V Corpo tinha muito menos caminhões do que precisava para mover as tropas, suprimentos e peças pelas vastas distâncias do Iraque. Wallace reconhecia as limitações, mas não podia fazer nada sobre isso, um sentimento de impotência que ele, mais tarde, comparou com "ficar parado, esperando para agarrar um cofre caindo de uma janela do vigésimo andar".

Evitar uma longa batalha dentro das cidades era algo que também mexia com a sua cabeça. No dia anterior, Wallace perguntou a um grupo de pilotos de Apache:

– Como faremos para dominar Bagdá? Eu tenho dito aos comandantes que seremos pacientes antes de termos de lutar na cidade. Rezo para que não precisemos chegar a isso. A cidade é tão grande quanto Boston. – Ele me disse: – Vejo você mais tarde.

Apertamos as mãos e ele foi embora, levando consigo sua escolta armada.

Uma hora depois, a convite de Petraeus, fui parar em seu Blackhawk, conhecido como Warlord 457. Partimos para o leste e, depois, para o norte, a uma velocidade de 185km/h, dois artilheiros nas portas apontando suas metralhadoras M-60 para formas suspeitas e sombras abaixo.

Petraeus observava o terreno, e eu me indagava sobre como deveria ser o mundo através dos olhos de um general comandante. A tentativa de analisar o seu temperamento e suas ações tinha se tornado um exercício intrigante. Ele era cauteloso, contido, e suas declarações formais para repórteres e câmeras de televisão tinham sempre um timbre artificial e calculado. Por trás das câmeras, ele podia falar de tudo, podia ser engraçado e, às vezes, cínico, sugerindo num dado momento que a resistência iraquiana exilada em Londres estava "tentando enviar Saddam para a morte via fax". Seus interesses eram amplos, e nossas conversas iam de fofocas do Pentágono e trajetórias profissionais à teologia e o ato de escrever. Ele se autodepreciava às vezes, tal como quando lembrou o que sua mãe lhe dissera uma vez sobre a sua compleição franzina: "Nenhuma galinha de respeito se pareceria com você." Ele se interessava por livros, idéias e mentes tão rápidas quanto a sua, e uma vez se desculpou por tornar a conversa um monólogo – uma guinada quase nada fora do comum para altos comandantes. A cada dia ficava mais evidente que o rigor intelectual para liderar uma divisão em combate o encantava. Ele queria muito um distintivo de combate. Isso era talvez a única coisa que faltava em seu currículo. Mas nunca tive a impressão de que sua ambição pessoal ofuscasse a consciência de ter 17 mil vidas em suas mãos e de que nada poderia ser mais solene ou profundo para um comandante do que enviar jovens soldados em missões que podem resultar em suas mortes.

A responsabilidade era de fato muito grande e Petraeus começou a dar sinais de seu humor ao balançar a mão estendida para cima e para baixo.

– Todo mundo passa por todos os tipos de emoções – falou ele em uma ocasião. – A questão é quão rápido você chega lá. – Às vezes, quando as coisas não saíam tão bem, ele ficava em completo silêncio ou surtava com um subordinado por conta de infrações reais ou imaginárias. O pobre Jeremy Miller, seu motorista, recebia um repertório constante e insensível de ordens:

– Vire à esquerda! Não, pra lá. Olha a velocidade, soldado! Deixe esse cara passar.

Eu tinha certeza de que Petraeus sentia uma pressão enorme para não usar a divisão de maneira inadequada, para não fracassar, para não desapontar todos os patronos que contribuíram tanto para a sua carreira ao longo de 30 anos. Vários olhos o observavam, não apenas os generais a que servira, mas também os olhos de milhares de oficiais que não iriam para o Iraque e que talvez tivessem um pouco de ressentimento em relação àqueles que foram. Um velho adágio do Exército dizia que não importava de qual guerra você participara, contanto que fosse a mais recente; como era provável que apenas duas das dez divisões do Exército teriam papéis significativos na marcha a Bagdá, isso fazia com que oito divisões repletas de oficiais não servissem "na última".

Dez minutos depois de deixar Camp New Jersey, aterrissamos no campo aéreo de Udairi. Petraeus foi à frente na direção do hangar.

– Vocês, rapazes, estão prontos para ir? – gritou ele. – Urra! – respondeu uma dúzia de vozes. – Urra!

O Destacamento de Vigilância de Longa Distância servia como os olhos da divisão do outro lado da fronteira inimiga. Duas equipes de seis homens seriam deixadas no deserto a sudoeste de Karbala, onde construiriam "áreas escondidas" com camuflagens e, por até cinco dias, "detectariam, identificariam e relatariam" as movimentações militares iraquianas que poderiam ameaçar operações de reabastecimento de helicópteros. O capitão Eric Haupt, comandante do destacamento, explicou para Petraeus que quatro Blackhawks, escoltados por quatro Apaches, levariam as equipes para o norte durante a noite, despistando diversas vezes para manter em segredo a inclusão de outra leva. Miras especiais permitiam às equipes enxergar a até cerca de 9,5km durante o dia e quase 4km durante a noite. Além disso, carregavam um arsenal de rádios de longa distância.

Haupt previa que seus homens partiriam para o norte em dois dias. Cada equipe passou por uma quarentena para minimizar distrações e evitar que eles ficassem sabendo de detalhes sobre as missões dos outros colegas para o caso de serem capturados. Em um par de tendas próximas ao hangar, inspecionamos os kits que os soldados espalharam sobre suas camas, incluindo aparatos óticos a laser, rádios, pentes de munição sobressalentes, trajes de proteção contra armas químicas, facas, pilhas, um suprimento de alimentos para cinco dias e cerca de dez litros de água para cada homem.

– Você se sente à vontade com a missão? – Petraeus perguntou a um sargento que limpava um teclado de computador com um pincel antigo de barbeiro.

– Oh, sim, senhor.

– Qual a sua maior preocupação?

– Senhor, a minha maior preocupação é que se usem agentes químicos por lá.

Antes de retornar ao Blackhawk, Petraeus parou para ver o coronel Gregory P. Gass, comandante da 101ª Brigada de Aviação. Numa tenda, os pilotos de Gass revisavam o TOPSCENE, um programa de computador que combinava fotos de reconhecimento e dados topográficos para criar um vídeo tridimensional de uma área alvo. Usando um *joystick* minúsculo, um subtenente passou primeiro por duas pontes sobre o rio Eufrates guardadas pela 14ª Brigada Mecanizada da Divisão Medina e depois "voou" para algumas centenas de metros acima de posições em forma de U que protegiam blindados iraquianos.

Numa outra tenda, estrategistas já consideravam o cenário para além da destruição da Divisão Medina, num ataque Apache contra a Divisão Hammurabi da Guarda Republicana, mais ao norte. Rabiscos de cálculos cobriam o papel de pão num cavalete. Duas brigadas da Hammurabi continham 202 blindados e outros alvos preferenciais, de acordo com relatórios da inteligência. Arrasar metade delas destruiria a divisão de forma eficaz. Usando equações de "probabilidade de destruição" que pressupunham uma taxa de sucesso de 60% entre todos os mísseis antiblindados disparados, os estrategistas chegaram à conclusão de que seria necessária uma rajada de 161 Hellfires. Como geralmente cada Apache carregava oito mísseis, isso significava que a destruição das brigadas Hammurabi exigiria 20 aeronaves na missão. A partir destes cálculos, os estrategistas podiam estimar as quantidades de combustível e de outros suprimentos necessários.

Se tudo isso parecia desapaixonado e anti-séptico, logo fomos lembrados do quanto as emoções haviam se desgastado. Levantando vôo do Udairi pouco depois da 17 horas, Petraeus pediu aos pilotos que desviassem para o sudoeste antes de retornar a Camp New Jersey. Poucos minutos depois, vimos comboios Rakkasans se estenderem ao sol poente que estava baixando na direção da fronteira do Iraque: Humvees, tratores, cami-nhões-tanque, *trailers* que carregavam água para beber, chamados búfalos, vans militares e caminhões com as laterais abertas com centenas de fuzileiros sentados em bancos. Era uma visão histórica e amedrontadora: um exército avançava.

E. J. Sinclair nos aguardava enquanto o Warlord 457 aterrissava em um redemoinho de poeira ao lado de um comboio. A 101ª e a 3ª Divisão de Infantaria convergiam num enorme engarrafamento antes mesmo de deixar o Kuwait.

– Eles estão em blindados e em veículos de transporte blindados; então deixemos que vão na frente – Sinclair falou a Petraeus balançando a cabeça. – Levou quase duas horas para dirigir por 40km. Está sendo mais lento do que imaginávamos.

Então, um jovem oficial que monitorava os rádios veio ofegante até o grupo de comando. Suas palavras jorravam, enquanto batia continência para Petraeus:

– Senhor, recebi uma mensagem avisando que ataques aéreos do inimigo estão a caminho. Todo mundo precisa se abrigar.

Olhei à minha volta. O abrigo mais próximo neste verdadeiro purgatório era a Jordânia. Os soldados começaram a se dispersar.

Petraeus olhou para mim e sorriu.

– Que nada, acho que é conversa fiada. São apenas mísseis de ataque terrestre Tomahawk, previstos para as 15 horas no horário Zulu. – Um rápido contato via rádio com Tom Schoenbeck, no D-Main, confirmou que não havia evidência sólida de nenhuma aeronave iraquiana. Na verdade, nenhum soldado americano foi atacado por aeronaves desde o início da década de 1950 – um período que engloba por completo metade da história do vôo motorizado, como observou com ânimo um general reformado da Força Aérea –, e o Iraque, nesta guerra, não chegara a lançar um único ataque aéreo.

Petraeus parecia feliz ao descobrir que obviedades de batalha são mesmo verdadeiras.

– O primeiro relatório – disse ele sorrindo – *está* sempre errado.

Uma boa noite de sono foi algo raro em três semanas e, de agora em diante, era mais raro ainda. A tenda geralmente começava a balançar por volta das seis da manhã. Quando eu finalmente terminava de fazer reportagens, escrever, enviar minha história para o jornal e lidar com quaisquer que fossem as perguntas dos editores, era normalmente meia-noite ou mais tarde. Tentar conseguir uma conexão telefônica via satélite pelos circuitos sobrecarregados foi uma experiência horrível e criava muita ansiedade na maioria das noites. Por diversas vezes fui obrigado a ditar para um interlocutor em Washington. Em busca de umas cinco horas de sono profundo, tomei um sonífero à uma da manhã do dia 21 de março, uma sexta-feira.

E assim dormi feito uma pedra, primeiro sob o grito da Voz Gigante e, em seguida, sob o ronco do lançamento de dois Patriots da bateria posicionada do lado de fora de Camp New Jersey. Os mísseis, Dwyer me disse mais tarde, fizeram "um estrondo tão grande que pareciam passar por dentro da tenda".

Eu recuperei a consciência e vi feixes de luz brilhando dentro da tenda. Soldados ajustavam suas máscaras e vestiam os uniformes. Uma voz gritou:

– Porra, por que você ainda está dormindo enquanto somos atacados com Scuds pelo exército de Saddam?

Levei um instante até me dar conta de que aquele soldado falava comigo. Olhei para o meu relógio e vi que eram 2h30 da madrugada. Vesti minha calça, mas não consegui encontrar a minha M-40. A sacola de lona estava vazia. De joelhos e apalpando tudo à minha volta, não consegui nada. Pensei seriamente em me deitar e voltar a dormir: deixem que o gás aja e acabe logo com isso. Todos haviam seguido para o abrigo, exceto o sargento Mark Swart, que apareceu ao meu lado, usando sua máscara.

– Você ouviu aquela enorme explosão? – ele perguntou.

– Acho que não. Não consigo encontrar a minha máscara. – Mostrei a ele a sacola vazia.

– Aqui está – disse Swart. Ele apanhou a máscara caída no chão, próximo aos meus pés. A sirene avisando que o local estava seguro soou antes que eu pudesse ajustar aquela coisa no meu rosto.

– Obrigado, Mark – balbuciei e voltei a me deitar. Pensei nos correspondentes da Segunda Guerra que tanto admirava – Liebling, Shirer, Rame, Moorehead, Pyle – e torci para que eles também, pelo menos uma vez em suas esplêndidas carreiras, tivessem sabido como era ser totalmente ridículo.

Ainda envergonhado, caminhei até o refeitório para o café-da-manhã logo ao nascer do dia. A tenda parecia vazia depois da partida de tantos Rakkasans. Pela primeira vez os refrigeradores estavam lotados de cerveja sem álcool San Miguel, o que parecia um tanto quanto forte demais para o café-da-manhã. Um soldado do outro lado da mesa reclamava do seu sargento, a quem ele se referia repetidas vezes como "aquele imbecil desgraçado". Uma pichação numa das latrinas perguntava: "Quem é que manda por aqui?"

Petraeus estava em seu assento costumeiro à mesa principal quando cheguei à reunião de atualização de batalha às 7h35 e peguei uma cadeira. Ele parecia muito animado e eletrizado com a guerra.

– Espero que todos já tenham se dado conta – disse ele ao microfone – de que vocês agora são qualificados para se tornar membros do Clube de Veteranos de Guerras Estrangeiras. – E então, no mesmo tom humorístico: – Quantos franceses são necessários para se trocar uma lâmpada? Um. Ele simplesmente fica ali parado segurando a lâmpada enquanto deixa o mundo girar em volta dele.

A reunião da sexta-feira de manhã começou com um oficial enumerando resumidamente as notícias de guerra. Uma dúzia de trilhas foram abertas ao longo do cinturão de obstáculos de quase dez quilômetros que marcava a fronteira. Engenheiros de pé nos acostamentos balançavam bandeiras americanas para as tropas que passavam. A 1ª Força Expedicionária Marine e tropas britânicas já haviam avançado bastante no campo de petróleo de Rumaylah, no Sudeste do Iraque, capturando duas refinarias e uma distribuidora estratégica; de mais de mil poços nos campos do sul, apenas nove foram sabotados e parecia improvável que o Iraque despejasse milhões de barris de petróleo bruto no Golfo Pérsico, como fizera em 1991. Os Marines deixariam a cidade de Basra para os britânicos, antes de rumarem para o oeste e depois para o norte, até Al Kut, dirigindo-se para Bagdá pelo sudeste. As piores perdas do dia aconteceram numa queda de um helicóptero Chinook, matando quatro Marines americanos e oito soldados britânicos.

Embora o ataque aéreo ainda estivesse para começar em sua forma mais intensa, o serviço de espionagem americana estimara que 60% da população de cinco milhões de pessoas que viviam em Bagdá haviam deixado a cidade em direção aos subúrbios menos vulneráveis e ao interior, entupindo as estradas na região central do Iraque. Mais de dez postos de fronteira iraquianos foram atingidos com centenas de bombas e mísseis Hellfire. A 3ª Divisão de Infantaria entrara em peso na fronteira oeste, com o Kuwait, encontrando em seu caminho pequenos focos de resistência e matando 14 soldados iraquianos no início da guerra-relâmpago que se aproximava de Bagdá. Um guarda de fronteira iraquiano morreu quando uma caixa de folhetos de propaganda, depois de ser jogada de um avião, atingiu a sua cabeça.

Mais de duas dúzias de equipes das Forças Especiais invadiram o Iraque pelo sul, oeste e norte. As tropas das Forças Especiais tinham como objetivo capturar as pontes sobre o rio Eufrates, em Nasariyah e Samawah, na noite seguinte.

– É melhor que se apressem – disse Petraeus – ou a 3ª Divisão de Infantaria vai chegar lá primeiro do que eles.

A 101ª já estava pronta para o combate, como avisara Petraeus. Três comboios de assalto terrestre repleto de Rakkasans partiram para uma área de agrupamento próxima a uma estrada, chamada de Pista 11, enquanto dois outros comboios de assalto partiam de Udairi e de Camp New Jersey dentro de um dia. Os otimistas no estado-maior acreditavam que o Exxon – a 160km do Kuwait, dentro do Iraque – poderia abrir na manhã seguinte, 22 de março, sábado, e que o Shell, a mais 225km de distância, poderia ficar pronto um dia depois. Isso permitiria que os Apaches da 101ª atacassem a Divisão Medina já na segunda-feira à noite.

Um outro esquema, o Plano de Contingência Bastogne, previa a captura de uma interseção estratégica em uma rodovia ao sul de Bagdá com tropas da 101ª inclusas por meio de helicópteros e reforçadas com a cavalaria blindada da 3ª Divisão de Infantaria. Imagens tomadas de um vôo de reconhecimento projetadas numa tela na frente da sala mostravam a 14ª Brigada Mecanizada da Divisão Medina fortificada ao longo de uma linha férrea próxima a Musayyib, no sudoeste de Bagdá. Analistas de espionagem estimavam que a Medina estava operando com cerca de 94% de sua força total; a Divisão Hammurabi estava estimada em 93%.

Petraeus olhava com muito cuidado para as fotos.

– E vou lhes dizer que – disse ele – existem alguns alvos por lá. – Todos pareciam concordar, pois um burburinho correu pela sala.

Na sexta-feira à tarde, partimos de Camp New Jersey, voando para o sudoeste no Warlord 457 para a Posição de Ataque Terri, onde os Rakkasans cruzariam a fronteira em poucas horas. Petraeus tinha cinco freqüências de rádio disponíveis, incluindo redes do V Corpo e da divisão. Ele pulava de uma para outra girando um botão no painel com a mão esquerda.

– Garoto – disse ele pelo intercom do Blackhawk –, olha só a fila de veículos. – Pela janela esquerda da baia de passageiros eu pude ver um comboio muito maior do que o do dia anterior. A fila de veículos parecia um circo em viagem. Humvees com camuflagens de deserto, caminhões de munição e canhões – cada um com um painel de reconhecimento cor-de-rosa fluorescente para evitar ataques aéreos fratricidas – misturavam-se a 14 caminhões-pipa kuwaitianos, comprados pela divisão para lavar os motores e as pás dos helicópteros. Luzes vermelhas, amarelas e azuis de discoteca circundavam as cabines e as carrocerias, e cada caminhão era marcado com o nome do antigo dono – Maskin & Transport As Singas – em vez de "Exército americano".

O helicóptero pousou numa nuvem de poeira, como de costume. E. J. Sinclair nos cumprimentou novamente enquanto desembarcávamos na areia, meio agachados por baixo das pás. Três comboios de assalto terrestre se agruparam naquela área desolada a quase 13km da fronteira, cada qual com várias centenas de veículos. Enquanto um avançava, os outros dois esperavam por sua vez. Os Rakkasans estavam vestidos com os trajes de proteção contra ataques químicos por precaução e escreveram o seu sobrenome e o tipo sangüíneo na manga de cada traje. No calor da tarde, com temperaturas em torno de 35 graus, todos pareciam cansados. Soldados cochilavam em trincheiras ou dentro de barracas improvisadas próximas aos seus veículos.

– Estou tentando evitar que esses rapazes se movam. Descansem. Encontrem uma sombra – disse Iuniasolua Savusa, o sargento-ajudante da brigada, com um "A+" rabiscado no seu braço direito. – Depois de ter feito com que esses garotos viajassem na traseira desses caminhões por três dias, eles estão prontos para saltar e atirar em qualquer coisa que virem pela frente.

Mike Linnington, o comandante da brigada Rakkasan, gesticulou na direção de um caminhão repleto de mochilas e com uma placa presa ao pára-choques com os dizeres "Caminhão dos Fodões".

– Sargento-ajudante – Linnington disse a Savusa –, você pode fazer o favor de tirar aquela placa dali?

Petraeus saiu cumprimentando os soldados. Os rapazes respondiam sem muito entusiasmo:

– Rakkasan, senhor.

Para o tenente-coronel Chris Pease, um enorme ex-lutador de luta-livre estudantil que agora comandava o 1º Batalhão da 187ª Infantaria, Petraeus disse:

– Esta é uma missão e tanto para um soldado da infantaria leve de assalto aéreo.

Envolto em seu traje de proteção contra ataques químicos, colete à prova de balas e outros equipamentos, Pease deu uma nota de cem dólares ao seu motorista, para que encontrasse uma Coca-Cola Diet.

– Sim, senhor – respondeu o rapaz.

– Sinto como se estivesse vestindo três corpetes – disse Pease.

O único comboio Rakkasan em movimento avançava muito lentamente. Sinclair e Petraeus ficaram de pé ao lado da trilha de areia, acenando para os soldados que seguiam de forma lenta na direção do Iraque, como parte da força de invasão do Exército de dez mil veículos.

– Gostaria de contar com o Exxon até amanhã de manhã – Petraeus disse a Sinclair.

– Acho que teremos algumas dificuldades para chegar a tempo – respondeu Sinclair. – Creio que chegaremos lá no final da tarde.

Quarenta veículos já tinham enguiçado, embora mecânicos trabalhassem rapidamente a cada pane que acontecia.

– Vamos ter de esperar o final da 3ª Divisão de Infantaria passar pela barreira. Não podemos prosseguir enquanto eles não passarem. Dá para vê-los lá no horizonte.

Ele apontou para o oeste. A vários quilômetros dali, uma procissão de minúsculos veículos trafegava pela imensisão do deserto, a centenas de metros de distância um dos outros. Cada um deixava para trás uma nuvem fina de poeira.

Um Humvee da 101ª que puxava um *trailer* passou por nós com uma placa pendurada próximo à tampa do motor dizendo: "Deixem que os corpos venham ao chão." Logo atrás vinha um caminhão com uma bandeira do estado do Texas balançando abaixo do espelho retrovisor. Ao ver a expressão severa no rosto do seu general comandante, um soldado na cabine gritou para Petraeus:

– Vou remover a bandeira, senhor.

Quando voltamos ao helicóptero, Petraeus falou sobre como um comandante devia equilibrar a omissão com a intromissão:

– Quando você pensa que está sendo uma inspiração, na maioria das vezes acaba atrapalhando – disse ele. – Este plano é muito bom. O que vai ser preciso agora é de um pouco de paciência tática, particularmente da minha parte.

Estávamos no Centro de Operações Táticas quando recebemos a notícia de que a vanguarda da 101ª tinha cruzado a fronteira do Iraque pela Rota Hurricane às 20h45, na direção da área inóspita conhecida como Exxon. Quinze minutos depois, mais de 500 mísseis de cruzeiro e centenas de bombas começaram a destruir alvos em volta de Bagdá num espetáculo televisivo de bolas de fogo e fumaça negra.

Orgulho e até mesmo exaltação marcaram a reunião de atualização de batalha daquela noite. A campanha aérea que acabara de começar atacaria o Iraque incessantemente com três mil bombas de alta precisão e mísseis pelos próximos três dias; aviões enviados de cinco porta-aviões da Marinha americana complementavam os ataques de várias bases terrestres, submarinos e navios. A 3ª Divisão de Infantaria já estava a quase 160km no interior do Iraque, havia apenas pouco mais de 12 horas depois de cruzar a fronteira. Um outro comboio de ataque terreste da 101ª entraria no Iraque às 22h30, partindo na direção do Shell para se encontrar com um batalhão que seria transportado por helicópteros no domingo. Embora ainda atrás da 3ª, a 101ª demonstrara uma agilidade impressionante no que dizia respeito a organizar uma invasão apenas seis semanas depois de receber ordens de deslocamento em Fort Campbell. Além disso, o ataque anglo-americano foi orquestrado com força, precisão e astúcia. Em vez de enfraquecer as defesas iraquianas com uma campanha aérea de cinco semanas, como aconteceu em 1991, as forças terrestres atacaram primeiro, precedendo tudo, exceto o improvisado ataque de decapitação. Os primeiros relatórios descreveram os iraquianos como surpresos e confusos.

Embora a força de invasão fosse menos da metade da força utilizada para libertar o Kuwait doze anos antes, desta vez os comandantes receberam uma missão muito mais ambiciosa: marchar centenas de quilômetros até Bagdá, neutralizar o exército iraquiano, derrubar o regime de Saddam e, finalmente, evitar que o país se desintegrasse num caos.

Grande parte da atenção foi dada às três primeiras tarefas. Os comandantes do Exército pareciam confiantes de que cada uma delas seria alcançada. Praticamente, nenhuma atenção foi dada ao último objetivo. O Pentágono, sentindo um certo grau de urgência partindo da Casa Branca, só criou um Departamento de Reconstrução e Assistência Humanitária no final de janeiro e grande parte dos planejamentos subseqüentes se focou nos problemas com refugiados, em vez de saques, desintegração civil ou insurreições. Até o início de fevereiro, de acordo com um documento do V Corpo, o Comando de Componente Terrestre das Forças Combinadas ainda não tinha desenvolvido um plano para a estabilização do Iraque no pós-guerra, no que era conhecido como Fase IV. Estrategistas americanos levantaram diversas indagações especulativas, incluindo a premissa de que os servidores civis iraquianos permaneceriam em seus postos de trabalho para garantir a execução de serviços básicos quando Saddam Hussein e seu grupo fossem eliminados.

Numa conferência pré-guerra, Petraeus perguntou se haveria uma polícia legítima no Iraque. A resposta que lhe deram foi que havia pessoas tentando determinar isso. Scott Wallace comentou:

– Isso vai ser uma experiência de aprendizado... Nenhum de nós fez isso antes.

Entretanto, isso pareceu não importar muito naquela noite de sexta-feira. O Exército americano era visivelmente mais letal do que fora até mesmo há uma década, um monstro de choque, intimidação e velocidade, bem aparelhado para as longas campanhas que se tornaram a principal característica bélica americana. Alguns sistemas, novos durante a Guerra do Golfo, estavam agora maduros e completamente integrados na força –

o Sistema de Mísseis Táticos do Exército, por exemplo, que tinha um alcance de cerca de 320km e agora acertava alvos em volta de Nasariyah e da base aérea de Tallil, e o JSTARS, Sistema de Vigilância e Controle de Ataque em Cadeia, uma escolta aerotransportada capaz de detectar veículos individuais em movimento a mais de 160km de distância.

Outras munições agora caindo sobre o Iraque não passavam de idéias no início da década de 1990. Uma nova geração de bombas inteligentes, tais como as relativamente baratas e abundantes Munições de Ataque Direto Conjuntas, usava satélites de posicionamento global para localizar os alvos. As bombas sem monitoração que contabilizavam mais de 90% do peso jogado sobre o Iraque em 1991 foram suplantadas em sua grande maioria por 22 tipos de munições teleguiadas, o que representava mais de dois terços das 29.199 bombas que cairiam sobre o Iraque nas próximas semanas.

Tais inovações ampliaram a ambição infinda da força militar por poder letal "remoto" – a habilidade de atacar com precisão e ao mesmo tempo estar fora do limite letal do oponente. Nenhuma outra arma exemplificava melhor essa capacidade de ataque remoto do que o novo modelo Longbow do helicóptero de ataque Apache, o qual podia disparar um míssil Hellfire capaz de destruir um blindado inimigo a uma distância de oito quilômetros.

– Quando atacarmos a 14ª Brigada da Divisão Medina, esperamos ver uma centena de veículos blindados em chamas dentro de meia hora – Tom Schoenbeck me disse, enquanto eu olhava um mapa na parte da frente da sala.

O chiado de ar enlatado soava pelo Centro de Operações Táticas, enquanto oficiais de vigília limpavam a poeira de seus teclados. Os óculos de grau de Schoenbeck estavam levantados em sua testa e os óculos escuros pendurados numa cordinha em volta do pescoço.

– Parte disso é para fazê-los suar e imaginar onde está a 101ª com todos aqueles Apaches que eles viram em fotos – disse ele. – O general Wallace nos disse: "Quero destruir a Medina e deixar a Hammurabi e outras divisões da Guarda Republicana pensando sobre isso. Vamos levar o tempo que for preciso, mataremos cada um deles e não sairemos de lá até que isso aconteça."

Antes de se recolher em sua tenda e encerrar a noite, Petraeus disse ao seu estado-maior:

– Esta coisa está prestes a começar para nós.

Nem mesmo o astuto general comandante tinha noção do quanto estava certo.

7

INIMIGO NA LINHA

Acordei com um barulho tão intenso que foi possível ver a lona da tenda acima da minha cabeça ondular. Várias lanternas apontavam para todos os lados e suas luzes vermelhas e amarelas dançavam no teto. A princípio pensei que aquele barulho horrível tivesse sido um jato passando logo acima da tenda, talvez um A-10 Warthog. E então me dei conta de que fora um Patriot voando baixo, lançado de uma bateria próxima ao refeitório.

O grito da Voz Gigante suplantou o ronco enfraquecido do míssil. Puxei a minha máscara contra gás e comecei a me deitar, e então me lembrei do perigo de sufocar. Apertei o botão da pequena lanterna azul conectada ao meu canivete suíço e olhei para o relógio: três da manhã, domingo, dia 23 de março.

Soldados seminus andavam de um lado para outro sobre o assoalho de compensado ou entravam e saíam da tenda, balbuciando coisas inaudíveis através de suas máscaras. A sirene avisando a ausência do perigo soou. Tirei a M-40, enrolei as tiras elásticas cuidadosamente em volta do visor e a guardei de volta em sua sacola; eu já não me descuidava em relação a guardar aquela coisa para a próxima ocasião.

Vários soldados sem máscara estavam parados aos pés da minha cama com o rosto coberto de suor. A voz de um sargento me trouxe abruptamente à consciência:

– Houve algum tipo de ataque ao Centro de Operações Táticas Bastogne. Eles ainda não sabem o que está acontecendo por lá.

Bastogne era o apelido da 1ª Brigada, estacionada a poucos quilômetros ao norte de Camp Pennsylvania.

Coloquei minhas botas, vesti a jaqueta e caminhei uns 90 metros pela areia até uma abertura na cerca de arame, onde sentinelas agitadas na tenda de segurança do D-Main verificaram o meu distintivo e me deixaram entrar. Uma dúzia de caixas de papelão empilhadas próximas à barreira continham mapas recém-impressos das ruas de Karbala e de outras cidades na região central do Iraque.

Apesar da hora, o posto de comando estava lotado. Na frente da sala havia um mapa enorme da grande Bagdá, junto de diagramas mostrando as configurações defensivas para o Exxon, o Shell e o Conoco. Um outro mapa mostrava a extrema dianteira da 3ª Divisão de Infantaria, agora a 240km no interior do Iraque, a quase meio caminho de Bagdá. Um cartaz listava o desafio diário, CAIXA DE FÓSFOROS, e a contra-senha, VASSALO. De repente, as senhas pareceram mais do que uma convenção hollywoodiana. Uma linha de tempo de quase dois metros de comprimento rotulada "Esboço Gráfico de Execução" marcava os eventos para os próximos 12 dias. Em lugar nenhum estava marcado um ataque a Camp Pennsylvania.

Petraeus estava na mesa principal. Em seu rosto, a preocupação era visível. Um novo corte de cabelo, executado pelo barbeiro amador do quartel no sábado, deixou o seu couro cabeludo delineado e irritado. Cheguei perto dele com cuidado e ele me disse o que sabia, o que não era lá muita coisa. Depois de um dia movimentado, embora estranhamente rotineiro, em Camp New Jersey, monitorando a invasão inicial no Iraque, ele foi acordado pouco antes das duas da manhã com a notícia de que a 1ª Brigada estava sob ataque de granadas e disparos de fuzis. As suspeitas de que invasores houvessem penetrado o perímetro de Camp Pennsylvania, ou de que tradutores kuwaitianos vira-casacas fossem responsáveis, levaram à crença de que o ataque fora autoprovocado, um caso de traição. Um sargento estava sob custódia, um muçulmano convertido com a função de guardar munições num comboio que se preparava para partir para o Iraque. O número total de baixas chegava a pelo menos 13; vários soldados foram feridos gravemente e o comandante da brigada, o coronel Ben Hodges, sofreu um ferimento leve.

A voz de Petraeus ficou baixa e grave enquanto ele falava sobre essa história de carnificina e traição. Percebi a dificuldade dele em acreditar que as primeiras baixas da divisão acontecessem de maneira tão desprezível, num ato malicioso que tinha a conotação de indisciplina, de causas perdidas e de um exército perturbado pela Guerra do Vietnã.

Agradeci ao general e saí da tenda para ligar para Washington do meu telefone via satélite. Passava pouco das quatro da manhã. Ditei sete parágrafos que foram publicados na página do jornal na internet, às 20h27, no horário de Washington, no sábado, e atualizado diversas vezes até o fechamento da edição de domingo. Quando terminei o telefonema, um oficial saiu da tenda do Centro de Operações Táticas. Pelo menos um soldado morreu, ele me disse.

– Isso é ruim – completou ele. – Isso é ruim, muito ruim.

Levou meses para surgir um relato completo sobre o incidente em Camp Pennsylvania, e, mesmo assim, o mistério do fratricídio nunca seria resolvido de modo satisfatório. Mas relatos da 1ª Brigada nas primeiras 36 horas depois do ataque, além de conversas com testemunhas durante a visita subseqüente ao Bastogne com Petraeus, deram-me uma idéia razoavelmente clara do que pode ter acontecido.

O sargento Asan K. Akbar nasceu Mark Fidel Kools no bairro de Watts, em Los Angeles. Sua mãe mudou o seu nome quando ainda menino e a família se converteu ao Islã. Depois de terminar o ensino médio no Sul da Califórnia, ele foi para uma universidade estadual em Davis, onde estudou por nove anos, finalmente se graduando em engenharia aeronáutica e mecânica. Ingressou no Exército em 1998 e foi promovido várias vezes, apesar de evidências que o apontavam como uma espécie de peixe fora d'água numa cultura militar que apreciava a conformidade. Seus colegas mais tarde o descreveram como "desorganizado", "incompetente" e "uma dor de cabeça". Ele dormia mal à noite e às vezes cochilava durante o treinamento. Foi visto uma vez dando golpes de caratê enquanto caminhava sonâmbulo pelo alojamento; depois disso, os soldados começaram a chamá-lo de Tigre Lutador, por causa de um filme muito popular chamado *O Tigre e o Dragão*, onde havia cenas extravagantes de artes marciais.

Akbar foi empurrado de unidade em unidade nos últimos anos, encarregado de responsabilidades mínimas e, com 31 anos, foi parar na Companhia Bravo do 326º Batalhão de Engenharia, integrante da

1ª Brigada. Vários sargentos mais antigos tentaram evitar a sua transferência de Fort Campbell para o Oriente Médio.

– Disseram-me: "Você vai levá-lo. Precisamos de número e precisamos de força total no Kuwait e no Iraque" – o primeiro-sargento Daniel Kumm mais tarde relatou. O único muçulmano em sua companhia, ele parecia perturbado com a possibilidade de guerra com um país islâmico, ainda mais quando ouviu piadas grosseiras sobre estupro e saques entre os seus colegas. Depois de chegar a Camp Pennsylvania, o tenente do seu pelotão observou que Akbar parecia "possivelmente deprimido ou com tendências suicidas". Para a sua mãe, ele reclamou:

– Mãe, ninguém no meu pelotão gosta de mim.

O sábado, dia 22, foi muito movimentado para a Brigada Bastogne, que estava prestes a seguir os Rakkasans na direção do Iraque. Havia mapas e munições para serem distribuídos e centenas de veículos para serem organizados em comboios de assalto. À uma da manhã de domingo, a maioria dos oficiais do estado-maior da brigada já estava em seus sacos de dormir para algumas poucas horas de descanso. O Centro de Operações Táticas Bastogne ocupava uma tenda enorme no centro de Camp Pennsylvania. Dois extintores de incêndio vermelhos se encontravam próximo à entrada, onde um aviso dizia: "Ameaça Con Delta, Armas em Âmbar." Outro aviso, pregado na mesa de compensado da sentinela, dizia: "Quem mais precisa saber?" Caminhos de cascalho cercados por sacos de areia verdes levavam do posto de comando até um túnel de concreto usado como abrigo antimíssil. Barreiras de concreto protegiam uma área em torno do Centro de Operações Táticas, separando-o de fileiras bem-organizadas de tendas para dormir a 45 metros de distância.

Às 1h20, o sargento-ajudante da brigada, Bart Womack, preparava-se para se recolher em sua cama na tenda mais próxima do Centro de Operações Táticas. O comandante alto e desajeitado de Bastogne, Ben Hodges, estava deitado numa cama próxima, dormindo profundamente. Womack ligou um pequeno aparelho de televisão conectado a um receptor de sinais via satélite e o sintonizou no Golf Channel. De repente, uma mão puxou a lona na abertura da tenda e uma granada incendiária quicou no assoalho de compensado com uma chuva de faíscas, seguida de um flash branco de enorme intensidade. Hodges, espantosamente, permaneceu dormindo até que uma segunda granada – dessa vez, um modelo de fragmentação – rolou pelo assoalho e detonou com um enorme estrondo.

– Estamos sendo atacados! – Womack gritou. – Estamos sendo atacados! – Hodges acordou quando dois estilhaços perfuraram o seu antebraço direito, causando ferimentos com sangue, mas superficiais.

Oficiais em duas tendas adjacentes tiveram menos sorte. O major Verner Kiernan, oficial de apoio de fogo da brigada, estava sentado a uma pequena mesa digitando um e-mail em seu laptop. Ele deu um pulo ao ouvir o barulho das explosões iniciais na tenda de Hodges, ao lado, colocou as botas e pegou a pistola, pensando que fosse mais uma ação de treinamento. Um soldado abriu a sua tenda e disse:

– Estamos sendo atacados, senhor.

Alguns segundos depois, Kiernan ouviu uma granada rolar pelo chão. A explosão destruiu camas, divisórias de vinil e mochilas. Chamas consumiam a parede dos fundos e a fumaça era intensa. Kiernan não se feriu, mas o major Gregory Stone, de 40 anos, natural de Boise, Idaho, com dois filhos jovens, foi ferido gravemente no pescoço e no abdômen. Ele viria a morrer por causa de seus ferimentos dois dias depois do ataque.

Na terceira tenda, as explosões acordaram o capitão Mark Wisher, um oficial de comunicação da Força Aérea. Ele pulou da cama e começou a se vestir quando um soldado apareceu na entrada da tenda.

– Senhor, estamos sendo atacados por terra – o soldado avisou. A idéia soou absurda para Wisher. Como os iraquianos conseguiram organizar um ataque terrestre no meio do Kuwait? Outros oficiais se levantaram, apanhando suas armas e capacetes. Wisher se esticou para pegar as botas quando ouviu um barulho ameaçador, enquanto um objeto atingiu o assoalho da tenda, quicou com força, rolou por um instante e parou. Ele se agachou para tornar o seu corpo o menor possível e se agarrou à emenda da tenda na tentativa de soltar o lacre de velcro. O estrondo da granada o lançou através da lona e encheu de estilhaços o seu braço direito, ombro, pulmão, diafragma e fígado. O aço quente dos estilhaços também atingiu os dois joelhos do capitão Terence Bacon e vários outros oficiais que corriam para a entrada da tenda.

Gritos de socorro e de alarme soaram por toda parte no acampamento. Um soldado usou uma baioneta para cortar a lona de uma tenda e escapar de um incêndio. Chamadas via rádio foram ouvidas em toda a extensão de Camp Pennsylvania.

– Inimigo na linha! Inimigo na linha! Estamos sendo atacados!

A tenda de Hodges ardia em chamas, enquanto soldados aterrorizados e confusos tentavam escapar ou deitavam-se sangrando na areia. O major Kenneth Romaine, o oficial executivo da brigada, estava trabalhando em planos de batalha para a partida da manhã e conseguiu sair ileso da tenda de Hodges depois que a segunda granada detonou. Com a pistola em punho, ele viu um movimento pelo canto dos olhos e se preparou para atirar, quando um único projétil de fuzil atingiu as suas duas mãos, foi desviado, atingiu a sua coxa esquerda e saiu pela parte de trás da perna. O primeiro-sargento Rodlon Stevenson também correu para fora e viu o capitão Christopher Scott Seifert, um oficial da inteligência de 27 anos, de Easton, Pensilvânia, correndo com uma máscara contra gás nas mãos quando um soldado com um fuzil, vestido com uma camisa marrom e calças de camuflagem de deserto, acertou um tiro nas suas costas, à queima-roupa. Stevenson correu para junto de Seifert.

– Você não pode ir embora – Stevenson disse ao oficial que estava morrendo. – Precisa lutar pela sua família. Você tem um filho recém-nascido.

O assassino atacou os homens em suas tendas com granadas e em seguida ficou do lado de fora para atingi-los com o seu fuzil M-4. Depois de atirar em Romaine e Seifert, ele desapareceu na escuridão da noite.

Os tiros pararam e os gritos diminuíram. Soldados extinguiram os incêndios e administraram os primeiros socorros. Dez soldados foram colocados em helicópteros de resgate e levados até os hospitais de campanha no Udairi e na Cidade do Kuwait. Capelães circulavam pelo acampamento confortando com apoio moral. Dois intérpretes kuwaitianos, que o coronel Hodges entrevistou para um possível emprego no início da noite, foram detidos e mais tarde liberados. Um oficial da brigada chamou Petraeus, que ordenou que o estado-maior descobrisse se havia alguma granada faltando em seus arsenais e fizesse uma lista de soldados insatisfeitos.

Levou menos de uma hora para o nome do sargento Akbar aparecer. Até a meia-noite, quando o seu turno acabou, ele estivera vigiando as munições num Humvee destacado para partir para o Iraque pela manhã. Sete granadas estavam faltando daquele carregamento. Enquanto o alarme se espalhou e a guarda foi duplicada, Akbar se juntou a sentinelas em busca de inimigos no perímetro do posto de comando da brigada. Agora ele estava desaparecido.

Logo que a confusão começou a diminuir, a sirene antimísseis do acampamento começou a soar, parte do mesmo alerta que naquele momento me acordou em Camp New Jersey. Soldados pegavam suas máscaras contra gás e se abrigavam em túneis de concreto. Com um estrondo fantástico, um míssil Patriot foi lançado e subiu numa coluna dourada de chamas. Mas o Patriot estava fora de rumo. Em vez de atingir um Ababil-100 iraquiano ou um Al-Samoud 2, o míssil partiu na direção de um bombardeiro Tornado britânico que voava ao sul.

O tenente-coronel Christopher P. Hughes, um comandante de batalhão cujo posto de comando ficava no extremo de Camp Pennsylvania, conseguiu entrar em contato com Hodges pelo rádio.

– Levei um pé no rabo – Hodges lhe disse.

Hughes chegou ao Centro de Operações Táticas no momento em que o Patriot explodiu acima de suas cabeças, seguido de um estrondo ensurdecedor. Hughes olhou para cima e viu os estilhaços da aeronave e do míssil caindo como chuva; dois tripulantes britânicos foram encontrados em meio aos destroços. Perto ao brilho da explosão, ele localizou a silhueta do avião de escolta do Tornado destruído, colidindo ao sul.

No abrigo de concreto do lado de fora do Centro de Operações Táticas, o sargento-ajudante Womack encontrou o sargento Akbar, que foi arrastado para fora e algemado, com o rosto na areia. Três granadas foram descobertas dentro da sacola de sua máscara contra gás que estava no abrigo e logo os investigadores encontraram três tubos de granadas vazios e um par de pinos de segurança na sacola do seu traje de proteção contra produtos químicos, perto do mastro da bandeira.

– Vocês entram nos nossos países – disse Akbar, segundo o relato de testemunhas – e vão estuprar nossas mulheres e assassinar nossos filhos.

Três cápsulas deflagradas de fuzil M-4 foram descobertas próximo às tendas de dormir; investigadores logo compararam as cápsulas com o projétil removido do abdômen do capitão Seifert durante a sua autópsia e confirmaram a sua origem. Para aumentar ainda mais o caos, alguém aparentemente desligara as luzes externas antes do começo do ataque. As impressões digitais de Akbar foram encontradas num gerador do lado de fora das tendas destruídas.

Inconsistências e incertezas persistiriam. Duas testemunhas disseram aos investigadores que Akbar não se parecia com o homem que viram atirar em Seifert. Um soldado pensou ter visto disparos de um segundo atirador. Akbar foi transferido para uma prisão militar em Mannheim, na Alemanha, antes de ser enviado de volta aos Estados Unidos. Nenhum soldado americano foi processado pela morte de outro soldado em tempos de guerra desde a Guerra do Vietnã, e nenhum soldado foi executado em tempos de guerra desde que o recruta Eddie Slovik foi fuzilado em 1945 por desertar. Em junho, um oficial da ouvidoria militar encontraria bases suficientes para processar Akbar pelos assassinatos cometidos durante "um ataque surpresa executado em segredo". De acordo com a lei militar, a decisão final sobre levar o caso ou não a uma corte marcial e sobre declarar o massacre de Camp Pennsylvania um crime capital, passível de pena de morte, repousava nas mãos do comandante da divisão onde servia o acusado. Petraeus, reconhecendo as correntes emocionais conflitantes, exerceu a sua atribuição legal, transferindo o caso a uma autoridade de maior investidura para a solução definitiva.

Um noite longa e triste se estendeu a uma triste manhã de domingo. Uma sobriedade profunda envolveu Camp New Jersey, suplantando toda a empolgação e adrenalina dos últimos três dias. Os colegas de Seifert tiveram a tarefa sombria de juntar todos os seus livros, fotografias e uniformes. Vários soldados ficaram perturbados e dormiriam mal durante semanas; o fato de o acusado ser muçulmano provocou um silêncio cauteloso nas fileiras. A guerra chegara aos quartéis da divisão com uma selvageria inesperada. Um oficial do estado-maior escreveu em seu jornal:

– O primeiro ato de traição da guerra. Será que essa guerra é outro Vietnã?

Antes da reunião de atualização de batalha da manhã, Larry Wark me falou dos 16 soldados mortos ou feridos em Camp Pennsylvania. O estado-maior da 1ª Brigada foi reduzido drasticamente; vários oficiais importantes estavam descartados, provavelmente por toda a duração da guerra.

A razão pela qual o Patriot atingiu o Tornado por engano permanece um mistério; dez dias depois, outro Patriot destruiu um caça F/A-18C da Marinha americana, que decolara do USS *Kitty Hawk* e sobrevoava Karbala, matando o piloto. Os Estados Unidos investiram três bilhões de dólares para consertar sérias falhas descobertas no Patriot durante a Guerra do Golfo, em 1991, reparos que poderiam ter evitado que o sistema confundisse uma aeronave aliada com um míssil inimigo, mesmo se, como alguns especialistas em defesa aérea acreditavam, os técnicos britânicos tivessem regulado o trasmissor de "identificação amigo-ou-inimigo" de maneira errada, causando esses erros grosseiros. Registros da defesa aérea indicavam que a bateria de mísseis Patriot disparou manualmente um único interceptador depois que a simbologia de radar indicou a aproximação de um míssil de anti-radiação a 14,5km de distância, a 5.570 metros de altitude e a uma velocidade de 945km/h. Alguns especialistas especularam que a proliferação de baterias de mísseis Patriot protegendo vários acampamentos do Exército foi o que causou a confusão nos radares.

Às 7h40, Tom Schoenbeck, que comandava o Bastogne antes de Ben Hodges, falava ao microfone sem fio:

– Atenção no Centro de Operações Táticas. Começaremos a reunião de atualização de batalha em cinco minutos. Resolvam logo suas tarefas de última hora. Faremos tudo muito rápido; portanto, sejam breves e dêem ao general comandante apenas o que for preciso para que ele tome as decisões necessárias.

Os oficiais caminharam pelos corredores estreitos em direção a seus assentos, murmurando "Com licença" e tentando não tropeçar nos cabos dos computadores. O desafio do dia e a senha estavam anotados na divisória da frente: GARRAFA e OVOS. Petraeus entrou pela abertura da tenda e tirou o capacete. Ele parecia bastante descansado para um homem que dormira muito pouco.

– OK – disse ele –, vamos nessa.

As notícias da guerra eram boas. No sábado, as tropas Rakkasan chegaram ao Exxon, tornando-o então uma estação completa de abastecimento com mais de 300 mil litros de combustível disponíveis. A 3ª Divisão de Infantaria, já a 320km no interior do Iraque, avançara com toda a força para o norte, passando pela região onde o Shell seria construído e já estava cuidando do Objective Rams, a sudoeste de Najaf.

Hoje à noite, depois que o Rams estivesse seguro, o 11º Regimento de Helicópteros de Ataque do V Corpo planejava se estabelecer por lá e lançar um ataque de helicópteros Apache contra a Divisão Medina, entre Karbala e Bagdá. Uma outra unidade da 101ª, o 3º Batalhão do 187º

Regimento de Infantaria, estava pronta para um assalto aéreo com Blackhawks do Udairi ao Shell nessa tarde. Isso providenciaria uma base para os Apaches da Brigada de Aviação da 101ª, já destacados para conduzir ataques adicionais contra a Medina na segunda-feira à noite.

Uma enorme tela de vídeo na frente de Petraeus mostrava dezenas de ícones azul-claros do Blue Force Tracker, um novo sistema que permitia aos comandantes monitorar as movimentações no campo de batalha com precisão, através de transcodificadores de sinal via satélite localizados em determinados blindados, helicópteros e outros veículos. Como miçangas num fio, os ícones se estendiam da fronteira com o Kuwait e subiam o vale do Eufrates até cerca de 160km de Bagdá. A visão era de perder o fôlego.

– A 11ª Divisão iraquiana já é considerada inadequada para combate – um oficial da inteligência informou. – Existem relatos dos Fedayeen remanescentes de Saddam nas redondezas de Nasariyah. Dizem que eles estão usando mulheres e crianças como escudos humanos.

Os Fedayeen – milícia irregular, geralmente com ligações com o partido dominante, o Baath, e supostamente sob o comando do filho primogênito de Saddam, Uday – começaram a atacar os comboios americanos em veículos armados. Relatórios mais tarde sugeriram que milhares de Fedayeen estariam se deslocando para o sul de Bagdá.

– OK, entendido – disse Petraeus. – Entendido.

No teto de catedral da tenda, uma imagem de televisão em preto-e-branco proveniente de uma aeronave não tripulada, sobrevoando a região central do Iraque, piscava como a imagem de um filme mudo. Mais oficiais do estado-maior apresentavam seus relatórios.

– Entendido. Entendido. Próximo.

Petraeus olhou rapidamente para a lista de movimentações planejadas da divisão no Iraque.

– Isso vai ocorrer esta tarde. Isso deveria ocorrer esta tarde. Isso vai amanhã. Amanhã.

O ataque de helicópteros Apache da 101ª contra a 14ª Brigada Mecanizada da Medina encontrou dificuldades devido a uma tempestade que se formava.

– Amanhã à noite – disse Petraeus. – Se o tempo permitir.

Às 7h55, o telefone verde de campo conectado ao V Corpo tocou na mesa principal. Petraeus ouviu por um minuto e em seguida se mexeu em sua cadeira e anunciou que o Estado-Maior do Exército, em Washington, "providenciaria o pessoal necessário para prencher o lugar daqueles perdidos na noite passada. Um bom sinal do apoio dado a nós por nosso Exército".

O restante dos compromissos da reunião passou muito rápido. Trey Cate resumiu a cobertura da mídia sobre o ato de traição:

– Senhor, há muita informação negativa por aí, mas isso já era de esperar. A situação é negativa.

A reunião durou apenas meia hora. Petraeus se levantou para encarar o seu estado-maior. Parou para se recompor e disse com a voz alta e clara:

– OK, tivemos uma noite muito difícil ontem. Perder um *Screaming Eagle* é uma coisa horrível. Perder um do modo como perdemos na noite passada é uma verdadeira tragédia. A melhor maneira de honrar aqueles que se feriram é seguindo em frente e fazendo triunfar a missão. Assalto aéreo!

– Assalto aéreo! – os oficiais responderam em uníssono.

Passamos o dia nos preparando para levantar acampamento. Petraeus decidiu partir diretamente para o Shell de helicóptero na segunda-feira de manhã, com paradas em Camp Pennsylvania e no Exxon. O sargento Miller já tinha partido com o Humvee e a maioria do nosso equipamento. Ben Freakley também já tinha ido de helicóptero, levando Dwyer a tiracolo, para preparar o posto de comando de assalto. Grande parte do quartel-general seguiria num comboio terrestre por uma trilha de 480km. Não veríamos Shoenbeck e a maioria do estado-maior por pelo menos uma semana.

A chegada do 3º Batalhão ao Shell no domingo correu bem. Pude perceber o quartel-general recuperar um pouco o seu ritmo.

– Este foi o assalto aéreo mais longo da história do Exército americano, mais de 400km – E. J. Sinclair disse ao estado-maior. – O campo aéreo de Udairi estava lotado, mas hoje estava tão vazio, que dava tristeza. Agora é hora de ir explodir alguma coisa.

O tenente-coronel Rick Gibbs, o G-3, ou oficial de operações da divisão, concordou:

– Sim, senhor. Hora de ir matar alguma coisa.

Às 7h30 do dia 24 de março, segunda-feira, vesti o meu uniforme camuflado de deserto, peguei meu kit de viagem e fui para o Centro de

Operações Táticas. Suspensórios evitavam que as calças caíssem até os meus joelhos e as mangas longas da túnica foram dobradas minuciosamente. Senti-me mais parecido com o Bozo do que com Audie Murphy.

Petraeus saiu da tenda quando cheguei. Sua mochila marrom estava pendurada no ombro e seu rosto parecia exausto, com a expressão um tanto quanto irritada. Sem o seu cumprimento alegre de costume, ele me olhou diretamente nos olhos e disse:

– Acho que temos uma guerra aqui.

Subimos na caminhonete com Fivecoat e Miller e fomos até o heliporto. Alguma coisa ruim havia acontecido, mas, antes que eu pudesse perguntar algo, Petraeus pegou o aparelho de rádio para receber um chamado. Fivecoat se inclinou e murmurou:

– A missão do 11º Regimento de Helicópteros de Ataque não foi muito bem ontem à noite.

Pelo menos um Apache fora derrubado, outro caiu na areia e parece que iraquianos armados se esconderam em áreas urbanizadas, o que era precisamente o tipo de luta que o Exército esperava evitar. Aquilo era um mau presságio para o ataque Apache da 101ª planejado para aquela noite. Além disso, vândalos Fedayeen atacaram mais comboios. Petraeus parecia sorumbático enquanto jogávamos nossas mochilas na traseira do Warlord 457 e nos acomodávamos em nossos assentos.

O vôo até Camp Pennsylvania levou dez minutos. Soldados da 1ª Brigada se agrupavam em filas compactas do lado de fora do Centro de Operações Táticas, onde havia um fuzil M-4 fincado pela baioneta no chão, próximo ao mastro da bandeira. Caminhei até Chris Hughes, o comandante do batalhão, que assistira ao Tornado se desintegrar no ar.

– Ensinei táticas antiterrorismo por três anos no Pentágono, para todos os serviços – Hughes me disse. – Mas não sei como seria possível prever o que aconteceu naquele evento.

O capacete de Chris Seifert, com as suas divisas prata de capitão, estava pendurado pela alça do queixo na coronha do fuzil e havia um par de botas perfeitamente alinhadas na areia.

– Senhor Deus – um capelou entoou –, em Vossas mãos lhe entregamos esse filho. – Ele leu o primeiro versículo do Salmo 121: – "Elevo meus olhos para o Alto, de onde virá a minha ajuda." – Fitas de batalha esvoaçavam ao vento. Escolhi a *Dak To, 1966* na flâmula do 2º Batalhão da 327ª Infantaria.

Ben Hodges, com um braço enfaixado, falou brevemente:

– Tenho duas mensagens para dizer nesta manhã. Chris Seifert foi um oficial de destaque. E estou muito orgulhoso da forma como vocês responderam ao ataque naquela noite. Não sou um animador de torcidas, mas não há nada que vá parar os *Screaming Eagles*. Não há nada que vá nos deter.

O ronco de três Chinooks trazia os ventos do sul.

– Há tempo certo para tudo sob o Paraíso – o capelão continuou. – Um tempo para a guerra e um tempo para a paz.

Um guarda de honra disparou três rajadas. Um corneteiro tocou uma melodia fúnebre. Soldados enxugavam as lágrimas nas mangas de seus trajes especiais de proteção e em seguida se dispersaram para fazer as preparações finais para a marcha para o norte.

Hodges caminhou conosco na direção do helicóptero. Os motores do Blackhawk começaram a roncar. Apontei para o braço enfaixado dele e perguntei como ele se sentia.

– Isso não é nada – disse com um sotaque agradável da Flórida. – Que coisa!– completou. – Ele bateu continência para Petraeus e partiu na direção das tendas.

Estávamos quase chegando ao helicóptero quando Petraeus parou e me lançou um daqueles olhares curiosos.

– Eu creio – disse ele – que esta coisa pode se estender por mais tempo do que imaginávamos.

Subimos a bordo e decolamos numa nuvem dourada de poeira; em seguida, partimos para o oeste, na direção do Iraque. O tempo para a paz havia acabado.

8

O CHORO DAS BESTAS EM SUAS CASAS DESOLADAS

Cruzamos a fronteira às 9h55. O cinturão de obstáculos marcando a fronteira incluía um banco de areia, um fosso, duas cercas, outro banco de areia, outro fosso e um terceiro banco de areia. A paisagem era plana e vasta, um enorme caldeirão de areia ocasionalmente marcado por uma esparsa vegetação rasteira e cortado por algumas trilhas de areia que se passavam por estradas. Beduínos acenavam de suas tendas, observados atentamente por nossos soldados armados. As ovelhas se assustavam com o barulho das pás, mas os camelos seguiam em frente ruminando sem hesitar. Carcaças enferrujadas de blindados e torres destruídas na última guerra estavam por toda parte nas dunas, onde as forças americanas saindo com toda força da Arábia Saudita no famigerado Gancho de Esquerda eliminaram os defensores iraquianos em fevereiro de 1991. O terreno era o mais inóspito que eu já tinha visto em qualquer lugar no Oriente Médio ou no Norte da África, onde eu pesquisara recentemente uma história da difícil campanha da Tunísia pelo Exército americano em 1942-1943. Voamos a uma velocidade de 166km/h, numa altitute de 21 metros, até cruzarmos um trecho tão desolado que os pilotos – os subtenentes Marc Daniels e Travis Gronley – reduziram um pouco a velocidade para poder distinguir onde o céu terminava e começava o chão. O tempo estava fechando rapidamente, e Petraeus queria chegar ao Shell antes da tempestade.

Estávamos na Mesopotâmia e o próprio conceito de estar ali parecia repleto de história e calamidade. As civilizações de cinco milênios se sobrepunham umas às outras – sumérios, babilônios, assírios, otomanos –

num emaranhado de cacos de vasos de barro e cidades incineradas. "Foi aqui que o homem formou as primeiras comunidades agrícolas, descobriu deuses e, mais tarde, Deus, desenvolveu símbolos de escrita para representar idéias, fez o dinheiro e um sistema para o seu uso, construiu as primeiras cidades planejadas, inventou leis e aprendeu como fazer cerveja", escreveu o jornalista Michael Kelly em *Martyrs' Day.* Foi também de onde derivaram nossas superstições com gatos pretos, nossa divisão do relógio em 12 segmentos e nossa instável convicção de que os nossos destinos podem ser lidos nos movimentos das estrelas. (Petraeus, percebi, preferia bater na madeira, freqüentemente.) O assiriologista Samuel Noah Kramer uma vez encontrou mais de duas dúzias de primícias culturais nesta terra, da primeira canção de amor e da primeira história de ressurreição ao primeiro historiador e à primeira ocorrência registrada de consumo de maçã. Foi a terra do arado, do canal de irrigação e de assassinato em massa em escala épica. Foi onde sete anjos derramaram o cálice da ira de Deus sobre o Eufrates, de modo que "as bestas selvagens das ilhas chorassem em suas casas desoladas e dragões em seus belos palácios". Pelo menos segundo Isaías.

Foi também onde exércitos ocidentais iam para morrer, um aspecto de sua história nada irrelevante para nós a bordo do Warlord 457. A última força expedicionária a marchar para o norte, na direção de Bagdá, chegou a 32km da capital, recuou desorganizada até Kut e lá se rendeu em abril de 1916. Dos 12 mil soldados britânicos e indianos feitos prisioneiros, quatro mil morreram em cativeiro, o que o Parlamento denunciou publicamente como "o peso morto da indiferença e inércia asiáticas". O número total de mortos no Corpo British Tigris durante a campanha excedeu 40 mil. As perdas no Regimento Black Watch – 794 dos 842 homens – não foram nada atípicas.

"Começamos a comer carne de cavalo. Não é nada mal, mas prefiro carne de vaca. Esta noite vamos experimentar estorninho com torradas", um tenente na 104ª Wellesley Rifles escrevera. "As pulgas picam ferozmente e são milhares. Os homens estão morrendo depressa de fome, escorbuto, pneumonia etc... Já estou cansado da Mesopotâmia."

O general inglês Stanley Maude posteriormente tomou Bagdá dos otomanos, mas acabou morrendo por lá mesmo, de cólera, enquanto tentava transformar os diversos muçulmanos, curdos, judeus e grupos tribais independentes numa nação condizente com as noções britânicas de civilização.

"O árabe é geralmente inteligente, rápido e influenciável", observou a história oficial britânica, *A Campanha na Mesopotâmia.* "Mas ele é relaxado e lhe falta criatividade no que diz respeito a questões práticas, além de ser desprovido do poder de cooperação... Ele tem uma inclinação natural para a intriga... O árabe é afeito a um estado bélico constante do gênero das guerrilhas." Palavras de advertência de um lendário construtor de impérios, se é que houve algum.

Às 10h30, a Base Operacional Avançada Exxon se materializou abaixo de nós. Era um posto esquecido e inóspito com uma dúzia de mangueiras de abastecimento perto de uma pedreira. Trincheiras foram organizadas em volta do local e veículos foram alinhados como varetas num aro, com a parte dianteira para fora, dando ao acampamento o aspecto de um comboio em território indígena. Por meia hora, enquanto o Blackhawk era reabastecido, esperamos numa tenda que ainda levava em si o selo do fabricante: "Custom Canvas". Um mapa numa tábua de compensado mostrava o Exxon como um ovo de ganso no meio do nada. Uma enorme copiadora Hewlett-Packard e um plastificador para mapas ocupavam um dos cantos; várias caixas de granadas de mão estavam empilhadas perto da abertura da tenda.

– Temos a 3ª Divisão de Infantaria à nossa frente e eles praticamente destruíram as estradas – disse o tenente-coronel Chip Preysler, comandante do 2º Batalhão da 187ª Infantaria para Petraeus. – As pistas estão tão desgastadas que os pára-choques dos nossos carros estão empurrando areia. Levamos cerca de 16 horas para chegar aqui depois de cruzar a fronteira. – Sargentos andavam para cima e para baixo nos comboios, batendo nas portas dos veículos para manter os motoristas acordados.

Petraeus parecia pensativo quando voltamos ao Blackhawk logo depois das 11 horas para o vôo de 80 minutos até o Shell. Do assento do comandante na traseira direita, ele olhou para a baia onde eu estava, como de costume, lutando com o assento que mais parecia um polvo (envolvia quatro alças, uma fivela circular e um fone de ouvido e microfone que eu sempre me esquecia de remover antes de sair do helicóptero). O cabo Stephen Glasier, um dos guardas da Polícia do Exército, aproximou-se e me ajudou com as amarras, enquanto o Blackhawk ganhava os ares.

Petraeus observou o Exxon desaparecer rapidamente, até que fosse engolido pela imensidão do deserto.

– Isso vai requerer não só determinação – disse ele pelo intercom –, mas também determinação *obstinada*.

– Esse é o melhor tipo delas – respondi, soando um tanto quanto falso no otimismo que tentei mostrar.

– Estou muito orgulhoso do que fizemos no Exxon, do fato de terem feito o que fizeram com tanta eficiência. Isso é um feito e tanto – disse ele. – Acredito *mesmo* que essa coisa vai se estender muito. Mas, para ser justo, eles não esperavam esse tipo de resistência. – Referindo-se ao coronel Greg Gass, que comandava os Apaches destacados para atacar a 14ª Brigada da Divisão Medina naquela noite, Petraeus completou:

– A Destiny Six deve ter aquela mesma expressão nos olhos que tinham alguns daqueles homens sobre quem você escreve nos primeiros dias da campanha no Norte da África.

Quase não tive tempo de me dar conta do que ele estava falando; a 3ª Divisão de Infantaria já não estava a meio caminho de Bagdá? Por que o Gass haveria de estar preocupado apenas porque o 11º Regimento perdera alguns helicópteros na noite anterior, quando o clima ameno desapareceu de repente? A poeira engrossou e dentro de cinco minutos o helicóptero parecia envolto numa nuvem de algodão. Os pilotos diminuíram a velocidade, avançando com cuidado.

Às 11h30, Petraeus passou um rádio para o D-Main em Camp New Jersey, usando o seu codinome, Eagle Six.

– Encontrem a Destiny e a Thunder – suas duas brigadas de aviação – e digam a elas para não lançarem mais nenhuma aeronave na direção oeste. Os ventos estão muito fortes, e as condições climáticas, críticas.

Olhando pela janela esquerda traseira, achei a descrição dele generosa. O sol flutuava acima de nós como um losango dourado na névoa, mas o mundo abaixo se tornara vago e opaco. Borrões verdes surgiam abaixo, ocasionalmente, e logo mergulhávamos em um oceano marrom.

– Eagle Six, aqui é o Victory Six. – A voz serena de Scott Wallace surgiu no meu fone de ouvido. Ele já estava no posto avançado de comando do V Corpo, ao norte do Shell no Objective Rams, não muito longe de Najaf. – Não conduziremos a missão esta noite. – Grupos de resgate procuravam por dois pilotos de Apache desaparecidos na missão do 11º Regimento na noite anterior. – Outras coisas – disse Wallace – também aconteceram para atrapalhar o ataque da 101ª contra a Medina.

– Victory Six, Eagle Six – Petraeus respondeu. – Entendido. A previsão é de ventos fortes.

– Conversaremos mais tarde – disse Wallace.

– Estou a caminho do Exxon para o Shell – Petraeus completou. Ele esfregou a janela com um tecido branco, como se quisesse eliminar a escuridão. – As condições climáticas são críticas. Recomendo não lançar Chinooks com equipamentos para a construção de pontes.

– Entendido – disse Wallace. – Obrigado pela informação. Eu concordo.

Às 11h45, o piloto-chefe, Marc Daniels, disse a Petraeus pelo intercom que ele atingira o ponto sem retorno. O Blackhawk tinha apenas mais 65 minutos de combustível disponível. O Shell estava a 33 minutos dali na velocidade em que estávamos. Se fôssemos retornar ao Exxon – voando de encontro ao vento –, teríamos que fazê-lo agora. Petraeus esfregou a janela de novo e ordenou que acelerássemos.

– Entendido. Mau o suficiente para assustar, mas não o suficiente para fazê-lo voltar – disse Daniels com um sangue-frio admirável. A visibilidade agora girava em torno dos 60 metros. Daniels subiu para 90 metros, seguindo um azimute e operando com o auxílio de instrumentos. Os artilheiros nas portas, os sargentos Christopher Marchand e Patrick Croff, inclinavam-se para fora da baia, à procura de outras aeronaves, bem como montanhas não demarcadas e cabos de eletricidade. Eu tentava evitar uma imagem insistente do Blackhawk girando pelo deserto num cataclismo de pás destroçadas e combustível em chamas. Minhas mãos estavam suadas e os meus batimentos cardíacos, acelerados. Petraeus estava muito quieto e fiquei pensando se ele estava tão perturbado quanto eu. Do seu assento, na baia à frente, Fivecoat manipulava a tela do Blue Force Tracker, que mostrava a nossa posição em relação ao Exxon e ao Shell.

Outros relatos vieram pela rede de informações do V Corpo. No Rams, a visibilidade era de menos de 400 metros. Um longo tiroteio aconteceu em Nasariyah, a cidade à beira do rio Eufrates, próximo ao Exxon e a cerca de 320km ao sul de Bagdá. Forças iraquianas emboscaram a 507ª Companhia de Manutenção, uma unidade de apoio viajando em comboio na retaguarda da 3ª Divisão. Pelo menos 15 soldados estavam desaparecidos – entre eles, como soubemos mais tarde, a soldado Jessica Lynch. Os sobreviventes, de acordo com relatos, refugiaram-se na base aérea de Tallil, onde “procuravam por sua unidade mãe”. Três peças de artilharia iraquianas foram vistas em Nasariyah "a 250 metros de um hospital pediátrico". Ouvimos Wallace perguntar pelas coordenadas da matriz. Depois de aplicá-las no mapa, o comandante do V Corpo aconselhou:

– Esse é um alvo legítimo. Use a munição mais precisa que tiver.

Petraeus olhou para mim em minha baia. Ergui uma sobrancelha. Nasariyah vivia sob o domínio muçulmano xiita com uma população de 300 mil habitantes supostamente inclinados a receberem bem os libertadores americanos. Uma frase ouvida de Washington nas últimas semanas era "preparem-se para manifestações de boas-vindas".

A visibilidade havia caído para 15 metros. Petraeus esfregava a sua janela. Os pilotos subiam e desciam com o Warlord 457 cuidadosamente, subindo quando viam o solo através da poeira e descendo quando o solo desaparecia.

Às 12h23, vi um retângulo verde e em seguida outro e mais outro. Tendas. Veículos. O posto avançado de abastecimento aéreo Shell. Senti um enorme alívio, segurança e gratidão pela nossa tripulação enquanto os pilotos baixavam o helicóptero na primeira vaga disponível. A crosta fina de areia se rompeu e o helicóptero tombou um pouco para a direita. Os motores pararam enquanto descíamos naquele vento quente.

Caminhamos com dificuldade por cerca de 800 metros até o Posto de Comando de Assalto: Petraeus, Fivecoat, os dois guarda-costas da Polícia do Exército e eu. Com o pesado traje especial de proteção carregando os meus telefones via satélite e o laptop, logo fiquei coberto de suor e poeira.

– Acho que esse foi o pior vôo que já fiz – Petraeus me disse. Ele sorriu.

O Shell seria o nosso lar pelos próximos dez dias e a minha primeira impressão do lugar me fez sentir saudades de Camp New Jersey. O acampamento era absolutamente inóspito, plano feito uma tábua de passar roupa, sem nenhuma vegetação, sem água corrente, sem nada. Havia três latrinas precárias no lugar: uma estava sem a porta e outra sem a porta e sem uma das paredes laterais. Esta última ficou conhecida como o Quarto com Vista. "A única diferença entre esse lugar e a lua", dizia uma pichação na parede, "é um pouquinho de gravidade."

Um pequeno agrupamento de tendas circundava o Posto de Comando de Assalto, que consistia em algumas tendas unidas e com uma pequena ante-sala onde os soldados que chegavam deixavam suas armas e capacetes. O Shell existia há apenas um dia e o Posto de Comando de Assalto era uma obra em andamento. Meia dúzia de homens trabalhava na conexão de cabos de comunicação, extensões e cabos de computadores. Outros limpavam as mesas dobráveis com garrafas d'água e tolhas de papel retiradas de uma caixa enorme de Total Wipes II. Dois soldados pregavam vários mapas do percurso de 160km entre o Shell e Bagdá. Poeira entrava pela emenda da lona. Havia um pequeno boneco de Saddam Hussein pendurado numa forca amarrada na armação da tenda. Como se para compensar pela tensão e pelas horríveis condições do local, todos eram muito educados.

Sentei numa cadeira de metal ao lado do major Len Kircher, o capelão do Posto de Comando de Assalto. O seu veículo estava estacionado do lado de fora, com um "Esquadrão de Deus" escrito a dedo na poeira, na lateral.

– A maioria de nós veio no comboio de assalto terrestre... bem, *não* foi do paraíso – ele me disse. – Saímos de Camp New Jersey na quarta-feira à noite e chegamos aqui na noite passada. Quatro dias. Para ficar acordados, os rapazes comiam o café desidratado que vem nas embalagens de alimentos sem nem ao menos adicionar água.

Ben Freakley entrou. A sua energia e humanidade eram uma presença animadora. A poeira kuwaitiana reduzira a sua voz a um sussurro áspero, como pudemos notar enquanto ele falava com Petraeus sobre as últimas notícias de combate. O Warlord 457 foi um dos únicos helicópteros a chegar ao Shell nessa tarde. Mais de uma dúzia de outros helicópteros foram forçados a descer por causa das condições climáticas, e outros dois tiveram que fazer pousos de emergência depois de ficarem sem combustível. Blackhawks e Chinooks lotavam o sul do deserto. Dentre aqueles presos por lá estavam os oficiais do estado-maior de batalha da divisão que viajavam atrás de nós, incluindo Rick Gibbs, o oficial de operações, e D. J. Reyes, o oficial de inteligência. (Reyes mais tarde me disse que o seu helicóptero aterrissou com tanta força que um passageiro que cochilava achou que tivessem sidos atingidos por um míssil.) Diversos helicópteros que transportavam equipamentos pendurados foram pegos pelo vento e o efeito pendular ameaçou derrubá-los. Alguns deles conseguiram baixar suas cargas no chão do deserto, mas uma equipe teve que simplesmente cortar uma enorme caixa de peças sobressalentes de Apaches. Ninguém sabia onde o contêiner estava ou se algum dos equipamentos sobrevivera à queda de 600 metros.

– O próximo bom tempo será daqui a 60 horas – Fivecoat reportou.

– Não faremos um assalto aéreo por pelo menos 72 horas – disse Petraeus. – Ligue para o Exxon e diga a eles para não enviarem mais nada de lá.

Técnicos iraquianos – caminhonetes carregando metralhadoras – saíam de Najaf para atacar a base de logística do V Corpo no Rams. Desde sexta-feira à tarde, iraquianos vinham atacando de maneira suicida, geralmente com granadas de propulsão a foguete. Alguns soldados da 3ª Divisão ficaram sem munições e lutavam com AK-47 achados. Wallace queria a 3ª Brigada de Mike Linnington para reforçar a segurança em torno do Rams.

Freakley e Petraeus sentaram-se no chão em frente ao Posto de Comando de Assalto, estudando o mapa; para ler os detalhes na parte inferior, ambos se esticaram e seus narizes quase tocavam o acetato. A 3ª Divisão de Infantaria viajara quase 480km, um feito prodigioso de audácia no que diz respeito a invasões. Mas 29 americanos foram mortos próximo a Nasariyah no domingo e sete outros continuavam desaparecidos. Ao contrário das expectativas, a capitulação em massa das unidades iraquianas não aconteceu. A Força-Tarefa Tarawa, uma força Marine de cinco mil homens, controlava pontes estratégicas sobre o Eufrates e o Canal Saddam. Combates ferrenhos persistiam num pedaço de terra da rodovia de Nasariyah conhecido como Alameda da Emboscada, e meia dúzia de Marines foi morta por fogo amigo de um A-10 da Força Aérea. Uma resistência inesperada contra os Marines e as tropas britânicas também continuou no sudeste, em Um Qasr e Basra. O rastro logístico do Exército se esticava do Rams numa enorme linha. Uma figura muito parecida com Saddam Hussein apareceu na televisão iraquiana e disse:

– Corte a garganta deles e tenha paciência.

– Talvez – Fivecoat murmurou – essas pessoas não queiram ser libertadas.

O tenente-coronel Hank Arnold, um oficial do estado-maior do Posto de Comando de Assalto, apontou para várias cidades ao longo do vale do Eufrates: Najaf, Kufa, Hilla e Karbala. Cada uma delas se localizava inconvenientemente próximo à linha de suprimentos que sustentaria um ataque a Bagdá.

– Mais cedo ou mais tarde – Arnold me disse – o comandante do V Corpo vai ter que entrar e limpar esses bolsões.

Pouco antes das 13 horas, comandantes e outros oficiais superiores dos três batalhões Apache se acomodaram nas três fileiras de mesas. Os gorros dobrados de seus enormes trajes à prova de armas químicas faziam com que eles parecessem monges no momento das vésperas. Wallace preparou tudo para que os seus pilotos do 11º Regimento no Rams pudessem discutir, numa teleconferência via satélite, a sua missão da noite anterior. Freakley e Greg Gass seriam os moderadores; Petraeus continuava do lado de fora, cuidando das movimentações da divisão no Iraque. Pela caixa de som preta sobre a mesa principal saía a voz cansada e deslocada do parceiro de Gass no 11º, o coronel William T. Wolf, que logo foi acompanhado de outros pilotos mais experientes. Os relatos foram fragmentados, até mesmo balbuciados, enquanto eles tentavam entender um desastre – o Exército chamava aquilo de "uma cadeia de falhas" – que acontecera há menos de 12 horas. Logo me dei conta do porquê das notícias sobre a guerra terem deixado Petraeus tão nervoso enquanto ainda estávamos no Kuwait.

Sessenta Apaches voaram por 370km do Udairi até o Rams no domingo à tarde para preparar o ataque ainda naquela noite. Suas ambições incluíam destruir três brigadas Medina e a artilharia da divisão, levando a 3ª Divisão de Infantaria, passando por Karbala, até as proximidades ao sul de Bagdá. O serviço de inteligência americano tinha uma idéia precisa dos equipamentos iraquianos – 87 armas na artilharia Medina e 291 veículos de combate nas três brigadas, dos quais metade seria destruída –, mas, por outro lado, uma noção muito superficial de como esse equipamento estaria organizado a nordeste de Karbala e ao sul de Bagdá. Em vez de localizações matriciais específicas para alvos específicos, os pilotos do 11º Regimento receberam, em sua grande maioria, apenas localizações vagas, com margens de erro de um quilômetro para as posições da companhia iraquiana. Dessa forma, o ataque exigiu o que o Exército americano chama de movimento para contato – procura desorientada pelo inimigo –, em vez do ataque deliberado preferido pelas unidades de helicópteros.

Houve também outros problemas. A velocidade de avanço da 3ª Divisão e uma tempestade que se aproximava faziam com que a missão Apache avançasse a cada 24 horas. O tempo reduzido para a preparação de aeronaves nunca leva ao sucesso de uma missão. Mas os pilotos estavam preocupados em estar prontos para voar até o domingo; se não estivessem, talvez não entrassem na guerra; a visibilidade baixa já havia forçado o regimento a abortar uma missão contra uma divisão de infantaria iraquiana três noites antes. Nove possíveis rotas de ataque foram propostas para a Medina, com estrategistas do 11º Regimento preferindo uma aproximação lateral pelo oeste, em vez do caminho óbvio pelo sul. Entretanto, o V Corpo aprovara apenas três rotas pelo sul, negando as aproximações pelo oeste, por causa da preocupação em invadir o espaço aéreo reservado à 101ª e, particularmente, porque tais rotas requeriam o estabelecimento de pontos de reabastecimento vulneráveis a sudoeste de Karbala. Um apelo de última hora vindo do Rams para modificar as rotas também foi negado.

Enquanto isso, comboios terrestres com caminhões de combustível e munições com destino ao Rams vindos do Kuwait sofreram retenções causadas pelo tráfego intenso e pela areia macia. Havia tão pouco combustível disponível que, no último minuto, Wolf foi forçado a eliminar um dos seus três esquadrões de ataque, enquanto um outro esquadrão – equivalente a um batalhão – deixou para trás outros cinco helicópteros. A escuridão e a enorme quantidade de "poeira lunar" impediram o progresso do reabastecimento ao longo da linha de batalha de quase dois quilômetros e a missão foi atrasada em duas horas e quinze minutos. Equipes trocaram de helicópteros no último minuto na tentativa de colocar combatentes estratégicos no ar.

À 1h15 da manhã de segunda-feira, 31 Apaches decolaram do Rams e partiram para o norte para um vôo de 80km. A noite estava muito escura e os helicópteros mantinham uma distância de 15 pás entre si, voando a 30 metros do chão e a uma velocidade de 203km/h. Um Apache caiu durante a decolagem; a tripulação ficou desorientada com a poeira. Enquanto os pilotos descreviam suas rotas pelo alto-falante, Ben Freakley apontava para várias cidades e estradas no enorme mapa na frente da sala. Mais tarde eu soube que espiões americanos haviam detectado 50 ligações feitas de celulares de observadores iraquianos enquanto os helicópteros voavam para o norte; o mesmo simples, mas eficiente, sistema de aviso prévio foi usado por soldados de milícias somalis em Mogadíscio. Um iraquiano, suspeito de ser um general importante em Najaf, supostamente usou o sistema de discagem rápida de seu celular para alertar defensores.

– Isto aqui é terreno urbano. Não acho que gostemos disso, mas o fato é que de Bagdá até o Desfiladeiro de Karbala não há nada além de subúrbios – disse uma voz pelo alto-falante. – Na realidade, quando viramos para o oeste, havia muito mais terreno urbano do que qualquer coisa que havíamos visto em análises de mapas. E, então, vários *triple-A* de *realmente* grosso calibre começaram a vir na nossa direção.

Altos comandantes americanos pensaram em bombardear o sistema de eletricidade iraquiano, mas acabaram por deixar as luzes acesas, para minimizar os requerimentos de reconstrução. Nessa missão, a decisão saiu pela culatra. Quando os Apaches se aproximaram, todas as luzes numa área enorme – incluindo as cidades de Haswah e Iskandariyah – foram apagadas simultaneamente por uma chave mestra. Dois segundos depois, as luzes se acenderam novamente, um sinal para centenas de iraquianos com armas leves atirarem para cima. Os helicópteros passaram através de uma parede de chumbo.

Um comandante mais tarde disse que os tiros perfuraram três de seus Apaches. Alguns disparos apenas ricochetearam, feito pedregulhos em uma chapa de metal, enquanto outros atingiram a fuselagem com enorme força. Atiradores iraquianos apontavam suas armas acima dos cabos de eletricidade, onde os helicópteros expostos tiveram que subir para uma altitude de 60 metros para não colidirem com os cabos.

– Havia oito ou dez pesadas cargas de disparos vindos da cidade – ele completou. – Em momento algum tivemos contato com blindados inimigos ou com artilharia.

O rádio de um outro comandante foi inutilizado quando ele entrou na área de alvo, deixando-o mudo e surdo durante a batalha; esse foi um dentre vários problemas de comunicação que afetaram a missão. No Apache conhecido como Palerider 16, o tenente Jason King levou um tiro no pescoço; membros da sua equipe puderam ouvi-lo respirar pelo intercom, mas King ficou impossibilitado de falar com a garganta cheia de sangue.

Tiros vinham "de todas as direções, pela frente, por trás, da esquerda e da direita. Não conseguimos descobrir de onde partiam", outra voz completou, o que significava que nenhum radar de defesa aérea sofisticado foi utilizado, apenas vários disparos partindo de armas com mira simples, tais como fuzis, metralhadoras, granadas de propulsão a foguete e armas antiaéreas comuns. Pilotos no assento traseiro, usando o sistema de visão noturna térmica do Apache, que revelava objetos que irradiam calor, tais como blindados e pessoas, não podiam ver os projéteis traçantes iraquianos. Esses projéteis eram visíveis para os co-pilotos no assento dianteiro, que usavam óculos de visão noturna que ampliavam a luz ambiente. Entretanto, apenas a tripulação nos assentos traseiros controlava a metralhadora automática 30mm; desse modo, o tripulante no assento dianteiro tinha que orientar com muito cuidado o tripulante atrás, dando-lhe instruções sobre o alvo pelo intercom.

Freakley mascava um enorme pedaço de chiclete.

– Nós supomos – disse ele – que eles devam ter uma rede muito extensa de observadores visuais.

– Absolutamente, senhor.

– Qual foi o intervalo entre a sua SEAD e o seu ataque? – Freakley perguntou. Supressão de defesa aérea inimiga – SEAD em inglês – era um prelúdio vital para qualquer ataque aéreo e geralmente envolvia coreografar a artilharia de longo alcance, Força Aérea e bordadeio contra-radar da Marinha, além de bloqueio eletrônico.

– Planejamos 30 minutos de intervalo.

Sobrancelhas se arquearam por toda parte no Posto de Comando de Assalto. Petraeus e outros insistiram que qualquer ataque contra alvos da Guarda Republicana fosse lançado quase que imediatamente depois da SEAD, antes que os defensores tivessem tempo de se refazer do impacto. Na verdade, a SEAD para o 11º Regimento foi um fiasco. Unidades da Artilharia e da Força Aérea não foram informadas sobre o atraso de duas horas no lançamento dos Apaches. Trinta e um mísseis de longo alcance, ATACM, foram disparados muito antes de os helicópteros saírem do Rams e vários pilotos acreditaram que "os mísseis serviram muito mais como um aviso do que como supressão". Bombardeiros também deixaram a área no momento em que os Apaches chegaram, deixando a 101ª "entrar sozinha e efetivamente sem apoio", segundo as conclusões do Exército.

Tiros irromperam de telhados, carros, sacadas, alamedas, quintais e árvores.

– Os subúrbios deles não são como os nossos – disse um piloto. Outro acrescentou: – O volume de disparos se intensificou com a chegada de mais tropas e ficava mais pesado conforme subíamos mais para o norte. Grande parte dos tiros vinha das áreas residenciais.

Alguns pilotos relutaram em revidar os tiros com medo de atingir e matar civis.

– Mas, depois de alguns tiros – um piloto disse mais tarde –, você acaba ficando menos relutante. – Vários prédios iraquianos foram destruídos, incluindo um suspeito de ser uma escola. – Mas era de lá que os tiros partiam.

Gass, sentado numa cadeira dobrável, ouvia atenciosamente e de tempos em tempos fazia uma pergunta. Ele era um homem encorpado, com o rosto e os lábios finos. Crescera em Knoxville e uma vez me disse que antes de entrar para o Exército, em 1980, queria ser dentista. Quase não sorria. Agora, como Petraeus havia previsto, o Destiny Six realmente tinha a aparência sombria tão comum no Norte da África durante o rigoroso inverno de 1942-1943. Os seus subordinados também pareciam sombrios, com os olhos presos ao chão ou fixos no mapa. Ninguém se olhava nos olhos.

Quase nenhum piloto do 11º chegou perto o suficiente para entrar em combate com a Medina; um esquadrão abortou a missão antes mesmo de chegar perto das trincheiras inimigas. Poucos mísseis Hellfire foram disparados. Uma única tropa conseguiu chegar até a Rodovia 1, abaixo de Bagdá, mas não conseguiu encontrar nenhum dos blindados iraquianos T-72, dos quais tínhamos informações que estavam naquele local. Disparos do chão incendiaram diversos lançadores de foguetes, forçando os pilotos a descartarem-nos antes que o fogo se espalhasse para a fuselagem. Metade das armas calibre 30mm em um esquadrão ficou emperrada, possivelmente por ter sido atingida por tiros. Os danos causados a alvos blindados iraquianos foram estimados em meia dúzia de veículos blindados e três caminhões. O serviço de inteligência americano ainda avaliava a força da Divisão Medina em robustos 88% de sua capacidade total.

O acerto ao alvo pode ter sido bem-sucedido, mas não tivemos tempo para nos organizar melhor – disse um piloto. Tiros avariaram o sistema hidráulico do Vampire 12, um Apache pilotado por dois subtenentes, David S. Williams e Ronald D. Young, Jr., que foram forçados a descer. – Quando fui até lá para ver se conseguia localizá-los – admitiu um piloto –, fui atacado com fogo pesado. Eles não foram resgatados.

Freakley se inclinou para mais perto do alto-falante enquanto os pilotos apresentavam mais algumas observações com a voz cada vez mais embargada:

– Há muito mais árvores por lá do que se pensaria.

– Eles podiam nos ver muito bem. Achamos que talvez a luz que refletia das nuvens estivesse nos iluminando por cima.

– Teremos que limpar deliberadamente aquelas áreas urbanas – disse outro piloto. – Se pudéssemos não seguir restritamente as regras de combate, eu usaria as submunições de múltiplo propósito. Mas não creio que isso seja uma opção neste momento. – Essas munições são bombas agregadas disparadas em foguetes; altamente letais, deixam resquícios não detonados suficientes para se tornarem um problema em áreas urbanas.

Os Apaches voltaram com dificuldade para o Rams, alguns sem instrumentos de navegação funcionais ou de visão. Pelo menos dois deles quase se chocaram no ar. Das 29 aeronaves que retornaram em segurança, todas, exceto uma, foram avariadas de um jeito ou de outro.

– O sol nasceu e foi assustador – um capitão mais tarde recordou. – Nunca se viram helicópteros em condições tão deploráveis e tantas cabines furadas à bala daquele jeito. – Pilotos em estado de choque permaneciam sentados dentro das cabines ou nas asas curtas dos Apaches. Em média, cada helicóptero tinha de 15 a 20 furos de projéteis; um deles foi atingido 29 vezes. Dezesseis pás do rotor principal e seis pás da cauda foram avariadas o suficiente para precisarem ser repostas, além de seis motores e cinco bielas de comando de passo. Quarenta e seis outras pás precisaram de reparos.

As sobrancelhas de Freakley se ergueram novamente. O regimento foi reduzido a migalhas em troca de uma dúzia de veículos iraquianos. Dois helicópteros de 20 milhões de dólares foram perdidos; num esquadrão, apenas um único helicóptero ainda era considerado capaz de realizar uma missão e levaria um mês até que o regimento inteiro estivesse completamente pronto para a batalha. O cálculo da batalha quase não precisava de elaboração.

A conversa continuou sem muito propósito até o fim. Ficou claro que o regimento havia subestimado a ameaça do pequeno exército de Saddam, a ingenuidade iraquiana e o que Wallace chamaria de "urbanização de áreas não-urbanas". Assim como ficou claro que os iraquianos aprenderam algo durante 12 anos de repetidos ataques em seus sistemas de defesa aérea por pilotos americanos e britânicos reforçando as zonas de exclusão aérea.

– Existe uma ameaça aí fora muito maior do que esperávamos – admitiu um piloto. – Não esperávamos por aquilo que passamos na noite passada. Acho que acreditamos que tudo que treinamos por todo este tempo não vai funcionar aqui.

Gass agradeceu ao coronel Wolf por seu tempo e se despediu da reunião.

– Tudo bem, Greg – Wolf disse. – Desejo-lhe toda a sorte. Lá fora.

Os pilotos da 101ª deixaram o Posto de Comando de Assalto. Ninguém falava muito. O vento urrava lá fora.

As notícias ruins continuavam a chegar. Young e Williams, os dois pilotos de Apache do 11º Regimento, apareceram na televisão naquela tarde sob custódia iraquiana, juntos de um fazendeiro grisalho que declarava ter derrubado o helicóptero americano com o seu fuzil.

Às 14h30, um estrondo ao longe foi ouvido no Posto de Comando de Assalto. Algo explodira a cerca de 20 metros de uma bateria de mísseis Patriot que protegia o Shell, acertando a mesma unidade azarada envolvida no atentado contra a companhia de Jessica Lynch, em Nasariyah, e na destruição do Tornado em Camp Pennsylvania. Fragmentos avariaram as linhas hidráulicas do radar Patriot, deixando o acampamento e dezenas de helicópteros estacionados vulneráveis aos mísseis iraquianos. A princípio, suspeitou-se de um disparo de morteiro, mas logo chegou um soldado ao Posto de Comando de Assalto com vários pedaços enormes extraídos dos destroços do Patriot: a bateria de radar foi atingida por um míssil antirradiação disparado por engano por um piloto confuso de um F/A-18 do Exército americano.

Agora eu entendia que Petraeus sabia, a partir de sua teleconferência com o V Corpo, às sete da manhã de hoje, que os Apaches tinham se saído mal em sua missão. O elemento surpresa simplesmente foi perdido, obviamente, e a surpresa é a essência de um ataque poderoso. A vulnerabilidade do helicóptero foi mais uma vez revelada: dos 12 mil helicópteros usados na Guerra do Vietnã, mais de cinco mil foram destruídos pelo inimigo e por acontecimentos diversos, de acordo com a Associação de Pilotos de Helicópteros do Vietnã. Eu já podia imaginar a recusa em Washington, incluindo asserções dos outros serviços: o essencial sistema de armas de grosso calibre do Exército, certamente o mais elogiado pelos aviadores do Exército, foi contido por camponeses armados de mosquetões. Será que alguma coisa foi aprendida desde Mogadíscio, onde a destruição de dois Blackhawks resultou na morte de 18 americanos, mil somalianos e no fim do envolvimento americano no Chifre da África?

Se isso era ruim para o 11º Regimento, de certo modo era pior para a 101ª, soando muito mal para uma divisão que apostava grande parte de sua reputação em combate nessa guerra na capacidade letal de ataques poderosos com helicópteros. Wallace concluiu, como pude descobrir através de documentos militares que registraram as suas reações, que "operações poderosas com Apaches, a menos que haja uma necessidade muito, muito, mas muito clara para elas, provavelmente não são uma boa idéia". Os planos para usar a 101ª para limpar uma zona em torno do Aeroporto Internacional de Bagdá estavam agora, nas palavras de Wallace, "na lata do lixo". No mínimo, as táticas Apache teriam de ser radicalmente revisadas. Os pilotos da 101ª estavam relutantes quanto a questionar os seus irmãos do 11º, mas eu já começava a ouvir perguntas curiosas. – Por que eles não recuaram quando foram atacados de forma tão intensa? – um oficial perguntou. A vantagem tecnológica americana – todas aquelas coordenadas de oito dígitos, Top Scene e mísseis teleguiados Hellfire de alta precisão – parecia menos intimidante, menos decisiva e menos relevante.

Fui atrás de Greg Grass no Posto de Comando de Assalto e perguntei o que ele estava pensando de tudo aquilo.

– A minha maior precupação com relação a tudo isso é com os mapas que temos – disse ele. – Queremos, naturalmente, evitar as áreas edificadas. O mapa nos mostra áreas livres para manobras, mas na verdade o que há são áreas urbanizadas por toda parte ao sul de Bagdá. É muito mais amplo do que gostaríamos que fosse. Fica muito difícil para os pilotos quando se tem alguém atirando contra eles de uma casa. A arma mais precisa que temos é um Hellfire. A arma mais rápida é o canhão, mas é o que causa o maior dano colateral, e isso é o que queremos evitar.

Eu fiquei pensando, mas não perguntei, como a nação podia gastar mais de 30 bilhões de dólares anualmente em serviço de inteligência e ainda ter dúvidas sobre onde havia ou não cidades.

– A outra questão é a precisão dos tiros durante a noite com o que chamamos de mira comum – Gass continuou, referindo-se a armas sem o auxílio de radares. – Isso me diz que eles podiam nos ver no escuro. Não sei se foi porque as luzes que se refletiam nas nuvens realmente delinearam os helicópteros, ou se foi porque eles tinham, tal como alguns rapazes no 11º Regimento acreditam, visores óticos de algum tipo.

E acrescentou:

– As condições climáticas não estão ajudando, isso é certo. Estamos averiguando o conteúdo dos motores em busca de entupimentos e amar-

Direita: General-de-divisão David H. Petraeus (*à direita*), comandante da 101ª Divisão Aerotransportada, e general-de-exército William S. Wallace, comandante do V Corpo. *(Joshua Hutcheson, Exército americano.)*

Esquerda: General-de-brigada Benjamin C. Freakley, o comandante de divisão assistente de operações, freqüentemente referido na 101ª simplesmente como o "O". Freakley, que às vezes ficava impaciente com o ritmo da divisão, é uma força da natureza, um guerreiro à moda antiga com um grande coração e cinco filhos.

Direita: General-de-brigada Edward J. Sinclair, comandante de divisão assistente de apoio, conhecido como o "S". Piloto de helicóptero de ataque Apache de Montana e ex-jogador de basquete de West Point, Sinclair é grande e animado, com um rosto largo e olhar sincero, um tipo de homem de quem os outros homens gostam imediatamente. (*Gabinete de Relações Públicas, 101ª Divisão Aerotransportada.*)

Direita: Coronel Ben Hodges (*à direita*), comandante da 1ª Brigada, com Petraeus em Najaf, em 1º de abril de 2003. Poucas horas antes de Hodges comandar a entrada da brigada no Iraque a partir do Kuwait, dois de seus oficiais foram mortos e mais de uma dúzia de soldados foram feridos num ataque noturno, supostamente perpetrado por um sargento descontente.

Esquerda: Coronel Joseph Anders comandante da 2ª Brigada, ao lad de caixas de munição iraquiana descobertas num parque de diversõe de Bagdá. Nova-iorquino e ex-alu West Point, com 43 anos de idade careca e vigoroso, com cílios com e uma tendência a se inclinar para frente ao falar, até ficar a poucos centímetros do seu interlocutor.

Direita: Coronel Michael S. Linnington (*à esquerda*), comandante da 3ª Brigada, com Petraeus em 6 de abril, durante o planejamento do ataque a Hilla. Um veterano do Afeganistão, alto e otimista, Linnington anotava as suas prioridades no caderno encapado com pano verde que aparece sobre sua perna, a começar por "paciência tática".

Esquerda: Campo aéreo de Udairi, no Norte do Kuwait, onde sete dos 15 batalhões de helicópteros de ataque Apache estavam estacionados. "Gostaria que Saddam Hussein pudesse simplesmente ver isso, vê-los enfileirados naquele campo, todo aquele poder de destruição", disse Petraeus. O general-de-brigada E. J. Sinclair acalmou o debate "fita *versus* tinta" no prédio retangular à direita, a 27 metros do hangar aberto. (*Gabinete de Relações Públicas, 101ª Divisão Aerotransportada.*)

Direita: Camp Victory, no Kuwait, em 7 de março, quando uma forte tempestade de areia derrubou 17 barracas. Centenas de soldados sem abrigo empilharam suas mochilas, armas e caixas de rações sobre suas camas de campanha para impedi-las de saírem voando. Outros se enrolaram em sacos de dormir para se proteger ou se abrigaram num *trailer* chuveiro.

Abaixo: Início da tarde de 29 de março. Soldados da 2ª Brigada, tendo acabado de conduzir um assalto aéreo a 400km do Kuwait, caminham pelo Objective Jenkins com os passos pesados da sobrecarregada infantaria, a caminho de Kifl, cidade à beira do Rio Eufrates. Próximo a esse local, poucas horas antes, um homem-bomba matara quatro soldados da 3ª Divisão de Infantaria.

Esquerda: Veículos das F Especiais, ignorando a proibição contra a ostenta bandeiras americanas, che ao extremo sudoeste de Na em 1º de abril, seguidos p Humvee do Exército. O in do que se tornaria uma en multidão calorosa estava s formando na rua.

Direita: Uma família iraquiana caminha apressada para o sul pela Rodovia 9, fugindo dos tiroteios em Najaf em 2 de abril. Empurrando um carrinho abarrotado com uma mala velha e um botijão de gás, o homem chorava muito. – "Ele está preocupado com os filhos", disse um tradutor, "com medo de que eles morram."

Esquerda: Uma maquete iraquiana descoberta num banheiro em Najaf ilustra o plano de defesa da cidade. Soldadinhos de brinquedo verdes, representando os americanos, encontr abaixo da escarpa na fronteira sudoest cidade. Soldadinhos de brinquedo vermelhos, representando os iraquian ocupam fortificações ao longo das ave perimetrais. A maquete inclui carrinh de plástico, palmeiras e jumentos.

Acima: Dentro do Centro de Operações Táticas, conhecido pelos oficiais da 101ª Divisão Aerotransportada como o TOC Mahal. Mapas secretos e telas de projeção ocupam a parte dianteira da grande tenda (na parte não visível à esquerda), enquanto oficiais ocupam mesas dobráveis sobre plataformas, suas posições no estado-maior marcadas por sinais brancos nas costas de seus laptops.

Esquerda: Tenente-coronel Stephen M. Schiller, comandante do 2º Batalhão da 17ª Cavalaria, visto aqui numa fábrica de derivados de frango no sul de Bagdá. Os helicópteros Kiowa de Schiller, ultrapassados pelos mais letais, os Apaches, provaram-se de grande valor em combate urbano. "Nós não voamos alto, permanecemos baixo e somos muito pequenos", disse um piloto. "Isso é uma enorme vantagem sobre as cidades."

Abaixo: Soldados de infantaria, realizando um assalto aéreo descem de um Blackhawk no extremo sul de Karbala, em 5 de abril. (*Gabinete de Relações Públicas, 101ª Divisão Aerotransportada.*)

Esquerda: Capitão David G. Fivecoat na Base de Operações Avançadas Shell, em 29 de março. Com 31 anos, ex-aluno de West Point, oriundo de Delaware, Ohio, inteligente, de cabelos louros muito claros, servindo em sua segunda campanha como auxiliar de Petraeus, uma experiência que seus companheiros sugeriam brincando que ele escrevesse num livro de memórias intitulado *Sucesso pela Dor*.

Abaixo: Soldados da 3ª Brigada passam por Hilla em 8 de abril, sem saber que os iraquianos o esperavam numa esmboscada, a poucos metros à frente, escondidos atrás dos arbustos, próximo ao silo no Objective Hippo. O tiroteio começou menos de um minuto depois que esta foto foi tirada.

Esquerda: Petraeus (*à direita*) e Freakley examinam o pobre acampamento iraquiano c soldados responsáveis pe emboscada nos arredores a oeste de Hilla em 8 de abril. O proprietário dessas botas na foto está morto, usando meias, do outro lado, numa estrada adjacente.

Acima: Coronel Joe Anderson (*à esquerda*) e outros oficiais examinam as munições escondidas no interior de um brinquedo de bola ao saco, num parque de diversões no sul de Bagdá.

Direita: Retratado por um artista em dias melhores, Saddam Hussein desponta no Estabelecimento Estatal Al Qadisiyah, uma fábrica de munições no sul de Bagdá, onde a 101ª monta o seu quartel em meados de abril, antes de se mudar para Mosul, no Norte do Iraque. “Pense em Segurança”, um cartaz numa das oficinas da fábrica alertava. “Tudo Tem o Seu Lugar.”

Petraeus observando as ruínas da antiga Babilônia (*à esquerda*) e o palácio reconstruído de Nabucodonosor (*à direita*), a poucos quilômetros do centro de Hilla. Petraeus está de pé no topo de um dos vários palácios de Saddam, uma monstruosidade vazia de quatro andares feita de pedra calcária e erguida sobre uma colina artificial.

rando as pás para que elas não balancem com o vento, causando danos nos sistemas de rotores. O Apache é um monstro enjoado; é preciso fazer uma manutenção constante.

Perguntei como os duros esforços do 11º Regimento poderiam afetar os seu pilotos. Gass suspirou.

– Sempre que se ouve sobre alguém que caiu, dá um nó no estômago e você fica enjoado.

Petraeus estava do lado de fora, piscando com força por causa da poeira que se levantava como um nevoeiro sobre o acampamento. O seu semblante havia mudado, talvez porque tenha percebido que a guerra havia mudado. Os comboios no Sul do Iraque estavam sendo atacados praticamente de hora em hora. Numa breve conversa, antes de retornarmos ao Posto de Comando de Assalto, ele falou sobre as longas e vulneráveis linhas de suprimentos e a necessidade de consolidar o poder de combate e de começar uma ofensiva para restabelecer a iniciativa. De algum modo, especialistas em logística do Exército tinham de suprir sete milhões e meio de litros de combustível por dia, mais do que o dobro utilizado por dois exércitos aliados na França durante o outono de 1944. Petraeus estava em dúvida se seriam necessários mais soldados no Iraque, talvez muito mais, "para manter a segurança das linhas de comunicação" estendidas a partir do Kuwait. A decisão do secretário Rumsfeld e da alta liderança militar de atacar com uma economia maior de forças do que a proposta a princípio parecia mais arriscada do que nunca.

– Nós dissemos tudo isso a eles – disse Petraeus.

Às 17h20, ele se encontrou dentro da tenda com Freakley, Mike Linnington e o estado-maior do Posto de Comando de Assalto. Cada subordinado tomava notas num caderno de capa de tecido verde, equipamento básico de todo oficial do Exército. Grande parte da discussão envolvia a segurança do Shell e do Rams. O perímetro deles deveria ser diminuído? Expandido? Reforçado? As missões do Destacamento de Vigilância de Longa Distância e todos os vôos de helicópteros foram cancelados por causa das condições climáticas; então, visualizar o inimigo era uma tarefa difícil. Dos mais de 20 grupos do Destacamento de Vigilância espalhados pelo V Corpo, apenas três foram inseridos além das linhas inimigas; um deles foi imediatamente encontrado por cães de beduínos, e o grupo de seis homens passou 48 horas coberto com uma lona camuflada num buraco de 45cm de profundidade até que pudessem ser retirados.

Duas caminhonetes brancas foram vistas nas redondezas, possivelmente sondando o Shell.

– Gostaria de saber se os dois são os mesmos que foram vistos em outros lugares – disse Petraeus. Ele comia um pedaço de pão de centeio de um pacote de MRE. Ele e seus homens podiam muito bem se passar por oficiais da Guerra de Secessão conversando diante de um mapa sob a luz de velas, embora nesse Posto de Comando de Assalto a CNN falasse incessantemente de uma van de comunicações ao lado.

Às 17h40, houve uma comoção do lado de fora e alguém gritou:

– Gás! Gás!

Colocamos nossas máscaras e a reunião continuou. Não havia gás algum. Retiramos nossas máscaras.

A reunião finalmente terminou pouco antes das 19 horas.

– O problema é que a única parte do Iraque que nos pertence é esta aqui no Shell – Petraeus disse ao estado-maior. – Temos que ter muito, mas muito cuidado. Eles têm olhos por toda parte. Sabem que estamos aqui.

O vento parou de soprar com o pôr-do-sol e o céu foi ficando mais limpo gradativamente. Havia muitas estrelas, mais do que já tinha visto em toda a minha vida: um paraíso para qualquer astrônomo de plantão. A noite estava muito fria. Encontrei Dwyer, que estivera fora com o motorista de Freakley. Fiquei muito feliz em vê-lo. O sargento Miller chegou no Humvee, rebocando um *trailer* lotado de bagagens. A cerca de 30 metros do posto, numa cama a céu aberto próxima à de Dave Fivecoat, abri o meu saco de dormir e entrei nele. Luzes brilhantes de pára-quedas desciam lentamente ao longo dos limites do acampamento, onde sentinelas mantinham a vigília, em busca de picapes brancas e outros perturbadores da paz.

9

"UM HOMEM APENAS VIVE"

No amanhecer do dia 25 de março, o céu ficou nublado novamente. No meio da tarde, as condições climáticas eram não apenas piores do que as de segunda-feira, mas também as piores condições climáticas na longa e infeliz história da Mesopotâmia, ou pelo menos era nisso que preferíamos acreditar. Uma forte tempestade que, como essa, sopra do sul é conhecida como *turab*, mas todos na 101ª Divisão Aerotransportada insistiam em chamá-la de *shamal*, que é um vento vindo do norte, talvez porque *shamal* soe um tanto quanto trágico. Soldados de óculos de proteção, em turnos como guardas, sentavam-se em tocas com protetores de lã no pescoço esticados até a orelha. Helicópteros voavam rapidamente antes de voltarem ao chão e até mesmo o tráfego de veículos praticamente parou por causa da baixa visibilidade e porque as chances de se perder aumentavam. Exceto pelo ronco dos geradores, o zunido normal de um acampamento do Exército praticamente desaparecera ao som das cordas das tendas e dos ventos incessantes.

Assim como Camp New Jersey me fez sentir saudades de Camp Doha, a Base Operacional Avançada Shell fazia o Estado-Jardim parecer o paraíso. O Posto de Comando de Assalto era primitivo, mas pelo menos oferecia ao estado-maior de batalha algum abrigo; entretanto, para os soldados rasos, as condições de vida eram inóspitas. Ernie Pyle chamou os soldados de infantaria de "rapazes de lama-chuva-gelo-e-vento", mas este apelido omitiu a poeira. A vida na BOA Shell – logo conhecido como BOA Hell – era vivida com uma camada constante de 10cm de talco marrom, um quinto elemento para acompanhar o fogo, a terra, o ar e a água. Até mesmo nos períodos tranqüilos, aquela coisa subia em redemoinhos abaixo de cada passo na areia. Com ventos fortes, o ar ficava saturado daquela poeira e passava do estado gasoso para o sólido.

Lembrei-me da descrição de Pyle sobre os soldados de infantaria da Segunda Guerra Mundial, na Tunísia, em 1943:

"Não há nada das pequenas coisas que tornam a vida normal em nossos lares. Não há cadeiras, luzes, assoalhos ou mesas. Não há nenhum lugar para colocar nada ou algum lugar para se comprar qualquer coisa. Não há jornais, leite, camas, lençóis, aquecedores, cerveja, sorvete ou água quente... Um homem apenas vive."

Aqueles de nós que apenas viviam no Shell logo adotaram um lema um tanto quanto rebelde ou pode se dizer um grito de guerra: "Aceite a merda."

Até que as condições climáticas melhorassem, não havia para onde ir e pouco o que fazer, exceto conversar; aproveitei o interlúdio para conversar com vários oficiais do estado-maior. O pequeno boneco de Saddam balançava com força no Posto de Comando de Assalto, onde o desafio do dia e as senhas – respectivamente CALÇAS e TUBO – foram postos à vista junto ao mapa com a última disposição das forças americanas. A cerca de 48km ao norte do Shell, unidades da 3ª Divisão de Infantaria se moveram para o norte e para o leste de Najaf para prevenir que os reforços iraquianos entrassem na cidade. Mas o movimento de avanço foi paralisado pela tempestade e pelos ataques de fanáticos, embora em sua maioria inócuos, por desregrados do Partido Baath e pelos Fedayeen, usando artefatos tecnológicos, granadas de propulsão a foguete e táticas de atiradores de elite. O serviço de inteligência americana presumiu que essas forças seriam usadas para suprimir insurreições na população iraquiana, e não para desafiar o Exército americano.

– Nós não sabíamos mesmo onde eles estavam – um oficial de inteligência da brigada mais tarde observou. – As pessoas não queriam ouvir falar dos Fedayeen. Eram um inimigo indefinido. Então simplesmente os ignoramos... Se você não pode dar um rosto ou um nome ao inimigo, então por que dar poder de combate a ele?

Perguntei ao tenente-coronel Hank Arnold, que estava na função de oficial de monitoração no Posto de Comando de Assalto, como ele acreditava que a semana seria. Arnold era baixo, careca e de feições finas; sua esposa, Susan, era procuradora militar no D-Main.

– Logo que esse pessoal se der conta de que é um mito os soldados americanos não lutarem em cidades, eles entenderão a mensagem – disse ele. – Neste momento, eles rastejam até as nossas posições e, se você os capturar, se renderão. Se eles chegarem perto o suficiente para disparar seus fuzis, trocarão alguns tiros e então se renderão. – Esse, suspeitei, não era mesmo o caso em Najaf ou Nasariyah, onde pelo menos alguns iraquianos pareciam estar lutando até a morte.

E prosseguiu:

– Ontem, a 3ª Divisão de Infantaria estava com um déficit de mais de 15 mil litros de combustível – disse Arnold. – E, então, vários milhares de litros chegaram ao Rams. Temos combustível suficiente para chegar até Bagdá. Tudo que precisamos agora é de bom tempo. E, quando o clima ficar bom, em vez de termos apenas um batalhão da 101ª por lá, teremos quase três brigadas.

Do outro lado da tenda de comando, encontrei dois oficiais do estado-maior que finalmente chegaram ao Shell antes que as condições climáticas mais uma vez paralisassem as operações de helicópteros, D. J. Reyes, o G-2, e o tenente-coronel Doug Gabram, um piloto de Apache que era o G-3 substituto para operações aéreas. Ambos ainda estavam encucados com a missão do 11º Regimento e suas implicações com a 101ª.

– Eles entraram numa área urbana e não se pode fazer isso com helicópteros de ataque – disse Gabram. – O matador número um de toda a história dos helicópteros de ataque são armas pequenas e granadas de propulsão a foguete.

Reyes concordou.

– Os iraquianos são muito espertos. Eles provavelmente assistiram ao filme *Falcão Negro em Perigo*. É tudo muito descentralizado por aqui. Todo mundo pressupôs que Saddam controlava tudo minuciosamente de Bagdá. Mas essas forças paramilitares têm a autoridade de lutar por conta própria.

Coloquei meus óculos de proteção e fui para o lado de fora. Soldados caminhavam lentamente pelo vento com a cabeça abaixada, como se estivessem encarando uma tempestade de neve. Para que a minha preciosa cama não voasse ao sabor dos ventos, puxei-a para perto do *trailer* de Miller e pus minhas mochilas em cima; as camas e mochilas estavam cobertas de areia. Enquanto eu calculava se seria necessário mais peso em cima da cama para que ela não fosse carregada, Ben Freakley se aproximou. Uma camada de poeira marrom cobria os seus óculos e parecia que alguém havia aplicado pó-de-arroz em seu rosto com uma espátula. Ele aceitou o meu convite para sentar-se na minha cama e viramos de costas para o vento.

– Ainda estamos escolhendo onde e quando atacar – disse Freakley com sua voz lúgubre. – Em vez de deixar os Fedayeen de lado, teremos que atacá-los. A chave para a arte operacional – o uso de forças combinadas, geralmente com pelo menos um corpo de exército – é colocar todos os seus meios na luta. Precisamos modificar os esforços deles de recorrer a táticas de guerra assimétricas, usando os nossos blindados, nossos Apaches, nossa infantaria e todos os nossos recursos juntos.

As informações que obtivemos do serviço de inteligência sobre os Fedayeen estavam obviamente erradas. Freakley, de forma desdenhosa, chamava essas informações de bobologia. A divisão teria de se guiar mais através de suas próprias missões de reconhecimento e vigilância, em vez de depender de informações analisadas de maneira inadequada e fornecidas pelas autoridades maiores, em grande parte obtidas de satélites, veículos não tripulados e escutas eletrônicas.

– Precisamos de melhores informações, de uma melhor apreciação do terreno e precisamos entender que a ameaça inimiga não é, como pensávamos, uma defesa aérea sofisticada com radares e mísseis, mas uma rede sofisticada de alertas através de telefones celulares, que faz com que a população dispare granadas de propulsão a foguete e armas automáticas quando necessário. Eles obviamente têm observadores que reportam as direções, a velocidade e a altitude de nossos helicópteros.

Num ajuste tático, Wallace estava dando à 101ª um batalhão blindado – com 44 Abrams M1A2 e Veículos de Batalha Bradley – para reforçar a infantaria leve da divisão. E, em vez de penetrar nos domínios iraquianos, os Apaches seriam usados para fazer com que o inimigo se revelasse; uma vez localizados, os alvos seriam atingidos com bombas a partir de aeronaves menos vulneráveis da Força Aérea e da Marinha.

– Vejamos por quanto tempo eles suportarão *isso*. O que importa é que o inimigo morra e não *como* ele morre – disse Freakley. – O adversário que adapta as suas táticas mais rápido geralmente é quem vence o combate. Não quero subestimar o inimigo mas também não quero fazer dele um gigante. Eles são bandidos, não soldados. São bandidos.

Ele estava ficando um tanto quanto irritado, e sua mandíbula parecia com a que eu imaginava para Stonewall Jackson.

– Apenas precisamos nos recompor, e os soldados precisam fazer o sangue circular novamente. Existe algo dentro de um soldado americano que torna difícil para ele acreditar que alguém está realmente atirando contra ele.

Os olhos de Freakley se acalmaram. Ele olhava para os lados através de seus óculos imundos e pareceu se dar conta pela primeira vez que estávamos sentando no meu quarto.

– É aqui que você está dormindo? – ele perguntou. – Por que você não puxa a sua cama até a minha tenda e fica comigo?

Protestei a intrusão de sua privacidade, mas Freakley insistiu e, quando ele saiu para lutar em sua guerra, não perdi um só minuto antes de arrastar as minhas coisas para dentro de sua pequena tenda próxima ao Posto de Comando de Assalto. Havia uma caixa grande de doces em cima de sua cama, aberta, mas intacta. O comandante assistente de operações da divisão distribuíra guloseimas durante a Quaresma.

Duas horas depois, fui à tenda de planejamento logo ao lado. Rick Gibbs, o G-3, muito generosamente encontrou um local para eu trabalhar, onde eu pudesse tirar o meu laptop da poeira, que já tinha entupido o teclado e cada abertura que havia. Trinta oficiais e estrategistas recrutados lotavam a tenda, trabalhando em mapas, logística e vários planos de guerra, todos eles ultra-secretos. O primeiro-sargento Bill Endsley liberou uma parte de sua mesa, ao lado do pote de café, e disse em um tom animado:

– Só quero lhe dizer uma coisa: se você publicar qualquer coisa que vir aqui sem permissão, *irá* para a cadeia. Seja bem-vindo.

Por sobre o mapa, do outro lado da sala, ouvi Gibbs dizer, sobre as tropas iraquianas:

– Quero que aqueles filhos-da-puta saibam que, se eles se moverem, vão morrer.

Às 17 horas, houve uma comoção do lado de fora. Saí da tenda a tempo de ver uma muralha negra de tempestade crescendo e se aproximando do sul, levantando uma nuvem marrom de escombros diante de si. Voltei para dentro e, pouco depois, a tenda balançou, como se tivesse levado uma pancada. O vento soprava a 90km/h e um miasma cheio de poeira preenchia a tenda; eu limpava o meu teclado com um pequeno pincel e dois minutos depois já estava coberto de poeira novamente. E então choveu forte, e cada gota d'água parecia coagular em contato com a poeira suspensa no ar. Um soldado, sujo do capacete às botas, entrou na tenda dizendo:

– Está chovendo lama!

Alguns minutos depois, dei outra olhada lá fora. O céu não apenas havia se tornado vermelho por causa do pôr-do-sol refletindo na poeira, mas também o próprio ar estava com uma cor quase púrpura, como se a atmosfera estivesse em um estado hemorrágico. O cenário parecia agourento e bíblico.

– Isso foi a coisa mais nojenta que já vi em toda a minha vida – o sargento mais antigo da divisão, Marvin L. Hill, disse para mim mais tarde naquela noite. – Quando o ar ficou vermelho daquele jeito, eu pus colírio nos olhos. Achei que estivesse com problemas de visão. O negócio é aceitar que o vento vai soprar e que a tenda vai cair. Apenas encontre um lugar onde se deitar e espere.

Aquilo me pareceu um conselho sábio e, quando voltei para o Hotel Freakley para me recolher, fiquei feliz por Dwyer também ter sido presenteado com um abrigo ali. Nós três parecíamos sardinhas enlatadas.

– Aceite a merda – dissemos um ao outro antes de dormirmos, pois não havia nada de bom a ser dito sobre essa noite.

Na manhã seguinte, a tenda estava coberta de poeira pelo lado *de dentro*. Depois de acalmar um pouco no nascer do dia, o vento voltou com mais força ainda. Humvees e helicópteros pareciam ter sido mergulhados em leite achocolatado. Cheguei ao Posto de Comando de Assalto às 7h30 e encontrei Petraeus ao telefone com Wallace. Seu rosto mostrava cansaço, como se ele houvesse dormido muito pouco. Um oficial da inteligência, o tenente Jeanne Hull, me disse que ordens vieram durante a noite proibindo o uso do termo Fedayeen, que significa "homens que se sacrificam por uma causa", porque esse termo incutia nesses guerreiros muita dignidade. Eles deveriam ser denominados paramilitares. (Mais tarde, a frase aprovada seria "esquadrões da morte do tipo terrorista".) Hull estimava que havia de nove a doze batalhões Fedayeen no Iraque, cada um com cerca de 600 guerreiros, incluindo um batalhão em Najaf. Num pequeno golpe contra o excesso de preocupação, a maioria dos oficiais continuou a chamá-los de Fedayeen.

Petraeus desligou e ordenou que Fivecoat preparasse o Humvee para a viagem ao posto de comando do V Corpo no Rams. Ele se afastou da mesa, amarrou o seu capacete e deu de ombros, vestido com o seu colete à prova de balas.

– Quer sair e conversar um pouco? – ele perguntou.

Ficamos de pé a 4,5 metros da entrada da tenda. Pisquei com força por causa da poeira; eu sentia sujeira nos meus dentes. Quando Petraeus se virou para ficar de frente para mim, fiquei alarmado ao perceber como os seus olhos azuis estavam perturbados.

– Esta coisa está virando uma merda – disse ele. – A 3ª Divisão de Infantaria está correndo risco de ficar sem água e comida. Eles perderam dois Abrams e um Bradley na noite passada, embora conseguissem resgatar os tripulantes. O comandante do V Corpo parece cansado.

Um plano de entrar no Desfiladeiro de Karbala com a 82ª Divisão Aerotransportada de pára-quedistas foi descartado. Dois batalhões tiveram seus equipamentos de salto sabotados no Aeroporto Internacional do Kuwait, mas a zona de salto proposta também foi considerada perigosamente muito rochosa; além disso, era incerto se os reforços terrestres alcançariam os pára-quedistas a tempo para evitar perdas substanciais. Em vez disso, a 82ª seria usada para guardar rotas de suprimento em torno de Nasariyah, uma movimentação que Petraeus considerava muito bem pensada.

Lembrei-me de uma decisão do general Maxwell Taylor, em setembro de 1943, de abortar um salto planejado pela 82ª Aerotransportada em Roma, um episódio que Petraeus conhecia muito bem. Aquele ato de prudência há 60 anos, provavelmente, evitou um massacre.

– A decisão mais audaciosa geralmente é a certa – eu disse, tentando aliviar o clima recitando um provérbio que Petraeus apreciava – *exceto* quando é a decisão errada.

Ele sorriu. A poeira nos cegava. Eu colocara os óculos de proteção de maneira errada e era difícil enxergar qualquer coisa sem fazer um enorme esforço. Sugeri que nos movêssemos para trás de sua pequena tenda, que era adjacente ao Posto de Comando de Assalto, mas, como a poeira não nos deixou em paz, nem mesmo lá entramos.

Petraeus disse que o Pentágono finalmente abandonara qualquer esperança de fazer a 4ª Divisão de Infantaria entrar no Norte do Iraque através da

Turquia. A pequena frota de navios transportando os equipamentos da divisão – incluindo os equipamentos mecanizados tecnologicamente mais avançados do Exército – viajaria pelo Mediterrâneo passando pelo Canal de Suez, em volta da Península Arábica e subindo pelo Golfo Pérsico.

– Você sabe quando tempo isso vai levar – falou Petraeus.

As forças americanas ainda estavam por encontrar a Guarda Republicana, mas guerrilheiros irregulares iraquianos pareciam muito mais agressivos do que o esperado, e os xiitas, no Sul, praticamente não receberam os invasores como libertadores. O campo de batalha era não-linear, com apenas uma vaga distinção entre a vanguarda e a retaguarda.

– Ninguém esperava que isso fosse acontecer, esperava? – perguntei.

– Não – ele respondeu. Nenhuma estimativa pré-guerra previra a defesa de Najaf pelo exército regular iraquiano ou por tropas da Guarda Republicana; também não previra forte resistência de forças paramilitares. – Imaginamos a pior das situações, onde o inimigo lutaria com todas as forças, mas ninguém levou isso muito a sério. Precisamos ter sorte de alguma maneira. A CIA realmente precisa dar uma dentro.

Caputar ou assassinar Saddam Hussein parecia uma esperança longínqua e foi o que eu disse. Petraeus concordou.

– Droga, não conseguimos encontrar Noriega durante quatro dias em um país que possuíamos – disse ele, referindo-se à caçada frustrada pelo ditador Manuel Noriega, no Panamá, em 1989.

– É possível, até mesmo provável, que ficaremos estacionados aqui por um tempo – ele continuou. – O cronograma original previa que estaríamos neste lugar em 47 dias; então estamos muito à frente do planejado nesse sentido.

– Os iraquianos têm capacidade de contra-atacar? – perguntei.

– Têm sim. Suas perdas seriam enormes. Mas estamos correndo perigo de ficar sem munições de artilharia.

O reabastecimento era difícil por causa das condições climáticas e das rotas inseguras dos comboios. Uma unidade Marine estava supostamente com apenas mais um dia de alimentos em estoque. A 101ª tinha pouco mais de 215 mil litros de combustível no Shell, mas, sem estoques adicionais, um ataque coordenado de Apaches contra a 14ª Brigada da Divisão Medina no final da semana seria problemático. A 3ª Divisão de Infantaria tinha bastante combustível, mas não fora reabastecida com alimentos e água desde que deixara o Kuwait e estava no "preto" – perigosamente baixo – nesses itens, bem como em munições; na terça-feira, os comandantes da divisão relataram um combate feroz e prolongado, com aproximadamente mil iraquianos supostamente mortos, no vale do Eufrates em torno de Najaf.

Mesmo se os Chinooks pudessem ter decolado, eles tinham uma capacidade limitada para cargas. E, com os helicópteros no chão, a 101ª era em sua grande parte imóvel, pois vários caminhões de que a divisão necessitava para transporte continuavam no mar. A decisão do Pentágono de abandonar o plano elaborado de envio de força do Exército, junto com a necessidade urgente de espremer unidades adicionais pelo funil da Cidade do Kuwait, atrasava o processo de logística e transporte.

O clima, Petraeus disse, era "praticamente o pior que já vi em toda a minha vida". Lesões não relacionadas à batalha em si começavam a aparecer nas fileiras – irritação nos olhos, sangramentos nasais, dificuldades respiratórias. – Pelo menos – ele completou com um sorriso passageiro – não está frio.

Ele enfiou os polegares em seu colete e ajustou o peso em seu ombros.

– Diga-me como isso acaba – indagou ele. – Oito anos e oito divisões? – A alusão era de um conselho supostamente dado à Casa Branca no início dos anos 1950 por um alto estrategista do Exército, quando foi indagado sobre o que seria necessário para posicionar as forças francesas no Vietnã do Sul.

– Você está dentro de algo muito grande agora – Petraeus completou, quando saiu da tenda e encontrou Fivecoat e o Humvee.

– Você também – eu disse.

Às 16 horas de quarta-feira, dia 26 de março, Petraeus retornou do V Corpo e retomamos a conversa na tenda. Havia um saquinho de plástico repleto de biscoitos Pop-Tarts – seu alimento predileto para o café-da-manhã – em cima de uma mesa dobrável, coberto de poeira. As discussões com Wallace pareciam ter ido muito bem. No final da conferência, Petraeus informou, o comandante do V Corpo lhe agradecera. O general David McKiernan, comandante do Comando de Componente Terrestre das Forças Combinadas, juntara-se à discussão pelo viva-voz. Wallace dormia mal e já estava afônico, mas Petraeus achou que ele estava sendo resoluto. A 3ª Divisão de Infantaria, ainda conhecida como a Rocha do Marne por causa de seus feitos corajosos durante a Primeira Guerra Mundial, segundo relatórios, matara centenas de outros iraquianos na noite passada em lutas ferrenhas próximas a Kifl, uma cidade à beira do rio Eufrates, ao norte de Najaf. A divisão estava espalhada numa extensão de terras iraquianas de cerca de 14.400km².

– Vou lhe dizer uma coisa – disse Petraeus. – Existem guerreiros *muldoons* naquela área.

O desvio da 82ª Divisão Aerotransportada para guardar as linhas de comunicação no Sul do Iraque parecia uma ação inteligente e necessária, embora a divisão tivesse apenas uma única brigada em ação. Wallace enviara uma nota escrita à mão para o general-de-divisão Chuck Swannack, Jr., comandante da 82ª, apontando a urgência da tarefa:

– Traga esse seu traseiro imediatamente pra cá.

O V Corpo faria uma pausa para se recompor, embora não fosse claro exatamente como ou quando a ofensiva acabaria. Unidades iraquianas estavam se tornando tão desorganizadas que Wallace considerava o plano defensivo do inimigo confuso e a ordem de batalha iraquiana "incompreensível". O comandante estava inseguro, como disse mais tarde "sobre como lutar contra um inimigo que parece não ter um plano". O seu próprio plano parecia mudar a cada hora, incluindo a sua crença de longa data de que a 101ª e a 3ª Divisão de Infantaria trocariam de papel sutilmente enquanto o V Corpo se aproximava de Bagdá, com os soldados de infantaria de Petraeus assumindo o papel mais importante ao tomar o controle da capital com o apoio das tropas da 3ª DI. Por enquanto, o V Corpo ainda pretendia construir bases avançadas nos arredores da capital e gradualmente conquistar a cidade com ataques partindo dessas bases.

Petraeus chutou as pedras sob os seus pés e disse:

– Não podemos derrubar Samawah ou An Najaf ainda. – Podemos invadir pelo Desfiladeiro de Karbala, mas e daí? E, por falar nisso, não há nada entre nós e os Marines para o leste. Existe uma distância substancial por lá.

E prosseguiu: – Quando você consolidará o que tem? Por outro lado, isso tem sido um sucesso enorme. Essa é a vantagem. Mas as desvantagens para os estrategistas têm sido substanciais. Eles estão movimentando toneladas de materiais, mas é preciso organizar montanhas de suprimentos e movimentam-se essas montanhas por centenas de quilômetros para dentro do território inimigo passando por rotas muito inseguras.

Uma vez um historiador se referiu ao território entre uma vanguarda blindada e a retaguarda logística como "o nada", e, como Petraeus sabia, esse particular nada era geralmente muito vulnerável.

– Existem muitos efeitos de segunda, terceira e quarta ordens. Diga-me quando foi que você conseguiu organizar um suprimento de dez dias de combustível, água e munição – e a lista continua. Existe uma enorme dificuldade em saber quem tem o quê. No momento, tudo que podemos dizer é que há apenas um bando de homens por aí com caminhões por toda parte.

O forte ataque de helicópteros Apache da 101ª contra a 14ª Brigada Mecanizada da Medina aconteceria na noite de sexta-feira, se a poeira baixasse. Hoje, pela primeira vez desde que deixamos Fort Campbell, a 101ª Divisão Aerotransportada inteira estava "verde", pronta para a luta armada. Numa tentativa de impedir que unidades da Guarda Republicana no Norte do Iraque se reposicionassem na direção de Bagdá, mil soldados de uma unidade aerotransportada do Exército americano estacionada na Itália saltariam de pára-quedas no Norte, controlado pelos curdos, dentro de poucas horas; chamados pelo Exército de "pequenos grupos de pára-quedistas irritados", eles logo estariam espalhados ao longo de uma zona de nove quilômetros de distância. Um regimento de cavalaria blindada também estava a caminho do Kuwait para auxiliar na guarda das rotas de suprimentos.

– Mas, cada vez que se traz uma dessas forças, você acaba exacerbando o seu problema logístico – afirmou Petraeus. – E digamos que você ataque An Najaf. Você fica com 600 mil pessoas para quem precisa providenciar comida, água e assistência médica.

Perguntei a razão pela qual o Exército não poderia simplesmente isolar centros de resistência como Najaf e evitá-los. (Eu geralmente ignorava o artigo árabe *An*, enquanto o Exército persistia em preservá-lo.)

– Essa era a teoria, ou seja, que eles não nos receberiam bem, mas também não tentariam resistir – admitiu Petraeus. – Tem ocorrido uma resistência muito mais tenaz do que esperávamos. Precisaríamos de muitos soldados para isolar a área. Ainda existem centenas, se não milhares, de soldados inimigos em An Najaf.

– Se você não conseguir derrubar An Najaf, provavelmente não irá muito longe – ele completou. – Eu disse isso a Wallace. Trata-se de uma cidade sagrada xiita e é muito importante.

Wallace queria evitar Najaf como se tratasse de uma "praga", por conta de seu significado religioso, mas agora ele não tinha escolha. O comandante do V Corpo também era adepto do provérbio militar que dizia que "nada de bom acontece de uma só vez". Reconquistar a iniciativa era vital, mas ele insistia que várias condições deveriam ser cumpridas antes que o ataque ocorresse: cinco dias de suprimentos em estoque, a base logística no Rams segura e a força da Divisão Medina reduzida pela metade por ataques aéreos e de artilharia de longo alcance.

Enquanto a conversa se encerrava, Petraeus ergueu a mão esquerda.

– Mas que droga – protestou ele. – Perdi a minha aliança de casamento. Acho que escorregou do meu dedo de algum modo.

Vasculhamos o local por alguns minutos, procurando pelo assoalho da tenda e sobre a cama, sem nenhum sucesso. Petraeus deu de ombros e seguiu para o Posto de Comando de Assalto.

– OK – disse ele –, vejo você mais tarde.

Tentei entender os comentários de Petraeus, Freakley e de outros oficiais superiores. Será que o Exército estava recebendo conselhos de seus próprios medos? Eu achava que não. Pedir uma pausa da corrida desorganizada para Bagdá parecia uma atitude coerente, ainda mais quando os ataques aéreos continuariam em sua maioria sem sofrer reduções, mesmo se os céus encobertos tornassem difícil a tarefa de monitorar, com câmeras via satélite e aeronaves de reconhecimento, a situação dos iraquianos. Apenas na terça-feira, a Força Aérea lançara 14 aeronaves contra a 14ª Brigada Mecanizada iraquiana; a Força Aérea também estimava que em 24 horas havia destruído 32 blindados T-72 e 17 caminhões blindados de transporte de pessoal, em sua grande parte pertencentes à Divisão Medina. De qualquer maneira, Wallace já havia planejado a interrupção por vários dias, enquanto suas forças se agrupavam próximo a Bagdá. Petraeus estava preocupado e, como todos os outros, sentia os efeitos opressores das condições climáticas. Quando perguntei sobre o que Wallace queria naquela altura da guerra, Petraeus respondeu, parcialmente brincando:

– Uma campanha aérea de 35 dias – similar àquela realizada em 1991 antes da ofensiva terrestre começar.

Eu sabia que Petraeus conversara com Freakley e com os outros sobre se fazia sentido ou não recuar as frentes do Exército para consolidar e reforçar o ataque. Mesmo assim, ele considerava insuperável o preço político de tal ação. Descobri que ele não apenas enxergava os desafios táticos – a segurança das rotas de suprimentos, a derrota dos Fedayeen, a redução da Guarda Republicana –, mas também começava a perceber os obstáculos estratégicos em dominar e em seguida ocupar um país enorme onde uma porção significante de sua população estava disposta a se engajar numa guerrilha urbana.

– Fácil, fácil, chefe – respondia Petraeus sempre que recebia uma tarefa de seus superiores, mas não havia nada fácil nisso tudo. Como estive na Somália três vezes e duas outras na Bósnia, eu sabia como um combate urbano poderia se tornar complicado, com casas e prédios tornando o concreto equivalente a uma enorme selva muito densa.

Mesmo depois do pôr-de-sol, o vento continuava tão intenso que não consegui montar a antena de três painéis exigidas pelo telefone via satélite Nera. Em vez disso, digitei um memorando em meu laptop na tenda de Freakley. Às 21 horas, saí e sentei-me num saco de areia, segurando o computador e uma lanterna, com um saco preto de lixo sobre o meu corpo para bloquear a poeira. Gritando por causa do vento, ditei através de meu outro telefone via satélite que se recusava a funcionar dentro da tenda. O meu colega em Washington, Tom Ricks, repórter veterano do *Washington Post* no Pentágono, detectara um burburinho entre os principais generais e a nossa história conjunta na capa da edição de quinta-feira, sob o título *A Guerra Pode Durar Meses*, começava assim:

> Apesar do rápido avanço do Exército e das forças Marine pelo Iraque nesta semana que passou, vários oficiais superiores estão convencidos de que a guerra deve durar meses, além de exigir um poder de combate consideravelmente maior do que se tem em mãos no país de Saddam Hussein e no Kuwait, conforme oficiais superiores da defesa disseram ontem.

Depois de meia hora berrando ao telefone, voltei para a tenda. Dwyer estava sentado, digitando, com um respirador de papel sobre a boca e o nariz. A poeira fazia com que o seu cabelo e as sobrancelhas parecessem ter sido esculpidos em alabastro.

– Tenho 50 anos de idade e sou um autor modestamente bem-sucedido – disse-lhe. – Tenho uma esposa bonita, filhos adoráveis, uma casa confortável e um cachorro. E acabei de passar os últimos 30 minutos sentado no meio de uma tempestade de areia num lugar chamado Hell com um saco de lixo sobre a minha cabeça.

Dwyer deu uma risada e voltou a atenção para o seu teclado.

O artigo pareceu atingir um ponto sensível em Washington. O presidente Bush, indagado pelos repórteres sobre *sua* análise em relação à duração da guerra, disse irritado:

– Vai durar o tempo necessário para ser vencida.

O sempre solícito presidente da França, Jacques Chirac, observou:

– Os americanos subestimaram o patriotismo iraquiano. Eles estariam bem melhores se tivessem nos escutado.

Os céus finalmente se abriram na quinta-feira de manhã, dia 27 de março, encerrando uma tempestade que durara três dias. Eu esperava ver uma pomba branca voando sobre as nossas cabeças com um galhinho de oliveira. Os soldados saíram de suas tocas e o acampamento voltou à vida, enquanto limpavam a poeira de seus sacos de dormir, penduravam suas roupas lavadas e formavam filas para o barbeiro.

Às 11h45, voei com Petraeus e Fivecoat no Warlord 457 até os limites do Shell para um encontro com o coronel Ben Hodges. O comandante da 1ª Brigada acabara de chegar depois de uma longa marcha de Camp Pennsylvania e o encontramos próximo a uma estrada de terra batida com um mapa aberto sobre o capô de seu Humvee. O dia não poderia ser mais agradável; parecia que tínhamos acabado de emergir de um túnel longo e repugnante.

Petraeus fez um relato rápido do progresso da guerra para Hodges:

– O mapa não faz jus à quantidade de terreno urbanizado por aqui – disse ele. – Tem bandidos por toda parte. Este território é realmente muito inóspito. O que quero enfatizar é que estamos lidando com um inimigo muito complicado. Eles têm lutado muito aqui. Não vão parar até que sejam mortos. Se você vir alguém com uma arma, mate-o. Estão até mesmo usando bandeiras brancas para fingir que estão se rendendo.

Hodges chegou esperando que a sua brigada posteriormente se movesse para o noroeste de Bagdá para conquistar o Objective Bears, uma das três bases de ataque nos arredores da capital. Mas, disse Petraeus, "o plano mudou duas ou três vezes nas últimas 24 ou 36 horas com as novas análises do V Corpo". Além de proteger o Rams e a Rodovia 28, a rodovia vital norte-sul, conhecida como Rota Alternada de Suprimentos Boston, a 101ª seria, provavelmente, solicitada para dominar Najaf, com a 1ª Brigada – reforçada com o batalhão blindado – entrando pelo sul e a 2ª Brigada atacando com o assalto aéreo de helicóptero pelo norte.

Hodges balançou a cabeça, concordando. Seus olhos estavam calmos e em alerta.

– O desafio é a logística – Petraeus continuou. – Isso já está sendo feito, mas a questão é: será que temos de ir para o norte se formos desafiados agora? Creio que não. Estamos numa guerra longa aqui, como acho que você sabe. Quero evitar que os nossos homens sejam mortos em grande número. Essa é a questão. Espero que isso seja o último alento de um regime com a cabeça na forca, como andam dizendo por aí. Mas não tenho muita certeza disso.

Às 12h30, subimos no Blackhawk e partimos na direção norte, para que Petraeus e Hodges pudessem comparar imagens que tinham em mente, elaboradas a partir de mapas e fotografias de reconhecimento, com a realidade mesopotâmica. Três Kiowas seguiam como guarda-costas atrás de nós, em fila única, como um chicote. Logo abaixo de nós, surgiram campos verdes de trigo e cevada cercados por diques e canais, enquanto voávamos a 166km/h. Garças caminhavam delicadamente pelas gramas de um pântano. Depois de tantos dias de um marrom incessante, aquela cena pastoral parecia alucinatória. Uma mulher vestida de preto guiava um par de jumentos. Do lado de fora de um pequeno vilarejo de cerca de meia dúzia de casas de pau-a-pique, três camponeses olharam para cima, próximo a uma bomba-d'água, e ergueram os braços.

– Eles estão acenando – disse Hodges pelo intercom. – Isso é um bom sinal.

– Senhor – disse o piloto, Marc Daniels –, já estamos quase na cidade. Lá no morro, dá para ver.

A pouco mais de três quilômetros ao leste, no topo de uma elevação cercada de palmeiras, pude ver a problemática cidade de Najaf. Minaretes despontavam sobre a silhueta dos prédios de apartamentos e a luz do sol refletia contra o domo dourado do Túmulo de Ali, a sepultura sagrada do genro de Maomé que morrera no século VII. Trincheiras vazias da infantaria iraquiana se espalhavam irregularmente pelo deserto e os destroços queimados de armamentos antiaéreos se encontravam ao lado da estrada de asfalto da Rota Alternada de Suprimentos Boston como sentinelas. Blindados, veículos de combate Bradley, Humvees com mísseis TOW e canhões de artilharia podiam ser vistos aproximando-se da cidade pelo lado oeste. Os ícones do Blue Force Tracker no monitor de Dave Fivecoat mostravam que eles pertenciam à 3ª Divisão de Infantaria.

– Senhor, gostaria muito de não me aproximar da cidade – confessou Daniels.

– Eu também não – respondeu Petraeus.

Seguimos a Boston, cruzando pelo morro escarpado. Caminhões vazios do Exército seguiam na direção sul na longa viagem de volta para o Kuwait em busca de novas cargas. Próximo ao limite do avanço americano, no sudeste de Karbala, voltamos.

– Espere. Pare, pare – disse Petraeus, de repente. – Faça meia-volta. Parece que alguém está acenando para nós.

Alguém *estava* mesmo acenando. Cego por um redemoinho, o motorista de um caminhão pesado rebocando um *trailer* de combustível batera de frente com um Bradley. O Warlord 457 pousou no momento em que o motorista, bastante ferido, era colocado com cuidado sobre uma maca por paramédicos do 15º Regimento de Infantaria da 3ª Divisão. Havia sangue por toda parte na cabine destruída do caminhão, um lembrete de que zonas de guerra apresentam muito mais perigos além do fogo inimigo. Caminhei pelos destroços espalhados pelo acidente: uma caixa de munições destruída, uma lata de refrigerante, dois sapatos do traje de proteção contra ataques químicos, uma lata de ar comprimido. O cheiro forte de combustível JP-8 saturava o ar com o odor exato do infortúnio.

Enquanto Fivecoat voava no Blackhawk com o soldado ferido até uma estação de socorro, sentei-me sob o sol com Hodges e Petraeus em um pequeno morro a 90 metros da estrada.

– O quadro de referência de todos está mudando – disse Hodges. – O inimigo sempre consegue marcar um ponto. Você luta com o inimigo, e não com o plano. Eu, pessoalmente, subestimei a vontade de lutar dos Fedayeen e, talvez, tenha superestimado a vontade dos xiitas de conduzir um levante. Neste momento temos que ter como prioridade a segurança de nossas linhas. Temos que falar sobre como encontrar, combater e pôr um fim ao inimigo. É isso o que temos que fazer.

Petraeus interrompeu, como se lembrasse de algo que esquecera de mencionar:

– Se você vir uma caminhonete com uma metralhadora na carroceria, atire para matar. Não temos amiguinhos com caminhonetes e metralhadoras.

– Sem dúvida – disse Hodges.

– Se vir alguém com uma metralhadora – Petraeus repetiu –, queime ele.

Cinco minutos depois, uma caminhonete branca acelerava na direção sul, na Rota Alternada de Suprimentos Boston. Na carroceria, uma metralhadora calibre .50.

– Olhe *aquilo* – eu disse. Uma caminhonete capturada? Forças Especiais? Invasores inimigos? Nós três olhávamos fixamente enquanto o veículo desaparecia no monte. Petraeus fechou os olhos.

No vôo de volta para o Shell, Hodges disse pelo intercom:

– Você não acha estranho que eles lutem tanto por Najaf? Por que não esperaram até que chegássemos mais perto de Bagdá?

Petraeus olhou pela janela do helicóptero por um momento antes de responder:

– Não sei. Isso é uma boa pergunta. Eles teriam sido muito mais espertos se nos sugassem mais para dentro do país.

Poucos minutos depois de retornarmos para o Shell, Wallace chegou de helicóptero. Auxiliares prepararam uma mesa dobrável e cadeiras cinza atrás da tenda de Freakley, onde o comandante do V Corpo se sentou com Petraeus e com o comandante assistente de operações da divisão por quase uma hora. Fiquei de olho naquela pequena conferência, e, quando ela acabou, às 16h30, Dwyer e eu caminhamos ao encontro de Wallace.

– Podemos falar com você por um minuto? – perguntei.

Wallace sorriu e com muito bom humor nos deu atenção, preparando-se como um calouro de West Point prestes a levar um trote de seus companheiros de classes superiores. Como de costume, ele estava com seus óculos escuros e luvas de algodão da cavalaria. Seu sorriso desapareceu rapidamente quando lhe perguntei sobre a sua análise em relação ao progresso do V Corpo.

– Estou atônito com a falta de humanidade da coisa toda – disse ele. – Recebemos relatórios informando que partidários de Saddam distribuem armas e forçam pessoas a lutar, ameaçando suas famílias. Os ataques que estamos presenciando são bizarros: caminhonetes com metralhadoras pesadas e todo tipo de armamento atacando blindados e Bradleys. É perturbador pensar que alguém pode ser tão brutal. Também é perturbador imaginar que pessoas têm suportado isso por 25 anos. Acho que essas pessoas estão insensibilizadas.

Os comandantes americanos esperavam uma certa oposição dos Fedayeen, ele continuou, mas não esse fanatismo desenfreado.

– O inimigo contra o qual estamos lutando é diferente daquele com o qual brincamos de jogos de guerra, exatamente por causa desses paramilitares. Sabíamos que eles estavam aqui, mas não como eles lutariam.

Essa análise seria muito comentada, debatida e – em algumas ocasiões – denunciada nos dias que se seguiram. Mas, no momento em que disse essas palavras, Wallace pareceu sensato e até mesmo óbvio. Perguntamos a ele o que esperava dos Apaches a esta altura.

– Temos uma enorme quantidade de Apaches, mas precisamos reconsiderar as nossas táticas – respondeu ele. Vários dos helicópteros avariados do 11º Regimento tinham sido consertados ou retornariam muito em breve à luta, e a durabilidade do Apache sob fogo intenso reforçara a confiança dos pilotos.

– Uma enorme quantidade? – indagou Dwyer.

Wallace sorriu; entretanto, mais uma vez o sorriso se desvaneceu rapidamente.

– Estamos lidando com um país onde todo mundo tem uma arma e, quando todos atiram para o ar ao mesmo tempo, fica difícil.

– Isso significa que a guerra vai durar mais do que o previsto? – perguntei.

Ele ergueu a cabeça.

– Está começando a parecer que sim.

Durante a conversa, ele falou tão baixinho que Dwyer e eu nos inclinamos para perto dele, enquanto rabiscávamos em nossos cadernos. Mais tarde, fiquei sabendo que Wallace acreditava que tinha idéias sutilmente diferentes das de Petraeus, no que dizia respeito a como a guerra devia prosseguir desse ponto em diante. Petraeus achava que Najaf era crucial, um "centro de gravidade" na resistência do Iraque. Wallace considerava a cidade importante, mas secundária no que dizia respeito ao regime de Saddam em Bagdá. O V Corpo, Wallace avisou, "não se daria ao luxo de ser muito preciso e lento em lidar com algo considerado um problema menor do que Bagdá". Os generais concordavam que o domínio de Najaf certamente ocuparia a 101ª por semanas a fio; também concordavam que, se o Exército americano, como disse Wallace, "não conseguisse resolver o problema de Najaf, uma cidade de 500 mil habitantes no Sul do Iraque, então não seria capaz de resolver o problema de Bagdá, uma cidade de cinco milhões de habitantes".

Wallace perscrutou o enorme céu azul sem nuvens.

– Sabíamos que teríamos de parar em algum momento para estruturar o nosso poder de logística – ele disse a Dwyer e a mim. – Isso é mais ou menos o que esperávamos. Tenho que fazer a melhor avaliação militar. Neste momento, acho que, dadas as condições climáticas, as longas linhas de comunicação e o fato de termos de reavaliar a nossa logística, nós temos de fazer essa pausa. Ainda estamos combatendo o inimigo todas as noites. Estamos fazendo coisas para mantê-lo operando num ritmo maior.

– Você está recebendo muita pressão do general McKiernan para prosseguir com a missão? – perguntei.

Ele balançou a cabeça.

– Somos ambos produto da mesma instituição, que nos diz que aquele plano tão interessante que fizemos não sobreviverá quando cruzarmos a linha de partida.

Wallace caminhou de volta ao seu Blackhawk e decolou.

– O que ele disse a vocês? – Petraeus perguntou, pois, enquanto conversávamos com Wallace, ele conversava com outro repórter. Dwyer e eu lemos as nossas anotações.

– Bem – disse Petraeus –, isso é muito verdadeiro. – Dwyer e eu concordamos e fomos escrever nossas histórias.

Às 19 horas, durante a reunião de atualização de batalha, um oficial de comunicação das Forças Especiais reportou que quatro grupos do 5º Grupamento das Forças Especiais estavam identificando alvos e agrupando informações em Najaf, junto de operadores da "OAG". A "Outra Agência Governamental", ou OAG, era o jargão de campo para a CIA.

– Vimos uma picape branca na estrada com uma metralhadora na carroceria – disse Petraeus.

– Sim, senhor. A maioria dos nossos veículos é de picapes Tundra brancas.

Petraeus se virou, com as sobrancelhas erguidas.

– Não posso deixar de pensar no jovem soldado com a Mk-19, preocupado com os homens de An Najaf vindo em sua direção com caminhonetes equipadas com metralhadoras.

– Senhor – disse o oficial das Forças Especiais –, cerca de 80% dos nossos homens estão dirigindo picapes brancas, lixadas e pintadas como as iraquianas.

– Estou muito preocupado com isso. – disse Petraeus. – Temos que fazer algo em relação a isso.

Às 23 horas, Freakley entrou em sua tenda e encontrou Dwyer e eu digitando feito loucos. Eu tinha escrito um pequeno artigo sobre a nossa incursão de helicóptero sobre a Mesopotâmia e agora tinha quase terminado outro sobre os comentários de Wallace. Freakley removeu o capacete, o colete à prova de balas e a camisa do uniforme, antes de usar um condutor elétrico para aquecer um copo d'água, o qual foi despejado em uma bacia de aço.

– É sempre melhor fazer a barba à noite no deserto – ele nos disse. – Sabe por quê? Porque a oleosidade na sua pele podem ser repostos durante o sono. A sua pele não resseca com tanta rapidez. – Ele cobriu de espuma o rosto e passou a lâmina.

– Você já percebeu que as suas cutículas estão ressecadas? – perguntou ele.

Eu *tinha* mesmo notado. Na verdade era até doloroso enfiar a mão no bolso.

– Isso é um sinal de desidratação – disse ele. – Você precisa beber mais água.

Percebi que ele tinha mais coisas em mente do que truques de acampamento.

– Como foi a reunião com o Wallace? – perguntei.

Ele deu de ombros, retirou as botas e entrou em seu saco de dormir. A 101º emprestaria a sua bateria de seis canhões de 155mm para a 3ª Divisão de Infantaria. Originalmente, a divisão apenas forneceria munição extra, mas Freakley disse que aconselhara Petraeus a dar as próprias armas para a 3ª Divisão, pois quase não estavam sendo usadas pela 101ª.

– O que uma estrutura de comando inteligente faz é ajustar o plano no nível tático. No nível operacional e estratégico, você ajusta o plano. A estratégia original era "Chegar a Bagdá o mais rápido possível, mudar o regime, trazer ajuda humanitária e declarar vitória".

– Agora – continuou Freakley – vai levar muito mais tempo. Na Guerra de Secessão, a estratégia para o Norte, a princípio, era "Marchar até Richmond". Isso evoluiu para "Acabar com o exército inimigo".

Eu disse que torcia para que os ajustes do plano de guerra não levassem quatro anos, como no caso da Guerra de Secessão.

Freakley falou rapidamente sobre os grandes feitos da 3ª Divisão de Infantaria – essa brigada atacando aqui, aquela brigada atacando ali –, mas dois terços da divisão estavam agora amarrados na contenção de Najaf e Samawah. A 101ª até agora tem estado relativamente quieta. Para um oficial tão agressivo quanto Ben Freakley, esse papel coadjuvante era atormentador. Para Petraeus, ele sugerira:

– Senhor, talvez seja melhor se a divisão participasse mais dos combates.

Para Ben Hodges, ele aconselhara:

– A melhor maneira de se proteger é atacar. – Havia informações do serviço de inteligência dizendo que os Fedayeen em Najaf poderiam escapar para o norte, numa tentativa de fugir do cerco americano. Seria uma vergonha se eles fugissem, disse Freakley.

– Gostaria que pudéssemos oferecer algo mais ao general Wallace – ele completou. – Sinto como se o V Corpo estivesse dando socos com apenas um punho.

Ele se virou para o outro lado e caiu em sono profundo.

10

DE ALEXANDRIA PARA ZOE

Às 9h30 da manhã de sexta-feira, dia 28 de março, interceptei Petraeus no lado de fora do Posto de Comando de Assalto, quando ele retornava da Sala com Vista. Depois de um atraso de quatro dias, 40 Apaches da divisão estavam escalados para atacar a Divisão Medina, perto de Karbala, naquela noite, numa operação denominada ALCANCE DO DESTINO, e eu estava curioso para conhecer o ânimo dele.

– Estou um pouco preocupado com a campanha de aumentar as expectativas – disse ele. – Se fizermos tudo no tempo certo, as coisas sairão bem. A minha preocupação é que estamos tentando apressar os fatos. O nosso calcanhar-de-aquiles é o transporte. Não podemos transportar soldados desmontados neste momento.

Pensei sobre o lema de uma companhia de transportes que vira: "Podemos não ser os melhores, mas sem nós os melhores andariam a pé." Caminhões e outros veículos de apoio do V Corpo ainda estavam chegando lentamente ao Kuwait e, provavelmente, não alcançariam a divisão em números substanciais por mais duas semanas.

– Quando chegaremos a ponto de poder transportar os soldados e os suprimentos com facilidade? – perguntou Petraeus. – Pode-se fazer isso com helicópteros, mas até mesmo com bom tempo devem se minimizar aterrissagens nesta poeira toda.

O ronco forte de helicópteros o interrompeu. Uma frota de Blackhawks voou sobre nós, trazendo mais um batalhão de infantaria do Kuwait. Petraeus esticou o pescoço e estendeu o braço direito com o polegar levantado. Protegendo os olhos do sol que brilhava com toda a força, podíamos ver os soldados nas baias: em cada helicóptero, havia 16 soldados carregados até o pescoço de equipamentos, tão apertados que depois de desembarcar daquele longo vôo, andariam a passos curtos até que a circulação voltasse ao normal em suas pernas.

– Os iraquianos estão jogando caminhonetes de encontro a blindados – Petraeus continuou. – Se as pessoas estão dispostas a se matar na luta contra você, isso implica certo grau de compromisso.

Perguntei por quanto tempo a campanha deveria durar. Sem hesitar, ele disse que poderia levar semanas para dominar Najaf e meses para dominar o Iraque por completo.

– É mesmo? – indaguei. – Você acha que ainda vai estar nisso durante o verão?

– Verão! – Ele deu um largo sorriso. – Seríamos sortudos de ficar aqui apenas até o verão.

O ataque desta noite seria a primeira chance para os novos Apaches Longbow serem usados em combate. Depois do fiasco do 11º Regimento cinco noites atrás, vários pilotos acreditavam que os Apaches tinham algo a provar, mesmo com Wallace e Petraeus debatendo se permitiriam ou não mais ataques de helicópteros. No militarismo moderno, cada campanha, cada combate armado tinham implicações políticas e econômicas. Alguns oficiais chegavam até a acreditar que o futuro dos ataques de helicópteros pelo Exército americano estava em jogo no Iraque. O fracasso, ou até mesmo a percepção de fracasso, poderia fortalecer os defensores de aviões convencionais que questionavam se os bilhões gastos em helicópteros não teriam sido mais bem utilizados se tivessem sido empregados em sistemas menos vulneráveis. A briga por dinheiro nunca terminava em Washington – a rivalidade entre as Forças Armadas e milhares de lobistas garantia a perpetuação dos conflitos na Colina do Capitólio – e campo de batalha algum era longe demais para se sentir as conseqüências econômicas desses conflitos.

– Os rapazes querem muito seguir com isso esta noite; eles querem seguir em frente. Você precisa considerar isso. Não dá para deixá-los esperando para sempre – observou Petraeus. – Mas temos que analisar as evidências. Não podemos ter uma repetição do domingo à noite. O dilema é o seguinte: tudo bem, e se entrarmos e voltarmos sob fogo cerrado? O que isso nos diz? Ou, e se formos até lá e não matarmos ninguém e ainda assim levarmos chumbo?

E havia o perigo de decolar e aterrissar na poeira durante a noite, o que um aviador me disse ser o mesmo que "um piloto da Marinha tentando aterrissar em um porta-aviões no meio de um mar turbulento à meia-noite".

– O Apache é um ótimo sistema – disse Petraeus, com mais um de seus sorrisos sarcásticos – quando você não está no deserto.

Uma hora mais tarde, Petraeus entrou na tenda de planejamento para revisar as informações sobre o ALCANCE DO DESTINO com Gass, Freakley e outros oficiais. Havia capacetes empilhados em forma de pirâmide num armário e um ar-condicionado ligava e desligava de tempos em tempos com um ronco grave. Petraeus sentou-se numa cadeira dobrável cinza, vestido com uma camisa preta de manga longa com uma insígnia de duas estrelas.

– As coisas mudaram – disse ele. – A idéia de que eles vão capitular e de que as defesas aéreas em torno de Karbala são relativamente fracas está desatualizada.

Numa tela na frente da sala, um slide piscava: "14ª Brigada Mecanizada/Divisão Blindada Medina da Guarda Republicana. Informação Atualizada. 280800Z Março." O plano de ataque exigia que o 2º Batalhão da 101ª Brigada de Aviação voasse para ao norte do Shell na direção de Karbala, chamando a atenção e distraindo os defensores iraquianos antes de recuar para permitir que os aviões de apoio aéreo aproximado atacassem. O 1º Batalhão da Brigada desviaria para o noroeste por 96km, cruzando o lago enorme e raso chamado Razzaza, antes de sair pelo norte, sobre Karbala, para atacar a 14ª Brigada da Medina pela retaguarda, enquanto as atenções iraquianas eram desviadas para o sul pelo 2º Batalhão. A missão fora idealizada para destruir defensores bloqueando o Desfiladeiro de Karbala, o estreito pescoço entre a cidade e o lago. Com cerca de 1.600 metros de largura, o desfiladeiro era um caminho conveniente e óbvio para Bagdá, que em grande parte evitava os rios e canais de irrigação que cobriam os outros caminhos; se a 3ª Divisão de Infantaria pudesse cortar caminho por lá, seria muito difícil parar os americanos a caminho de Bagdá.

Meia dúzia de informantes, cada um deles usando uma caneta verde ou vermelha a laser, aguardava em fila para dizer a Petraeus o que sabia sobre o inimigo: a brigada iraquiana consistia num batalhão blindado e em três batalhões mecanizados, que eram equipados com transportadores de pessoal blindados. A Divisão Medina, nesse momento, estava avaliada em 76% de sua força total, embora, depois de mais de uma semana de ataques aéreos constantes, o batalhão de blindados da 14ª Brigada estava avaliado em 14%, com apenas cinco blindados T-72 remanescentes. Um grande números de canhões de artilharia também fora destruído. O quartel-general da brigada fora identificado a 32km a nordeste de Karbala, na cidade de Musayyib, onde um pelotão blindado e duas companhias mecanizadas guardavam a ponte da rodovia sobre o Eufrates.

Um mapa em PowerPoint mostrando defesas aéreas iraquianas cobriu a tela. O raio letal de várias armas e mísseis apareciam como círculos vermelhos irregulares, enquanto linhas azuis ilustravam as conexões de comunicação com observadores visuais iraquianos equipados com telefones. Mísseis Roland foram detectados ontem em Najaf. Um radar Low Blow, geralmente conectado a mísseis SA-3, estava em operação a oeste de Karbala, e um radar Spoon Rest aparecera ao norte da cidade na manhã de hoje. Pelo menos nove posições com canhões S-60 podiam ser contabilizadas em torno da 14ª Brigada, cada uma com um alcance de vários quilômetros. Os pilotos foram aconselhados a voar abaixo dos 15 metros para escapar da detecção pelos radares.

– O inimigo – D. J. Reyes disse a Petraeus – sabe que o nosso maior esforço consiste em avançar na direção do Desfiladeiro de Karbala.

Um outro slide, denominado "Ênfase de Coleção D+9", listava os sistemas de inteligência funcionando atualmente sobre aquela área do Iraque: JSTARS, aeronaves de controle remoto Hunter e Predator, Global Hawk, aviões RC-135, EP-3Z Aries II. A divisão receberia sinais de inteligência em tempo real, inteligência eletrônica e indicadores de alvo em movimento vindos de aeronaves JSTARS monitorando veículos iraquianos.

A reunião chegou ao fim. Ao sairmos da tenda, Petraeus me disse que estava satisfeito, embora estivesse envergonhado pelo fato de tão poucos alvos blindados terem sido identificados. Aviões da Força Aérea, Marinha e Marines aparentemente destroçaram a brigada e, durante a tempestade de areia, os sobreviventes se reposicionaram em pequenos bosques de palmeiras e em bairros de Karbala. Os ganhos eram poucos, mas ele estava decidido a lançar o ataque.

– Precisamos descobrir se poderemos ou não fazer isso – disse ele.

Fiquei surpreso ao saber, por meio de um telefonema via satélite de Washington, que os comentários de Wallace no dia anterior geraram uma enorme confusão. Tanto o Pentágono quanto os oficiais do Comando Central no Catar reagiram de maneira defensiva ou, em alguns casos, de forma beligerante às sugestões de que a guerra não estava se desenrolando precisamente como fora prevista.

– Vou lhes fazer uma declaração definitiva – o general Richard B. Myers, presidente do Estado-Maior Conjunto, disse aos repórteres. – Eu acho que o plano é brilhante. – O presidente Bush foi descrito pela Casa Branca como "irritado". Wallace, mistificado pela comoção, disse a mim mais tarde que fora avisado por McKiernan.

– Scott, sobre o artigo. Ele causou uma enorme preocupação nos altos escalões do governo – o comandante do CCFTC lhe disse numa chamada abrupta via rádio. – Você precisa ficar longe da imprensa por um tempo.

Para aqueles de nós em campanha, o comandante do V Corpo parecia estar articulando o óbvio. Ele deu voz, publicamente, ao que vários oficiais diziam em conversas privadas sobre as complicações das péssimas condições climáticas, linhas de suprimento vulneráveis e tenazes paramilitares iraquianos. O seu plano original de guerra, dentre outras coisas, consistia em se desviar das cidades do Sul durante a invasão em Bagdá, presumindo que os Fedayeen e outros grupos irregulares permaneceriam na defensiva. Além disso, o Exército no Iraque não tinha à sua disposição as legiões de infantaria que os estrategistas acreditavam ser necessárias para longas operações urbanas.

– Fique longe das cidades – Wallace insistia repetidas vezes. Até que os militares iraquianos fossem derrotados e a capital dominada, Wallace não pretendia entrar nas cidades, como parte de uma tentativa de estabilizar o país; o comandante do V Corpo tem sido peremptoriamente contra entrar no que ele próprio chamava, em seu jargão particular, de "uma maldita luta urbana gigantesca".

Agora isso mudou. Podia-se argumentar que um plano baseado na passividade do inimigo era falho. Mas, a esta altura, Wallace não podia arriscar deixar andarilhos iraquianos na sua cola, atirando em caminhões de combustível e de munições e capturando outras Jessica Lynch. Os estrategistas do V Corpo esperavam ter 35 mil prisioneiros iraquianos no Sul do Iraque, mas o número de iraquianos capturados ficara aquém dessa estimativa. Além disso, Fedayeens teimosos evitavam que unidades do exército iraquiano capitulassem, como esperavam os comandantes americanos. Se as cidades providenciavam abrigo para os soldados iraquianos, como era o caso de Najaf e Nasariyah, então essas cidades deviam ser dominadas e ocupadas. Limpar um quarto, um prédio, um quarteirão ou uma cidade exigia tanto força quanto determinação. Todo oficial treinado em operações militares em terrenos urbanos sabia que existiam questões psicológicas e táticas muito difíceis de lidar. O sítio durante a guerra, se necessário, podia ser eticamente conturbado.

– Não vamos lançar gado doente de catapultas para dentro da cidade ou algo parecido – o major Bill Abb, um dos principais estrategistas de Petraeus, me disse na sexta à tarde, enquanto estudava um mapa de Najaf. – Mas existe uma questão sobre o que se *pode* fazer e o que se *deve* fazer. Talvez sejamos capazes de cortar o suprimento de energia para uma cidade, mas você quer ver imagens da CNN mostrando o bebê que morreu porque a eletricidade na incubadora foi desligada?

Muita coisa deu certo na semana que passou, incluindo coisas invisíveis do chão, no Shell ou no Rams. Milhares de tropas das Forças Especiais, operando em segredo no Oeste e no Norte do Iraque e na cidade de Ar Ar, no Noroeste da Arábia Saudita, passaram com tudo sobre postos avançados iraquianos. Dez mil ataques aéreos atingiram alvos iraquianos por toda parte. As mortes de soldados americanos continuavam mínimas, e as de civis iraquianos pareciam poucas. A 3ª Divisão de Infantaria estava bem próxima de Karbala. Nenhuma arma química ou biológica fora usada, ou, por falar nisso, encontrada. (Hoje, na verdade, dez caminhões-tanque iraquianos suspeitos de transportar o agente sufocante fosgênio foram destruídos pela Força Aérea ao norte de Najaf; nem fosgênio ou qualquer outra substância tóxica foram encontrados nos destroços.) Campos petrolíferos iraquianos foram preservados. Nenhum míssil Scud foi disparado contra Israel em tentativas de espalhar a guerra, como aconteceu em 1991.

Mas o imperativo político de lançar uma campanha breve e decisiva entrava – cada vez mais – em conflito com a necessidade militar de apelar para um atrito bélico mais longo, mais violento e mais dispendioso. Nenhuma das pessoas de Washington responsáveis por conduzir a nação num ataque preventivo com uma pequena força militar praticamente desprovida de aliados queria acreditar que o conflito se estenderia por meses, talvez prendendo a maioria das dez divisões do Exército e sangrando o dinheiro da nação e o seu efetivo de soldados.

Ao falar sobre os seus desafios no campo de batalha, pelo menos para mim ficou claro, Wallace falava a verdade para o poder. Quando mencionei para um oficial no Shell que o secretário Rumsfeld parecia irritado ao responder aos repórteres sobre os comentários de Wallace, esse mesmo oficial foi curto e grosso:

– Deixe o Rumsfeld vir aqui e tentar fazer um trabalho melhor em comandar o V Corpo.

Pouco depois das 16 horas, Petraeus encontrou-se mais uma vez com Freakley e Gass na tenda de planejamento para a requisitada "checagem de condições" que determinaria a ocorrência do ataque Apache. Um meteorologista iniciou a reunião dizendo que a lua não subiria antes das 4h30, horas depois de todos os helicópteros já terem voltado. Esperava-se que os ventos de 24km/h parassem de soprar ao pôr-do-sol.

– Senhor, as condições climáticas não poderiam ser melhores. Não haverá sequer uma nuvem no céu. A visibilidade deve ultrapassar os 6,5km.

D. J. Reyes levantou-se para falar sobre preocupações em relação a emboscadas aéreas com mísseis lançados do solo, a nordeste de Karbala. Baterias de mísseis e outros alvos estratégicos seriam atacados com 18 disparos de longo alcance pelo Sistema de Mísseis Táticos do Exército. Cada míssil espalharia centenas de bombas agregadas letais. A supressão de defesa aérea inimiga cessaria fogo a menos de quatro minutos antes dos ataques dos Apaches, comparado às mais de duas horas para o 11º Regimento no domingo à noite. Para tornarem-se alvos mais difíceis, os pilotos pretendiam variar constantemente sua velocidade e altitude.

– Quais são os obstáculos no caminho? Algum fio de alta tensão? – perguntou Freakley.

– Sim, senhor – respondeu Gass. – Existem fios de alta tensão sim.

– Algum observador ao longo ou acima desses fios? Um dos problemas com o 11º Regimento de Helicópteros de Ataque foi que eles se sentiam expostos quando aumentavam a altitude para desviar desses fios – disse Freakley. – O que você acha dessas rotas, comparando com aquelas utilizadas pelo 11° RHA?

– Estou muito mais satisfeito com as nossas – admitiu Gass.

Petraeus analisou um checklist e pediu recomendações a cada oficial.

– Inteligência vai – informou Reyes.

– Apoio bélico vai.

– Defesa aérea vai.

– Comando e controle também.

Petraeus ficou de pé para encarar o estado-maior. Ligaria para Wallace dentro de instantes para obter a aprovação final.

– A minha recomendação para ele, a esta altura, é de que podemos ir em frente. Só para vocês saberem, aqui está o que penso. Número um, as equipes prepararam isso muito bem. Dois, precisamos realizar uma missão. Se você enconstar o dedo do pé na água e ela estiver quente demais, recolha o dedo rapidamente. Sinto que precisamos fazer algo, não apenas pelo ato de fazer, mas para molharmos o pé sem mergulhar de corpo inteiro. Tudo bem, então isso é tudo. Muito obrigado. Assalto aéreo!

Petraeus, Freakley e o estado-maior de batalha já estavam em seus assentos quando entrei no Posto de Comando de Assalto às 20 horas. Nove mapas cobriam as paredes. A energia naquela sala me lembrava um ringue de boxe antes de uma luta importante. Sentei-me no único lugar disponível – no chão, ao lado de um mapa – e li um "checklist de execução" de duas páginas. Nomes femininos em ordem alfabética, começando com Alexandra, Bonnie e Carol, forneciam palavras-código para eventos significativos que poderiam ser transmitidos via rádio sem passar informações importantes para espiões iraquianos. "Carrie", por exemplo, significava a autorização formal do ataque por Wallace, às 16h42.

– Eu lhe garanto que tem adrenalina jorrando em algumas cabines nesse momento – disse o subtenente Brendan Kelly, o oficial de operações táticas da brigada Apache, sentado ao meu lado. O protetor de tela no laptop de Kelly era de uma linda casa de tijolos com um sistema de irrigação molhando o belo gramado. Do outro lado do corredor, um oficial monitorando as defesas aéreas iraquianas serviu-se de uma caneca de café e depois tomou um gole de Red Bull.

– O EA-6 está em sintonia agora – alguém anunciou, referindo-se a um avião tático de interferência da Marinha.

– Atenção no Centro de Operações Táticas – gritou Petraeus. – Vocês podem ver um grande número de aeronaves no ar. – Ele acendeu a sua caneta a laser e apontou-a para uma tela de radar. Os pontos verdes representavam aeronaves bombardeando alvos iraquianos ao redor de Karbala, incluindo F-14 Tomcats de um porta-aviões e aeronaves da Força Aérea Britânica, atacando armas antiaéreas S-60. Um outro monitor mostrava imagens fantasmagóricas de terraços vazios próximo a Karbala, transmitidas por uma câmera de televisão instalada num avião não tripulado.

Às 20h30, "Glenda" sinalizava a decolagem de oito helicópteros da Companhia B do 1º Batalhão, a caminho do lago e dos arredores ao norte de Karbala. Outros partiram do Shell numa rápida sucessão: Gretchen, Hannah, Heather, Heidi. Eu sabia que, em algum lugar lá fora, Greg Gass – Destiny Six – tentava orquestrar o ataque, apesar dos rádios muitas vezes inoperantes num helicóptero de comando e controle atrás da primeira companhia.

Às 20h43, uma voz anunciou:

– Apache derrubado ao sul do Shell. Causa desconhecida. – Alarme e xingamentos soaram pela tenda. O helicóptero caíra durante a decolagem. – Que merda! – balbuciou Doug Gabram, que coordenava o ataque no Posto de Comando de Assalto.

Helen. Hope. India.

– Julie, com seis aeronaves. – Outra companhia decolou.

– Vamos lá, rapazes – dizia o subtenente Kelly –, combatam. – O oficial do outro lado do corredor bebia o seu Red Bull.

Lucy, Maddie, Marjorie, Millie.

Pouco antes da 21 horas, D. J. Reyes passou a informação avisando sobre a presença de aeronaves inimigas próximo a Karbala, o que parecia improvável, e de ataques iminentes do Partido Baath contra todas as forças e instalações americanas no Iraque, o que parecia ainda mais improvável. Petraeus, que estivera pensativo por causa da queda do Apache, deixou de lado tais informações, julgando-as "um pouco prematuras".

Molly, Nancy, Noel, Norah. As chamadas via rádio se enfraqueciam à medida que os Apaches se aproximavam mais do Norte, mas o Blue Force Tracker mostrava o progresso dos helicópteros como pontos azuis brilhantes num monitor. Três ícones, representando três companhias do

1º Batalhão, cruzavam o lago Razzaza antes de deslisar sobre as salinas ao norte de Karbala. Às 21h20, observávamos enquanto a companhia à frente começava a sua corrida de ataque para o sudeste, seguindo um canal até o coração das áreas suspeitas de conter posições da 14ª Brigada Mecanizada.

– Há bastante apoio aéreo aproximado naquela área agora – falou Petraeus, circulando as trilhas do radar com a sua caneta a laser. – Droga! Olha isso.

Um bombardeio de mísseis táticos destruiu alvos iraquianos a quatro minutos à frente dos primeiros helicópteros, perto o suficiente para os pilotos verem as detonações e a fumaça subindo de veículos explodidos.

– Ei – disse um piloto do 2º Batalhão pelo rádio –, vejo pessoas sobre os terraços acenando para nós. – Um outro respondeu: – Cara, eles não estão acenando.

As luzes de Karbala piscaram momentaneamente, mas desta vez o ataque terrestre iraquiano se provou ineficaz. A maioria do fogo iraquiano parecia estar concentrada no Sul, onde o 2º Batalhão se desviou do alcance de ataque inimigo, disparando a 6,5km de distância nos alvos ao longo da Rodovia 9.

Patty, Rita, Sally, Samantha.

Pouco antes das 21h30, alguém reportou no Shell outra queda de um helicóptero Apache. Foi dito que o helicóptero virou durante o pouso na areia. Um oficial do estado-maior no Posto de Comando de Assalto abriu uma lista de tripulantes armazenada em seu laptop e, em seguida, procurou pelos nomes e codinomes dos dois pilotos. Os ícones azuis no monitor foram rapidamente transfigurados em filhos, com mães e pais a esperá-los. Petraeus contraiu os lábios. Ele tinha uma expressão sombria no rosto e, mais tarde, me disse que pela primeira vez sentiu a sua pressão sangüínea subir pelos ares.

Às 21h36, uma mensagem desvairada avisava que soldados da 3ª Divisão de Infantaria estavam sendo atacados por Apaches.

– Não estamos atingindo nenhuma tropa amiga, estamos? – perguntou Rick Gibbs em um tom alto e irritado. – Alô? Alô? – Mais tarde, a informação foi confirmada como falsa.

Pouco antes das 22 horas, o 2º Batalhão começou a retornar na direção do Shell. Como planejado, o batalhão havia desviado a atenção dos iraquianos para o Sul. Trilhas de radar mostravam aviões de guerra americanos e britânicos ainda atingindo defensores que se revelavam ao atirar nos helicópteros. Ao norte de Karbala, o 1º Batalhão seguia com o ataque pelo canal antes de virar para o oeste e escapar sobre o lago. O Posto de Comando de Assalto foi se acalmando, até ficar completamente em silêncio.

Sandy, Shelly, Suzie, Uma.

– Gostaria de saber o que está acontecendo por lá – disse Kelly. – É tudo ou nada num ataque poderoso como esse. É muito bom saber que eles não estão sendo atingidos e que o inimigo desviou para o sul, como esperávamos.

Ele estudou o mapa eletrônico na frente da tenda.

– Tivemos o benefício de obter informações através do 11º Regimento de Helicópteros de Ataque. No final das contas, foram eles os *bois de piranha* de quem tiramos todas coordenadas. O Apache não foi feito para entrar em ambiente urbano. Foi feito para lutar em terreno aberto ou talvez numa área de florestas. Tem de haver uma forma melhor de combate em cidades. Talvez seja com veículos aéreos não tripulados e infantaria. Mas Saddam estudou a Somália e os Bálcãs, e não colocará as suas forças blindadas no deserto mais uma vez, como fez em 1991.

Logo ficamos sabendo através de relatos que chegavam que, acima de Karbala, o 1º Batalhão encontrara poucos vestígios da 14ª Brigada, apesar dos 30 minutos de busca. Como se suspeitava, forças iraquianas sobreviventes de uma semana de ataques da Força Aérea se reposicionaram durante a tempestade; pelo menos a 101ª poderia dizer à 3ª Divisão de Infantaria que a resistência no Desfiladeiro de Karbala tinha grande chance de ser fraca. A contabilização das perdas iraquianas causadas pelos dois batalhões Apache e por suas equipes de apoio incluía uma dúzia de veículos blindados, 11 sistemas de defesa antiaérea, três canhões de artilharia e 20 caminhões; a contabilização oficial do Exército era de dez veículos blindados, cinco caminhonetes, uma instalação de fibra ótica e 20 guerreiros iraquianos. Quaisquer que fossem os números reais, a destruição não chegou nem perto das centenas de veículos de combate e caminhões blindados que queimavam com tanta fúria na imaginação de tantos pilotos de Apache.

Os dois helicópteros acidentados foram tidos como perdas totais, a um custo de 20 milhões de dólares cada. Ambos foram ao chão por causa da poeira, e não pelo fogo inimigo. Pesando mais de nove toneladas, um

Longbow armado até os dentes e com o tanque cheio de combustível era realmente o monstro que requeria todos os cuidados necessários, como descrevera Gass, particularmente durante as decolagens e aterrissagens. Na agonia fatal de sua queda, um dos Apaches atingiu um Blackhawk no chão. As perdas humanas se provaram mínimas: uma perna quebrada foi o pior dos casos.

Petraeus pôs um toque positivo no ALCANCE DO DESTINO. A sua divisão fora ferida, mas estava pronta para lutar até o fim.

– A missão foi muito boa, na verdade, usando uma boa coordenação entre os Apaches e bombardeiros americanos e britânicos – ele disse a Dwyer e a mim, próximo à mesa principal. – Estou muito satisfeito sobre a forma como todas as nossas armas foram colocadas em bom uso, no conjunto. Isso marca as condições definitivas para finalizar a ofensiva terrestre.

A última companhia Apache reportou a saída da área alvo às 22h39. A adrenalina começou a se dissipar do Posto de Comando de Assalto. A tenda parecia se esvaziar lentamente e os oficiais do estado-maior começaram a sair, em busca de algum descanso.

Wendy, Yolanda, Zandra, Zoe.

11

UM EXÉRCITO DE OSSOS

Najaf era a pérola negra do mundo muçulmano xiita. Aqui estava enterrado Ali ibn Abi Talib, genro do profeta Maomé, morto a facadas enquanto rezava numa mesquita nas proximidades, no ano 661; espiamos a cúpula dourada do seu santuário durante a nossa excursão de helicóptero na quinta-feira. Por 13 séculos, os ossos sagrados de Ali deram a Najaf o respeito e a admiração dignos de poucas cidades árabes. Muçulmanos incapazes de realizar a longa peregrinação até Meca geralmente viajavam até Najaf como um sinal de sua fé, enquanto enterros no interior da vasta necrópole em torno do túmulo de Ali eram tão cobiçados que o suposto tráfico de cadáveres se tornou um negócio em expansão na Mesopotâmia central, da mesma forma que a pele de castor, ao longo de muitos anos, dominou o comércio no rio Missouri. Acreditava-se que a proximidade de Ali atenuava os problemas do além-túmulo e diminuía a distância entre a morte e a ressurreição. Um imame calculou que, em termos de eficácia religiosa, um enterro no uádi al-Salam de Najaf por um único dia valia mais do que 700 anos de orações. Por volta do início do século XX, 20 mil corpos por ano eram enviados a Najaf, vindos do Irã e de outras praças-fortes xiitas. A confecção de mantos e a construção de túmulos cresceram de maneira espantosa. Como um portal para o vasto deserto que se abria até a área denominada Quarteirão Vazio da Arábia Saudita, Najaf também se tornou um centro mercantil para o negócio de peles de camelos e lã, atraindo beduínos da Arábia Saudita e da Síria, que em seguida se convertiam de sunitas para muçulmanos xiitas. Najaf incorporava o espírito xiita de tal maneira que era descrita como "um mundo dentro de uma cidade", atraindo estudiosos xiitas como Roma atrai teólogos católicos. Nada menos que 19 escolas religiosas foram estabelecidas no início do século XX, e revolucionário iraniano, o aiatolá Khomeini, desfrutou de um exílio contemplativo, se não estratégico, nessa cidade por 16 anos.

Verdade seja dita, Najaf quase sempre passava por momentos difíceis. As secas tornaram-se tão severas no final do século XVI que apenas 30 casas permaneceram habitadas na cidade. Essa condição se modificou depois de 1803, com a construção do Canal de Hindiyya, que desviou uma quantidade suficiente de água do rio Eufrates para saciar peregrinos e grupos semelhantes. Novas regras de higiene na década de 1920 frearam o negócio de cemitérios mais uma vez e metade da população de Najaf ficou desempregada em 1938. Na década de 1980, Najah sofreu outro duro golpe quando peregrinos iranianos foram impedidos de entrar durante a guerra Irã-Iraque.

Alguns anos mais tarde, a cidade foi contra Saddam Hussein durante a malfadada revolta xiita logo depois da Guerra do Golfo Pérsico. Os insurrectos cantavam: "Não há outro deus senão Deus, e Saddam é Seu inimigo." Funcionários do Partido Baath foram caçados, executados, e rebeldes destruíram até mesmo semáforos, símbolos da autocracia de Saddam. Tropas anti-revolucionárias responderam com veículos blindados e o canto "Nada de xiitas de hoje em diante". Milhares morreram, e a maioria dos oito mil estudantes de teologia fugiram para o Irã. Os buracos de projéteis nas mesquitas foram tapados desde então e as estruturas destruídas pela artilharia, reconstruídas. Mais de uma década depois, Najaf era uma cidade pacífica, para não dizer obediente, de 560 mil habitantes. Dizia-se que havia apenas três imagens penduradas nas paredes do santuário de Ali: uma imagem do próprio templo, a árvore genealógica da família de Saddam Hussein e um retrato deste em oração.

A 101ª Divisão Aerotransportada se preparava para invadir esse local sagrado com todo o poder de fogo que o Exército americano podia exibir. Najaf, no último fim de semana de março, parecia ter se tornado o eixo vital de toda a campanha. Centro da resistência mais fanática, ela era cortada por uma rota estratégica rumo ao norte – a Rodovia 9 – e ficava quase ao alcance de artilharia da Rota Alternada de Suprimentos Boston, a oeste, a qual o Exército escolhera numa tentativa deliberada de evitar a cidade. Apesar de combates ferrenhos durante toda a semana, Najaf permanecia insubmissa. Alguns analistas de inteligência do V Corpo estavam preocupados, pois o controle americano do lugar daria um sinal irrefutável a Saddam Hussein sobre a intenção do Exército americano de ocupar Bagdá, talvez desencadeando o ataque químico e outras medidas desesperadas.

A 3ª Divisão de Infantaria lutara nos arredores de Najaf por cinco dias sem jamais ter entrado em seus bairros. Incapaz de desviar da cidade como planejado, por causa dos Fedayeen, tropas da 3ª Divisão de Infantaria isolaram Najaf desde o dia 25 de março ao capturar pontes sobre o Eufrates ao norte e ao sul. Defendendo-se de ataques suicidas durante a manhã do dia 27 e com visibilidade quase zero, as forças americanas exclusivamente no perímetro sul da cidade estimavam que mais de dois mil Fedayeen haviam sido mortos e, pelo menos, uma centena de caminhonetes equipadas com metralhadoras haviam sido destruídas. Um general-de-brigada iraquiano capturado na tarde do dia 28 de março, sexta-feira, relatou que 800 guerreiros continuavam escondidos na região central de Najaf.

Agora, o general Wallace havia ordenado que a 3ª Divisão de Infantaria se posicionasse mais ao norte, para uma viagem pelo Desfiladeiro de Karbala e para o eventual ataque a Bagdá. A 101ª terminaria o serviço em Najaf, inicialmente lançando mão de um outro cordão de isolamento menos rígido, e então, talvez, fazendo uma varredura na cidade. A data precisa em que a segunda etapa seria executada e a maneira como isso ocorreria permaneciam incertas. Petraeus pretendia espremer a cidade com duas brigadas, a 1ª, de Hodges, pelo sul, e a 2ª, do coronel Joe Anderson, pelo norte, eliminando as rotas de fuga, bloqueando reforços iraquianos e protegendo as rotas para o Rams. Uma improvisação substancial seria necessária. Ninguém estava disposto a lutar de porta em porta, de quarteirão em quarteirão, no que Hodges chamava de "uma luta urbana do tipo de Stalingrado".

Na manhã do dia 29 de março, sábado, Ben Freakley me disse que tinha um plano para dominar a cidade, embora ainda não o tivesse proposto a Petraeus. O comandante assistente de operações estava muito zangado com os estrategistas da divisão por conta do que ele considerava um modo de pensar lento e sem criatividade por parte deles em relação a Najaf.

– Nós transmitimos mensagens pela televisão e jogamos folhetos, tentando convencer os xiitas a ajudar os americanos ou pelo menos a permanecer neutros, e prometemos aos partidários de Saddam Hussein que, se eles não se renderem até as nove horas da manhã seguinte, as conseqüências serão trágicas – disse Freakley. A caixa intocada de doces estava ao lado de sua cama, aguardando o fim da Quaresma. – Então, às 9h01, destruímos dez alvos. Repita o mesmo na manhã seguinte e dê uma atiçada. Continue repetindo o mesmo procedimento até que eles comecem a cooperar.

Ao meio-dia, encontrei-me com Petraeus do lado de fora do Posto de Comando de Assalto para a curta caminhada até o Warlord 457. Eu estava pronto a perguntá-lo sobre as instruções de Freakley, quando ele disse:

– Quatro soldados da 3ª Divisão de Infantaria acabaram de ser mortos por um carro-bomba. – Uma hora antes, um táxi, ao ser revistado numa barreira ao norte de Najaf, explodiu quando um soldado abriu o porta-malas. A explosão jogou o veículo a 4,5 metros de distância de onde estava parado. Petraeus apertou o passo na direção do helicóptero. As implicações para os 100 mil soldados americanos atualmente no Iraque praticamente não precisavam de elaboração. O Iraque mostrou de imediato possuir as qualidades essenciais de Beirute ou da Cisjordânia.

Apenas metade da República do Iraque era deserta, mas, depois de cinco dias no Shell, parecia inconcebível que houvesse alguma área mais agradável neste país bárbaro. E ainda assim, enquanto voávamos para o Nordeste, a outra metade começou a se revelar. Capim alto e arbustos demarcavam a fronteira entre o marrom e o verde. Abaixo da elevação de Najaf – um penhasco de 76 metros de altitude que apontava para o noroeste a partir da cidade –, um lago raso de vários quilômetros de comprimento fora criado no meio de uma plantação de arroz. Uma bateria de artilharia da 3ª Divisão de Infantaria se acomodou ao lado de uma pequena pedreira. O que será que se explora em minas por aqui?, pensei. Urânio? Fosfato? Esperança? Uma camponesa em trajes pretos carregava uma bacia na cabeça. Petraeus acenou. Ela acenou de volta. Casas de tijolos de argila e telhado plano eram cada vez mais numerosas, cercadas de seringueiras e estufas com teto de plástico.

O Blackhawk cruzou uma estrada de quatro pistas e sobrevoou rapidamente uma plantação de tâmaras cercada de canais. O Iraque tinha 22 milhões de tamareiras, quase uma árvore para cada iraquiano, e até antes da Guerra do Golfo o país havia exportado 80% das tâmaras consumidas no mundo. Eu li uma vez que as árvores fêmeas davam até mil tâmaras a cada estação e continuavam férteis depois dos cem anos de idade. Esses detalhes me pareciam acolhedores, sugerindo um Iraque são, um Iraque produtivo, comedor de tâmaras, um Iraque que era algo mais do que poeira e malevolência.

Galinhas corriam para se esconder nos arbustos enquanto o Warlord 457, e os nossos dois guarda-costas Kiowas desviaram cuidadosamente dos cabos de telefonia e tocaram o solo numa estrada de mão dupla a poucos metros de onde o carro-bomba explodira naquela manhã. O Objective Jenkins, como o Exército chamava esse lugar, ocupava a margem oeste do Eufrates, a 22,5km de Najaf. A estrada continuava por outros 730 metros e cruzava a última ponte sobre o rio antes de uma enorme bifurcação do Eufrates no sentido sul. Depois da ponte estava a cidade de Kifl. Nesse lugar, um profeta do Velho Testamento, Ezequiel, grave e inebriado por Deus, pregou para os judeus durante o cativeiro deles na Babilônia, no século VI a.C., prevendo a restauração de Israel. A 3ª Divisão de Infantaria lutara recentemente, passando por Jenkins, até Kifl. Pude ver uma dúzia de cadáveres de iraquianos em sacos empilhados debaixo de palmeiras. Aqui, pelo menos, o tráfico de cadáveres ainda prosperava.

O coronel Anderson, o comandante da 2ª Brigada, aguardava-nos com um mapa aberto. Mais de 900 soldados seus tinham acabado de voar em helicópteros por 400km, a partir do Kuwait, no que a divisão considerava o assalto aéreo mais longo da história. Sua missão era controlar a ponte, que ainda estava de pé, porque engenheiros iraquianos ajustaram os explosivos de maneira incorreta e não conseguiram demoli-la durante o assalto da 3ª Divisão na terça-feira. A brigada então isolaria as rotas para Najaf.

Observei uma companhia surgir da grama alta e se aproximar da estrada na direção de Kifl, numa marcha lenta e pesada de soldados de infantaria. Pude ler os seus nomes em seus peitos: Osbourne, Lee, Martinez, Peek. Eles passaram por mim numa coluna, suando debaixo do peso de seus coletes de proteção, cantis, granadas de fumaça, joelheiras, armamentos antiblindados, fuzis, óculos de visão noturna, metralhadoras M-249 leves, máscaras contra gás – todos os apetrechos de combate modernos. Um soldado tropeçou ao cruzar uma vala e caiu, ficando imóvel, de costas, a barriga para cima, como uma tartaruga, até que os seus companheiros o levantassem novamente. Na lateral empoeirada de um Humvee alguém rabiscara algo que eu havia lido em Mogadíscio: "Mais Fodido Impossível."

– Por alguma razão, os iraquianos querem essa cidade – Anderson disse a Petraeus, gesticulando vagamente na direção de Najaf. – Eles estão lutando mesmo por ela. Não que haja um milhão de dólares em ouro por lá. Mas eles querem a cidade de qualquer jeito. Há uma fábrica de cimento no lugar com algumas chaminés. É lá que eles parecem estar agrupados.

Anderson, assim como Petraeus, era nova-iorquino e estudara em West Point. Com 43 anos de idade, era careca, forte e vigoroso, com cílios compridos e uma tendência a se inclinar para a frente quando fala até ficar a poucos centímetros do seu interlocutor.

– Nada me tira o sono durante a noite – ele me dissera uma vez e eu acreditei.

Fumaça subia da chaminé de uma casa de fazenda perto dali. Quatro Apaches voavam sobre nossas cabeças. Petraeus olhava fixamente na direção das árvores e eu sabia que ele estava pensando no carro-bomba. Um oficial iraquiano avisou numa aparição na TV que esse tipo de ataque seria "uma política de rotina militar". Também acreditei nisso.

– O segredo é parar seja lá o que for antes que chegue muito perto de você – Petraeus disse a Anderson.

Anderson balançou a cabeça, concordando.

– Vamos fazer sinal para eles pararem e, se não pararem, levam chumbo. Bandeiras brancas não significam nada por aqui. – Fomos informados de que alguns soldados iraquianos trocaram seus uniformes por roupas civis; os nossos soldados vão ficar de olho em botas por baixo de túnicas.

Às 13h35, um comboio de cinco Humvees veio em nossa direção, seguido de um Bradley. Wallace desembarcou com o general-de-divisão Buford C. Blount III, comandante da 3ª Divisão de Infantaria. Por meia hora, eles permaneceram ali na beira da estrada com Petraeus e estudaram seus mapas. Blount era favorável a seguir em frente, na direção de Bagdá, mas Wallace insistia para que eles esperassem até que todas as três brigadas de infantaria da 3ª Divisão de Infantaria se agrupassem acima de Najaf; só hoje a 82ª Divisão Aerotransportada suplantou a 3ª Brigada de Blount, em Samawah, onde o serviço de inteligência do Exército estimava que 500 resistentes iraquianos entrincheirados coagiam outros 1.500 iraquianos a lutar por meio de execuções e extorsões.

Ouvi o estrondo *seco* de um morteiro detonando no nosso lado do Eufrates. Um minuto depois, canhões de campanha de 105mm do

Exército americano ecoaram em resposta, despejando, em resposta, 15 ou 20 projéteis do outro lado do rio.

Wallace partiu com a sua equipe. Voltamos para o Blackhawk e partimos na direção leste antes de desviar para o sul. A adorável faixa verde do Eufrates continuou até depois de Kifl, que ficava espremida na outra margem. O túmulo de Ezequiel ficava em algum lugar naquela direção. "Houve um estrondo, e uma comoção, e os ossos se juntaram, osso a osso", escreveu o profeta. "E eles viveram e se levantaram, formando um exército grandioso."

Dentre outras tarefas nesta tarde de sábado, Petraeus procurou um lugar melhor para colocar os helicópteros da divisão, e examinamos várias opções possíveis para o empoeirado Shell, que já havia devorado dois Apaches. Para a sua frustração e minha surpresa, encontrar um local se mostrou impossível. Até mesmo nos campos irrigados de cevada havia uma crosta fina que virava poeira ao menor toque.

– Bem, senhor – disse o piloto Marc Daniels –, esse troço verde parece tão empoeirado quanto o troço marrom. – A terra firme mais próxima ao Eufrates era insegura; quando não era perto demais de áreas habitadas, ficava ao alcance de morteiros dos Fedayeen.

Dei-me conta de que mais um assunto prosaico de logística implicava conseqüências críticas de combate. O Exército havia comprado lonas portáteis e reutilizáveis de aterrissagem, feitas de um material sintético chamado Mobi-Mat. Para construir um heliporto – 30 por 28 metros – eram necessárias 12 lonas, presas por estacas que se assemelhavam a pinos de barracas. Mas essas 12 lonas juntas pesavam mais de duas toneladas; com a escassez de alimentos, água, combustível e munições de artilharia pela qual o Exército passava, elas tiveram uma prioridade menor na lista de transportes. Além disso, apesar de um aumento na produção, o suprimento dessas lonas era pequeno e até o final de março havia menos de 150 lonas Mobi-Mat para todo o Exército, dos quais a 101ª tinha cerca de algumas dúzias.

– Sem logística talvez você até consiga lutar – um subtenente do Shell me disse –, mas não lutará por muito tempo.

– Não sei se existe um lugar perfeito por aqui – disse Fivecoat enquanto analisávamos uma outra armadilha em forma de poeira.

– Também acho que não exista – murmurou Petraeus. – É como procurar pela casa certa.

Às 15h30, o Warlord 457 tocou o solo a quase cinco quilômetros a sudoeste de Najaf, no baixio abaixo da escarpa. Ben Hodges nos guiou até uma escola primária abandonada onde a 1ª Brigada montara o seu posto de comando. Um friso azul e vermelho desbotado cobria as paredes de reboco do prédio de um andar e uma inscrição em árabe dizia: "Planeje bem e os resultados serão bons." Para além da cerca de arame farpado em torno do perímetro do Centro de Operações Táticas, refugiados de Najaf perambulavam pela rua de terra batida. Mulheres de túnicas pretas, *abayas*, pareciam nuvens de chuva ambulantes.

No interior da Sala de Aula nº 5, soldados pregaram um quadro rotulado "Loucura de Março de 2003". Os nomes entre os colchetes monitorando o torneio de basquete da NCAA pareciam ter sido trazidos de um outro mundo: Syracuse, Marquette, Texas, Kansas. A flâmula da Brigada Bastogne, azul-celeste para a infantaria, ficava pendurada próximo à porta e um mapa enorme das ruas de Najaf, da Agência Nacional de Imagens e Mapeamento, apontava postos de gasolina, o sistema elétrico e um cinema. O Novo Campo Aéreo de Najaf, que possuía uma das maiores superfícies duras de decolagem no Iraque, alongava-se pelo sudeste da cidade e sem a menor sombra de dúvida tem sido vital para o mercado de peregrinações. Um mapa de inteligência da 101ª enfatizava aproximadamente 400 áreas proibidas de serem atacadas em Najaf. Pontos azuis indicavam um estádio, escolas, um parque de diversões e uma instalação de armazenamento de grãos. Pontos pretos indicavam mesquitas; pontos amarelos, hospitais; verdes, mercados. Um círculo grande indicava o Túmulo de Ali, disposto ao lado do cemitério em forma de L que se estendia ao longo da escarpa. Muito menos exato era onde os defensores iraquianos estavam ou quantos ainda restavam.

– Nós no movemos para posições de bloqueio no sul da cidade – disse Hodges, apontando no mapa para a Rodovia 9. – Essa interseção é chamada de Barreira Charlie. Bloqueamos a estrada para o tráfego de veículos entrando e saindo de Najaf aqui, exceto para uma ambulância, que fez um acordo com a 3ª Divisão de Infantaria para entrar e sair da cidade. Nós os revistamos cada vez que querem passar por nossas rotas.

– Fique de olho nesses táxis – Petraeus o aconselhou.

Hodges nos guiou para fora até um pequeno comboio de Humvees e partimos de jipe para o leste. A cidade crescia à nossa esquerda, dominada pela cúpula reluzente do Túmulo de Ali. Ao sul da cidade, os campos eram cobertos de garrafas de plástico descartadas e de acres repletos de outros detritos. Pássaros aquáticos caminhavam pelos lagos rasos. Um homem chicoteava um jumento que puxava uma carroça de duas rodas; um menino nos observava de cima dela.

A Barreira Charlie era mantida por uma companhia de blindados Abrams do 2º Batalhão do 70º Regimento Blindado, uma unidade de Fort Riley, no Kansas, agora anexada à 101ª. A quase cinco quilômetros do coração de Najaf, esse tinha sido o limite do avanço da 3ª Divisão de Infantaria. Carros alvejados e um ônibus queimado foram empurrados para o acostamento da rodovia. Uma dúzia de prisioneiros, todos com roupas civis, permanecia agachada num semicírculo. Informações não confirmadas indicavam que os Fedayeen estavam coagindo outros iraquianos a lutar sob a ameaça de executarem suas famílias. Petraeus se aproximou deles com cuidado, com o seu tradutor baixinho e gordo, a quem todos se referiam como tenente Joe e que chegara a ser um coronel do exército iraquiano, antes de desagradar ao regime, que arrancou todas as unhas de suas mãos e pés. Joe fugira para o Oregon, onde gerenciava um serviço de limusines em Portland. Agora, ele estava de volta em uniforme militar a seu país de origem, como parte de uma milícia de refugiados apoiada pelos Estados Unidos e denominada Combatentes Iraquianos Livres.

Joe questionou um prisioneiro algemado, desdentado, vestindo uma jaqueta verde e com um turbante branco.

– Ele está dizendo que alguém do Partido Baath veio de Bagdá hoje de manhã para lhes dizer que deviam lutar com toda a força. Ele diz que eles colocaram minas em Najaf. – O homem com o turbante branco falava rápido; seus olhos estavam arregalados e vermelhos. Um outro prisioneiro, um homem alto, de bigode, com sandálias e uma túnica preta, interrompeu a conversa com um longo desabafo em árabe.

– Eles sabem que vamos atacar esta cidade – disse Joe. – O moral deles está baixo. – Um terceiro prisioneiro, vestindo uma túnica cinza, trazia consigo documentos indicando que era membro do al-Kuts, uma organização equivalente à Guarda Nacional. Joe traduziu o seu lamento: – Odeio esta vida. Odeio o exército. Odeio Saddam Hussein.

Membros do Partido Baath em Najaf declaravam que o Exército americano logo recuaria, diziam os prisioneiros, abandonando os xiitas assim como foram abandonados pelos Estados Unidos durante a revolta de 1991. Hodges planejava combater essas idéias com a sua própria transmissão de propaganda, mas o seu time de operações psicológicas no momento consistia em especialistas em espanhol.

– Eles aprenderam uma dura lição em 1991 – o tenente Joe me disse. – Estão observando tudo agora. Quando perceberem que as forças de Saddam Hussein serão derrotadas e que os americanos estão trabalhando seriamente desta vez, eles nos receberão muito bem.

Eu duvidava sobre as boas-vindas e a sua duração. Perguntei a Joe que papel ele esperava cumprir num Iraque novo e livre.

– Eu sou deste lugar. A minha mãe ainda vive perto daqui – disse ele. – Mas gostaria de ser prefeito de Bagdá. Existem ótimas danceterias por lá. Aqui, não há quase nada. Em Bagdá seria ótimo.

Antes que Joe pudesse falar mais sobre os atrativos da capital, o tenente-coronel Marcus DeOliviera, um dos comandantes de batalhão de Hodges, apareceu.

– Isso será um bom batismo de fogo para os meus soldados. *Muito* melhor do que um assalto noturno em Bagdá – disse ele com um olhar sábio. Assim como muitos oficiais do Exército, ele se referia aos seus adversários iraquianos não como Fedayeen, ou paramilitares, mas como cabeças-de-bagre.

– O que esses cabeças-de-bagre estão fazendo é atirar granadas de propulsão a foguete para o ar. Eles vêm apressados pela estrada, pulam do carro, atiram uma granada de propulsão a foguete e pulam de volta para o carro.

Vários blindados saíram de repente para a estrada na direção de Najaf, na tentativa de dispersar os iraquianos de uma área suspeita de agrupamento. Pararam a quase um quilômetro de distância; suas torres giravam da esquerda para a direita, como se estivessem tentando farejar algum cabeça-de-bagre.

Entramos nos Humvees e retornamos ao Blackhawk para o vôo de volta para o Shell.

– Este lugar é muito difícil para os líderes – filosofou Petraeus. – É necessário tomar decisões difíceis e com muita rapidez.

* * *

Na tarde de domingo, estávamos de volta a Najaf, desta vez depois de uma viagem de uma hora num Humvee vindo do Shell. O cerco à cidade havia começado de verdade, com um forte cordão de isolamento feito pela 2ª Brigada a partir do norte e pela 1ª Brigada a partir do sul. Ainda assim, a divisão se movimentava lentamente, tentando identificar fortificações iraquianas e estimar o tamanho da resistência. Nunca mais ouvi nada sobre o plano agressivo de Ben Freakley para forçar submissão através de ultimatos e bombardeios. Alguns oficiais do estado-maior, eu sabia, acreditavam que jogar duas brigadas sobre Najaf era excessivo e impossibilitava manter uma força em reserva para lidar com eventos não planejados, incluindo a queda repentina do regime em Bagdá.

Petraeus estava com um péssimo humor, falando com rispidez com oficiais do estado-maior por causa de um ventilador ligado durante a reunião de atualização de batalha de sábado, que soprava poeira para todos os lados no Posto de Comando de Assalto. As mortes causadas pelo carro-bomba irritaram a todos.

– Não temos condições de ter um maldito complexo de trincheiras – Freakley me disse em sua tenda no domingo de manhã. – Não quero os meus soldados atacados diariamente por atiradores de elite e carros-bomba, alvos fáceis para o inimigo. Não podemos deixar que isso aconteça.

Quando finalmente chegamos à Barreira Charlie, às 15 horas, Petraeus já estava com o humor melhor. A 3ª Divisão de Infantaria ao norte e os Marines ao leste estavam prestes a terminar a ofensiva. A incansável campanha aérea destroçava unidades iraquianas por toda a Mesopotâmia.

– Acho que essa coisa está começando a recuperar o fôlego – disse ele enquanto estávamos sentados no Humvee de Petraeus com Fivecoat e Miller, esperando para encontrar Wallace. – Mas isso tem de ser deliberado. Estou me sentindo, de certo modo, rejuvenescido. – O serviço de inteligência do Exército acreditava que os resistentes iraquianos em Najaf agora estavam contabilizados em centenas, e não milhares.

– Tirá-los de circulação, bloco por bloco – disse Petraeus –, provavelmente seria trabalho para uma companhia, talvez um pelotão.

Perguntei sobre as 400 áreas proibidas de serem atacadas e se era difícil conseguir permissão para acertar alvos tidos como esconderijos de resistentes armados. Dependendo da importância do local e do possível efeito colateral, algumas áreas requeriam petições de autorização com os níveis mais altos da cadeia de comando, até mesmo com o secretário de Defesa.

– Sinto que as aprovações saem com mais facilidade agora – disse Petraeus. – O processo fazia sentido quando pensamos que fôssemos simplesmente passar pelo local, imagino. Mas, com os carros-bomba e as outras coisas que estão fazendo, o inimigo está tirando as luvas. As nossas também estão sendo retiradas.

Várias caminhonetes equipadas com metralhadoras na carroceria se alinhavam próximo ao cruzamento. Apoiado nas caminhonetes estava uma dúzia de soldados de cabelos mais longos e uniformes mais estrambóticos ainda: bonés de beisebol, camisetas e calças com camuflagem de deserto eram populares; bigodes grossos e barbas por fazer também eram. Diversos tipos de FE – Forças Especiais – cruzavam pelos arredores de Najaf, incluindo tropas do mundo "branco", tais como equipes do Destacamento Operacional Alpha Boinas Verdes e outros dos mundos "cinza" e "preto", tais como o 1º Destacamento Operacional das Forças Especiais Delta, uma força antiterrorismo do Exército, mais conhecida como Força Delta. A unidade quase desconhecida denominada Força-Tarefa 20 estava à caça de líderes iraquianos e armamentos ilícitos. E, é claro, havia a OAG – Outra Agência Governamental. As Forças Especiais descreviam suas missões como RE (Reconhecimento Especial), AD (Ação Direta), GNC (Guerra Não-Convencional), CT (Combate ao Terrorismo), CPADM (Contra a Proliferação de Armas de Destruição em Massa), AH (Assistência Humanitária) e por aí vai. Lembrei-me de que a escrita suméria de cinco séculos atrás era composta de dificílimos dois mil caracteres, mas isso era algo simples comparado com o jargão das Forças Especiais no Iraque.

Petraeus cumprimentou os combatentes de pé ao lado das picapes, cada um deles armado até os dentes.

– Eles são umas caricaturas – disse ele num tom de afeto. – Todos querem ser alguém diferente. Brancos querem ser negros. Rangers querem ser Delta ou OAG.

Em seguida, Freakley se juntou a nós e, às 15h20, Wallace chegou com a sua comitiva. O cruzamento começou a se assemelhar a um mercadão. O comandante do V Corpo, Petraeus e Freakley inclinaram-se sobre um mapa, enquanto vários outros oficiais se agrupavam por ali. Num ponto de ônibus crivado de balas, alguém rabiscara "Ratos Filhos-da-Puta". Do outro lado da estrada, depois do grupo de soldados das Forças

Especiais, pedestres iraquianos caminhavam para e de Najaf com a destreza das pessoas acostumadas a longos percursos – eram corpos finos, alongados, no estilo das figuras de Giacometti, curvadas para a frente, como barras de ferro dobradas. Os soldados na barreira os revistavam, apalpando suas túnicas (*dishdashas* ou *sayahs*), o paletó usado sobre uma camisa sem gravata e uma saia longa, uma relíquia dos tempos da colônia britânica.

A cerca de 360 metros da estrada, uma companhia de infantaria entrava e saía do Instituto de Agricultura de Najaf. No início da manhã, um blindado Abrams abrira um buraco no muro do lado sul da instalação e soldados passaram o dia removendo guerrilheiros Fedayeen do local, desviando de ocasionais disparos de morteiros.

– Não fique encalhado na cidade – Petraeus avisou a Hodges, mas o ataque no instituto atraiu fogo de instalações adjacentes, levando a brigada ainda mais para dentro de Najaf.

– É para isso que estamos aqui, para acabar com esses camaradas – disse o soldado Ryan Miller, um rapaz de 21 anos, do Missouri, enquanto estávamos perto dos Humvees. – Um trabalho e tanto. Não há trabalho como esse.

Sem o menor aviso, um morteiro explodiu a 35 metros a sudoeste, bem próximo às picapes armadas das Forças Especiais. O mais impressionante foi que ninguém ficou ferido, talvez porque a areia absorvera grande parte do choque da explosão. Escondi-me entre dois Humvees, enquanto os três generais deram uma mostra evidente de calma e tranqüilidade.

– Está chegando bem perto, hein? É melhor sair desta porcaria de cruzamento – gritou um soldado das Forças Especiais, o que me pareceu de uma sabedoria profunda. Fivecoat pegou um fragmento do morteiro, mas logo o atirou para longe, depois de concluir que o estilhaço de metal "me traria um mal carma se o guardasse". Mais tarde, ele escreveu em seu caderno verde sobre a importância de parecer "tranqüilo sob um ataque de morteiro, quando se está perto das Forças Especiais".

O radar detectara a trajetória do morteiro e apontou a localização provável do grupo iraquiano. Observamos um par de Kiowas se elevar acima de uma instalação cercada por um muro a cerca de 1,6km da Barreira Charlie, informando pelo rádio as descrições detalhadas dos resistentes no terraço para um controlador aéreo avançado. Momentos depois, um par de F/A-18 passou acima de nós como pequenos pontos prateados, mais fáceis de serem ouvidos do que vistos, e a instalação ficou repleta de chamas e fumaça. Três outros aviões jogaram suas cargas explosivas. Pude ver rapidamente o último míssil, uma agulha minúscula e rápida. Nuvens cinza escapavam de um trio de prédios em chamas.

Petraeus e Wallace observavam tudo com seus binóculos, murmurando palavras de apoio como apostadores numa pista de corrida.

– Essa é uma ótima operação de forças conjuntas – admitiu Petraeus. – Estamos muito orgulhosos dos blindados, dos Kiowas, da infantaria desmontada e do apoio aéreo.

Quando Wallace se virou para ir embora, eu mencionei que o editorial do *The Washington Post* desta manhã elogiara a sua franqueza com o público. Ele deu um leve sorriso.

– Vou adicionar isso ao meu currículo – comentou.

De volta ao Shell pouco antes das 18 horas, o Humvee chacoalhou no caminho arenoso que levava até o Posto de Comando de Assalto. Petraeus se virou e levantou a mão, um sinal do seu humor. O dia fora dramático, ainda que grande parte do seu tempo houvesse sido gasta estando ele parado e de pé, o que parecia ser o papel de altos comandantes em pequenos combates táticos.

– Aqui, vivemos uma vida inteira num dia – filosofou ele.

Najaf se desenrolava da forma como ele queria, com prudência e ponderação, beirando o enfadonho. O impulso de Freakley em emitir ultimatos e responder à não-cooperação com aniquilação não era compatível com o estilo de Petraeus. Uma operação para isolar a cidade estava evoluindo num ataque deliberado, por um lado por causa de provocações iraquianas, por outro lado porque atacar Najaf neste momento parecia a única forma de dominá-la e em parte porque a guerra era um monstro em forma de impulso.

Nenhum *Screaming Eagle* fora morto. (Petraeus mais uma vez fez o gesto de tocar na madeira, batendo os nós dos dedos no capacete.) A cúpula do Túmulo de Ali ainda estava de pé. Ataques repentinos às rotas de suprimentos haviam diminuído. Ritmos de batalha são importantes, tanto para as unidades quanto para os comandantes, e Petraeus sentia que havia encontrado um bom ritmo para si: resolvendo detalhes administrativos e logísticos pela manhã, circulando pelas brigadas durante a tarde e retornando ao Posto de Comando de Assalto à noite para a reunião de atualização de batalha, mais planejamento e uma boa noite de sono. Esse esquema surgiu durante os dias que se passaram e continuaria assim, sem interrupção, pelo restante da guerra.

De acordo com a doutrina do Exército, um comandante de divisão devia antecipar e planejar a batalha com 72 a 96 horas de antecedência, enquanto os seus subordinados orquestravam as batalhas imediatas. Vi como isso pode ser difícil, dada a fluidez do campo de batalha, a mudança freqüente de ordens da unidade e o apelo hipnótico da ação.

– Grande parte disso consiste em usar o instinto – explicou Petraeus, esfregando os dedos – e ter uma percepção tática. É como ouvir o rádio. Algumas pessoas conseguem ouvi-lo do outro lado da tenda, mesmo com todo o barulho em sua volta – os seus ouvidos estão, de alguma maneira, sintonizados –, e outras pessoas simplesmente não conseguem. Enquanto a batalha se desenrola, você precisa olhar através de olhos diferentes – olhos blindados, olhos de infantaria desmontada, olhos de aviação. Por exemplo: quanto tempo leva para se deslocar da Barrreira Charlie até o campo aéreo de veículo blindado? A pé? De helicóptero?

Ele desceu do Humvee com os olhos muito brilhantes.

– Agora isto é mesmo uma guerra – disse ele, e eu pensei no *insight* melancólico de Robert E. Lee, sobre como era bom a guerra ser tão terrível; do contrário, os homens cresceriam apaixonados por ela.

Não havia um refeitório onde se pudesse parar e ouvir a conversa alheia; uma pena. Mas o Shell ainda oferecia oportunidades de se ouvirem soldados falando sobre o que significava ser soldado. Nos mictórios, na cadeira do barbeiro ou enquanto se escreviam mensagens para casa em cartões-postais improvisados de pedaços de papelão dos pacotes de alimentos prontos, veteranos geralmente discutiam as desvantagens relativas dos vários buracos que ocuparam; havia um consenso no que dizia respeito a este lugar. Comparado à Somália, Bósnia, Ruanda, Haiti, Kosovo e Afeganistão, o deserto iraquiano era de longe o lugar mais inóspito. Até mesmo a areia iraquiana parecia ter sido abandonada por Deus: um engenheiro da divisão relatou que ela não continha a carga estática necessária para se fazer concreto. Para isso, areia com melhor qualidade teria de ser importada.

– É engraçado quando se entra num ambiente como este – disse o major Len Kircher, sem o menor sinal de sorriso. – Você passa o dia realizando suas atividades minuciosamente, que faz sem pensar quando está em casa. OK, *agora* vou fazer a barba. *Agora* vou comer. *Agora* vou pegar uma xícara de café.

O sargento Bill Endsley, cuja mesa eu compartilhava na tenda de planejamento, me disse:

– Quando os soldados deixam os seus lares pela primeira vez, eles falam sobre todas as coisas que mais desejam quando estão em casa: sexo, uma cerveja. E então, depois de um tempo por aqui, falam sobre uma chuveirada, uma cama ou ficam pensando como é não ter que vestir o mesmo uniforme por um mês inteiro.

Najaf foi oprimida por vários dias, mas agora estava prestes a ser tomada. Às 9 horas do dia 31 de março, segunda-feira, partimos do Shell no Humvee mais uma vez e dirigimos até a Barreira Charlie. Disparos de morteiros continuavam a castigar o Instituto de Agricultura. Petraeus gesticulou na direção da densa vizinhança do outro lado da rodovia, próxima ao instituto.

– Se vocês forem atingidos por um tiro de chumbinho vindo de uma daquelas casas – ele ordenou –, acabem com elas.

Seguimos por uma rota sinuosa até pouco mais de três quilômetros depois da usina elétrica na extremidade oeste do campo aéreo, conhecida como Objective Cat. Uma companhia havia formado uma fila com baionetas fixadas em seus M-4. Enormes nuvens pretas rolavam sobre Najaf ao norte. O tenente-coronel Stephen M. Schiller, comandante dos Kiowas – o 2º Batalhão da 17ª Cavalaria –, pousou o seu helicóptero ao lado do Humvee e se apressou na nossa direção.

Schiller apontou para outro incêndio entre o campo de pouso e o rio.

– Há um prédio lá com um fosso enorme com caixas e mais caixas empilhadas nele, talvez com três metros de altura por dez metros de comprimento, com um número enorme de armas – informou a Petraeus. – Atacamos com foguetes altamente explosivos e munições calibre .50. O teto do prédio se foi e, do lado de dentro, podíamos ver centenas de caixas repletas de armas. Em seguida vimos um caminhão camuflado com folhas de palmeiras. Quando acertamos o veículo, pelo menos uma dúzia de mísseis de 3,5 a 4,5 metros se acendeu e saiu pela parte da frente do caminhão.

– Não quero que você entre com tanta rapidez – disse Petraeus. – Não estou muito certo em relação aos vôos noturnos.

– Eles não parecem estar nos terraços como estiveram ontem – comentou Schiller. – Sentimos muito mais segurança voando à noite, para ser honesto. Eles não podem nos ver.

– Qual tamanho de capacete você usa? – perguntou Petraeus. O brilho em seus olhos deixava poucas dúvidas de que ele estava disposto a dar uma olhada por si mesmo do helicóptero de Schiller.

– Você tem uma cabeça pequena – disse Schiller. – Vou pegar o meu tamanho 3. Ele é pequeno.

Enquanto Schiller e Petraeus observavam do alto a margem do rio, o oficial executivo do batalhão, o major Ken Hawley, elogiava o Kiowa, que por muito tempo voou à sombra do Apache, maior e mais letal.

– Nós não ficamos simplesmente parados no ar, ficamos a baixa altitude e somos pequenos. Isso é uma enorme vantagem nas cidades – Hawley afirmou. – Qualquer coisa tão pequena acima de 110km/h é muito difícil de acertar com armas pequenas.

Depois que Petraeus retornou, dirigimos através de uma plantação de cebola até o lado leste do campo de pouso. Um par de enormes buldôzeres D-9 movia-se lentamente pela pista de decolagem, limpando destroços com suas pás, na companhia de soldados de infantaria. Petraeus falou sobre como as vantagens de se ter uma bela pista de concreto para os seus helicópteros se opunha às desvantagens de se estar no raio de ação dos iraquianos.

Enquanto observávamos os D-9, a voz de Freakley surgiu pelo rádio. A 2ª Brigada de Anderson recebeu ordens do V Corpo para conduzir uma operação em Hilla durante o dia todo, a 24km acima de Kifl, para desviar a atenção das movimentações da 3ª Divisão de Infantaria próximo a Karbala. Duas companhias de veículos blindados Abrams atacaram ao nascer do dia, a quase dois quilômetros de distância uma da outra na margem leste do Eufrates, enquanto baterias de artilharia avançavam pela margem oeste. Defensores iraquianos, incluindo reforços inesperados da Divisão Nabucodonosor da Guarda Republicana, responderam com artilharia concentrada e fogo de calibre leve. O comandante de blindados, o tenente-coronel Jeffrey Ingram, passou um rádio pedindo apoio de helicópteros de ataque enquanto avançava a cerca de 1,5km do perímetro sul de Hilla.

Oito Apaches foram atingidos, informou Freakley. Todos os oito helicópteros retornaram em segurança para o Shell, mas dois sofreram sérias avarias ao serem atingidos por ataques de armas pequenas, granadas de propulsão a foguete e canhões antiaéreos de 57mm, partindo de pequenos bosques de palmeiras ao longo da Rodovia 9. Um piloto, comandante de companhia, estava ferido. E a divisão perdera o seu primeiro soldado: Brandon J. Rowe, natural de Roscoe, em Illinois, um soldado de infantaria da 2ª Brigada e que foi morto ao ser atingido por um morteiro. Ele estava a uma semana de completar 21 anos.

Petraeus olhou pela extensão do campo aéreo ao guardar o rádio. Parecia sombrio, como se estivesse sentindo dor. Mais tarde ele me disse que sentiu a sua pressão sangüínea atingir um pico pela segunda vez nesta guerra. As perdas iraquianas seriam substanciais – os Apaches declaravam que mais de duas dúzias de canhões haviam sido destruídas e pilotos de blindados de Ingram estimavam cerca de 250 soldados iraquianos mortos –, mas a vulnerabilidade dos Apaches e a tenacidade dos defensores certamente estavam revirando a mente do general comandante.

Pouco depois das 13 horas, Wallace pousou seu Blackhawk na pista e caminhou até o Humvee. Ele ouviu o resumo da guerra dado por Petraeus: Anderson, terminando a sua operação em Hilla, dobraria a sua pressão em Najaf, a partir do norte. Os batalhões de Hodges atacariam do sudeste, do sul e do sudoeste, com um forte aumento em poder de fogo. O comandante do V Corpo, há dois dias, ficara contente ao conter Najaf com a 101ª; agora, com grande parte da divisão comprometida com a causa, ele parecia favorável a tomar a cidade à força.

Após Petraeus terminar o relatório, Wallace ficou em silêncio por um minuto. Petraeus batucou com os dedos no mapa. Pássaros cantavam nos arbustos no fim da plantação de cebolas. Uma bola de fogo brilhante cruzara o céu no centro da cidade de Najaf, onde um Kiowa lançara um míssil contra um prédio.

– Acho que ficaremos presos nesta missão por um tempo, senhor – falou Petraeus.

– Mantenha a pressão em cima deles – Wallace o aconselhou, antes de voltar ao seu helicóptero.

Quando passamos da Barreira Charlie para nos encontrarmos com Hodges no lado oeste da cidade, Petraeus se virou e disse:

– Está parecendo uma longa guerra de novo. Já nem sei mais se a 4ª Divisão de Infantaria – que estava acabando de chegar ao Kuwait – será suficiente. Sinto que devíamos recuar e apertar mais o cerco, dadas as longas rotas de suprimentos. A questão agora é quando o general Wallace vai sentir a pressão para continuar indo para o norte.

As forças disponíveis lhe pareciam insuficientes.

– A quantidade tem a sua própria qualidade – afirmou ele. Perguntei quanto mais era necessário. – Não faço idéia – respondeu Petraeus e completou com um sorriso: – Oito divisões e oito anos.

Às 15 horas, depois de pular para o outro lado da cidade, encontramos Hodges numa estrada estreita a cerca de 1,6km da escarpa, dentro do alcance de fogo de armas pequenas da cúpula do Túmulo de Ali. Fumaça marrom de morteiros americanos subia de um pequeno bosque de palmeiras na base da escarpa. Canhões rugiam pelas redondezas e poucos segundos depois explosões brancas de morteiros de 105mm surgiram do meio das árvores. Petraeus e Hodges subiram na tampa do motor de um Humvee, vasculhando a cidade com seus binóculos. A direção e a sincronia do ataque foram organizadas para deixar os defensores de frente para o sol da tarde.

– Eles foram forçados a recuar para o centro da cidade. À medida que continuarem a sair, poderemos matá-los, incessantemente – afirmou Hodges. – Não estamos sob a pressão do tempo. Não há por que ir até lá e ficar preso.

Duas picapes das Forças Especiais estacionaram na rua, em frente ao posto de comando de Hodges.

– Tudo que conseguimos hoje, senhor, sugere que eles estão perto do colapso – um capitão que comandava a equipe disse a Petraeus. – A população local já está pensando no porquê de ainda não estarmos lá.

Petraeus deu de ombros.

– Apenas em relação a isso acho que não se deve fazer nada com rapidez.

– Senhor – disse outro soldado das Forças Especiais –, o consenso dos últimos dias tem sido que, se entrarmos e ganharmos terreno, a população vai estar conosco. A vizinhança próxima à mesquita é uma toca de coelhos, mas acho que a população local nos ajudará a identificar as fortificações. – Milícias Fedayeen e al-Kuts ocupavam trincheiras e casamatas ao longo de um canal atrás da linha de árvores, assim como um prédio branco de quatro andares do Partido Baath, facilmente visível na beira da escarpa.

Cinqüenta morteiros explodiram por entre as árvores.

– Essa doeu – Hodges murmurou sem abaixar o binóculo. – Existem vilas naquela faixa de árvores; então temos de ter cuidado. Mas já estou indo mais longe do que iria há duas semanas.

Vários prisioneiros vigiados por guardas passaram pela rua, com as mãos algemadas e o rosto coberto por tantas moscas que pareciam usar máscaras. Acima de nós, ouvi o ronco de vários F/A-18 da Marinha americana. Uma bomba GBU-12 detonou, com muitas chamas, seguidas de um estrondo. Uma outra bomba explodiu, e outra, até que cinco bombas esmagaram a fila de casamatas. Enormes nuvens de fumaça cobriram a cúpula dourada.

Um pelotão de veículos blindados Abrams passou pela estrada, e logo o estrondo de seus canhões de 120mm ecoou contra as árvores. Pelo binóculo, emprestado de Hodges, pude ver os obuses fazerem buracos na fachada do prédio branco de quatro andares. O som histérico das metralhadoras .50 se misturavam com os estrondos secos dos lançadores de granadas Mk-19. Vários Humvees se posicionaram ao longo de um descampado e uma barragem de mísseis TOW irrompeu com um sopro forte antes de se chocar contra o prédio. Kiowas voavam próximo às árvores e sobre a escarpa, atacando as posições iraquianas com metralhadoras e foguetes. Oitocentos homens do 2º Batalhão do 327º Regimento de Infantaria desciam pela estrada em sua marcha pesada e em seguida desapareceram por entre as árvores.

Tudo era muito violento, terrivelmente violento, uma sinfonia de disparos. Era a combinação de forças em sua mais incansável e letal orquestra aérea, blindada, de artilharia, de infantaria e de todas as outras modalidades de destruição. Era combinada e, no jargão do Pentágono, *conjunta*, com o Exército complementado pela Marinha, Força Aérea e aeronaves dos Marines. As Forças Armadas dos Estados Unidos tinham trabalhado por 60 anos para tornar isso um símbolo do poderio bélico americano, e nenhuma outra nação poderia chegar perto de uma orquestração tão sincronizada de violência. Até recentemente, essa sincronização tinha sido o terreno de generais experientes, mas agora eu podia perceber que se tornara rotina para coronéis, capitães e sargentos no campo de batalha agrupar os melhores do ar, da terra e do mar, e lançá-los contra o inimigo.

Hodges abaixou o binóculo.

– O que eu ainda não fui capaz de entender – ele disse a Petraeus – é o que vai acontecer se eles não se dobrarem diante de nós.

– Acho que neste caso é só continuar a despejar chumbo em cima deles – respondeu Petraeus.

– Senhor – disse o capitão das Forças Especiais –, não queremos uma guerra de atrito, mas é o que temos em mãos.

– Isso mesmo – Petraeus concordou. – Isso é um cerco.

No caminho de volta, à noite, para o Shell, encerrando o expediente do dia, uma dúzia de incêndios ardia ao longo de Najaf e só pude imaginar que tipo de mundo existia dentro da cidade esta noite.

12

NABUCODONOSOR É DERROTADO

A reunião de atualização de batalha da terça-feira de manhã, Dia da Mentira, revelou um exército mais uma vez avançando com todas as forças.

O enorme mapa da região central do Iraque pregado à parede da tenda do posto de comando do Shell mostrava o avanço americano, estendendo-se numa frente de mais de 160km, dos Marines em Al Kut, no Tigre, no leste, à 3ª Divisão de Infantaria em Karbala, no oeste. As ações da 101ª – o ataque da 1ª Brigada ao sul e a oeste de Najaf e a ação da 2ª Brigada ao longo do Eufrates – estavam entre a meia dúzia de assaltos simultâneos do nível de brigadas na segunda-feira, ordenados pelo V Corpo. Tropas da 3ª Divisão de Infantaria apertaram o controle da Rodovia 9 e das proximidades do Desfiladeiro de Karbala, além de isolar Hilla, a área da antiga Babilônia. No sul, a 82ª Divisão Aerotransportada cercou Samawah, finalmente arrancando aquele espinho dos pés do Exército. Os Apaches de Greg Gass também decolaram em missões de reconhecimento para além dos lagos a oeste de Karbala, a fim de assegurar o flanco oeste do V Corpo.

As defesas iraquianas, nunca muito coesas, tinham começado a se desintegrar. O número de desertores aumentava a cada minuto. Os comandantes iraquianos sabiam tão pouco sobre as manobras americanas que, às vezes, demoravam de 12 a 18 horas – uma eternidade em combates modernos – para organizar uma reação, e contra-ataques coesos raramente excediam a força de um único pelotão. Quando os iraquianos *realmente* se movimentavam, faziam isso para o lugar errado e na hora errada. Acreditando equivocadamente que Wallace pretendia lançar o seu ataque principal pela Rodovia 8, em vez de passar pelo Desfiladeiro de Karbala, no sudoeste, forças blindadas da Guarda Republicana começaram a se expor, reposicionando-se à luz do dia para bloquear o ataque. Aviões de guerra americanos e artilharia de longo alcance os estavam explodindo, deixando-os em pedaços.

Enquanto o Exército e os Marines reassumiam a ofensiva, os seus avanços eram acelerados por uma campanha aérea que permanecia violenta e incessante. Das oito mil munições de precisão utilizadas na guerra até agora, três mil foram lançadas nos últimos três dias, a maioria contra a Divisão Medina e outras contra unidades da Guarda Republicana ao sul de Bagdá. O Iraque lançaria quase 1.700 mísseis terra-ar até o final da guerra, mas esse montante provou-se inútil contra as 1.800 aeronaves americanas e britânicas castigando o país. Os aviões jogaram não só aço como papéis, incluindo 32 milhões de folhetos com instruções de rendição – o suficiente, de acordo com um conjunto de cálculos inúteis da Força Aérea, para estender de Fort Worth a Anchorage ou para produzir 120.454 rolos de papel higiênico.

Para ser justo, muita luta ainda estava por vir antes que Bagdá fosse avistada. Soldados ainda matariam e também ainda morreriam. Civis também morreriam, como os dez massacrados na segunda-feira, quando uma van transportando uma família pela Rodovia 9 foi alvejada com fogo de canhão de 25mm por soldados da 3ª Divisão de Infantaria impacientes e despreparados. Se Bagdá seria ou não convertida numa fortificação final e sangüinária ninguém sabia. Outra coisa que ninguém sabia era se os defensores iraquianos tinham a coragem e o apoio necessários para se engajarem numa guerrilha prolongada.

Petraeus, Fivecoat, Miller e eu retornamos a Najaf no Humvee na tarde do dia 1º de abril. Encontramos o posto de comando de Hodges numa pedreira ao lado de uma fábrica de tijolos, próximo ao local de onde assistimos aos bombardeios na segunda-feira. Com um mapa aberto sobre a tampa do motor de seu Humvee, como de costume, Hodges relatou de forma sucinta as evoluções das últimas 18 horas. Além de um enorme número de mísseis TOW e tiros de canhão disparados contra suspeitas fortificações Fedayeen, aeronaves, incluindo F-16, B-52 e bombardeiros B-1, além de Tornados britânicos, despejaram uma dúzia de bombas de 225kg e sete bombas de 450kg. Dentre os ataques aéreos noturnos, três bombas de 910 toneladas destruíram uma suposta sede do Partido Baath e uma instalação Fedayeen. O oficial de comunicação de Hodges me disse:

– Cada um deles tem 410kg de tritonal – um composto de TNT e alumínio – e 500kg de metal. Quando a última delas explodiu, parecia o sol nascendo.

Às 6h30 desta manhã, a 1ª Brigada, sob a iniciativa de Hodges, despachou sete veículos blindados Abrams da Barreira Charlie para Najaf, para o que o Exército chamava de uma "corrida do trovão", uma expedição de reconhecimento e intimidação. Com Apaches acima deles, os blindados viajaram mais de 1,6km, atiraram em alguns retratos de Saddam sem encontrar nenhuma resistência e em seguida saíram da cidade. Petraeus me disse que, um pouco mais tarde naquela mesma manhã, o V Corpo lhe dissera que essa manobra era muito arriscada e não deveria ser repetida.

– Por que eles se incomodariam com isso? – perguntei. Petraeus pareceu nervoso, até mesmo enquanto reconhecia a relutância de Wallace ao arriscar que uma pequena força ficasse presa naquelas ruas estreitas.

– Porque – disse ele – eles não entendem a situação no solo.

O mapa da cidade mostrado por Hodges fora dividido numas duas dúzias de setores. O A1, por exemplo, ficava ao norte do Túmulo de Ali; o A2 e o A6 cobriam as populosas vizinhanças do sul. Enquanto a 2ª Brigada de Anderson girara para cercar Najaf de novo pelo norte, com forças se movendo em ambos os lados do Eufrates, a 1ª Brigada atacava com Apaches, Kiowas, quatro baterias de artilharia e três batalhões de infantaria. Os Kiowas destruíram um trio de picapes equipadas com metralhadoras pesadas no cemitério. Um arsenal capturado continha 1.500 fuzis AK-47, 25 morteiros e 36.000 projéteis de metralhadoras e morteiros. Vários defensores iraquianos evidentemente fugiram e se misturaram entre a população civil, enquanto outros continuavam a lançar ataques inócuos contra o imensamente superior poder de fogo americano.

– Não vá além da escarpa – Petraeus avisou. – A idéia é trazê-los até nós.

– Sim, senhor – Hodges respondeu. – Até agora, fomos capazes de nos posicionar de tal modo que, quando eles vierem até nós, empregaremos fogo direto ou artilharia e morteiros.

– A questão é a velha história da sensibilidade em lidar com a cidade sagrada – lembrou Petraeus.

Wallace se juntou a nós às 12h45, depois de aterrissar em seu Blackhawk. Ele era seguido por um auxiliar que carregava um bloco de notas intitulado "Caderno Inteligente ORCON Secreto". O comandante do V Corpo se apoiou no espelho retrovisor do Humvee, com o binóculo Olympus no pescoço e um sorriso atenuando o seu rosto severo. Ele parecia muito tranqüilo, apesar do artigo no *New York Times* hoje de manhã, com o V Corpo no título, que afirmava a antipatia de alguns generais do Exército em relação a Rumsfeld.

– Por falar nisso – Wallace dissera repetidas vezes ao general McKiernan nos últimos dias –, hoje não falei com a imprensa.

A preocupação de Wallace com a corrida do trovão nesta manhã acabou virando curiosidade; talvez uma invasão blindada similar a essa funcionasse em Bagdá.

– Não vá ficar preso na cidade – o comandante do V Corpo sempre avisava, mas ele e seu estado-maior estavam começando a reconhecer que Najaf poderia ser um ensaio para a capital. Equipes táticas blindadas presumiram, por décadas, que dentro de cidades os veículos blindados eram muito vulneráveis a emboscadas, mas, até mesmo antes de invadir o Iraque, Wallace e seu estado-maior começaram a questionar a sabedoria convencional. Oficiais superiores normalmente tentavam tornar mais minucioso o que o Exército chamava de TTP – táticas, técnicas e procedimentos –, e Najaf poderia produzir uma nova doutrina urbana de TTP: "corridas do trovão" apoiadas por aviação de ataque e apoio aéreo aproximado; forças blindadas pesadas misturadas com infantaria leve; e assistência humanitária ocorrendo mesmo enquanto as operações de combate continuavam.

Hodges ficou de frente para a escarpa e levantou a mão direita, com a palma estendida para cima.

– A Companhia Charlie está a cerca de três dedos daquela fumaça, indo na direção da vizinhança ao sul da mesquita. – Ele cerrou um olho ao observar a distância e virou para Wallace.

– Nós vamos parar pouco antes dela, senhor.

– Algum contato significante?

– Zero, senhor. Encontramos 69 minas em dois campos pequenos. – Ele apontou para o mapa. – Aqui.

– Sessenta e nove, e não 70. – Wallace sorriu novamente. – Existe um velho ditado que diz: "Nunca vá a nenhum lugar onde você nunca esteve."

– Falou como um velho soldado de cavalaria – retrucou Petraeus. Hodges mascava o seu chiclete.

– Há tanta munição e tantas armas abandonadas por lá que chega a ser inacreditável. – Ele aproximou a orelha do rádio. A companhia de infantaria passando próximo à escarpa estava a cerca de 915 metros do Túmulo de Ali. Ouvimos o capitão mais uma vez se referir ao inimigo.

– Todos já desapareceram – afirmou.

– Alguma informação sobre o paradeiro deles? – Wallace perguntou a Hodges.

– Tivemos dois informes. Um dizia que todos que escaparam o fizeram em direção ao norte. O outro dizia que eles estavam pegando esta estrada aqui. – Hodges se inclinou sobre o mapa e apontou para a rodovia na direção noroeste de Karbala. Também se acreditava que alguns Fedayeen estavam escondidos num cemitério ou no parque de diversões de Najaf, enquanto outros partiram na direção leste, para um complexo de prédios do governo.

– A tendência natural é dizer: nós vencemos. Mas ainda não chegamos lá – reconheceu Hodges. – Nós os acertamos com bastante força nestes últimos dois dias, sempre que eles atiravam contra nós, de casas ou de escolas. O único lugar que eu disse às nossas tropas que não atirassem em hipótese alguma foi dentro da mesquita, embora tivéssemos jogado uma bomba guiada por satélite num alvo a cerca de 360 metros de lá. Acho que eles ficaram chocados por termos atingido um alvo tão perto e com tanta força. Mas veja: a cúpula dourada ainda está de pé. – Ele riu como um menino que acabara de realizar uma audaciosa travessura.

Petraeus pareceu sombrio o dia todo, mas seu humor melhorou quando relatórios adicionais de reconhecimento confirmaram que forças iraquianas haviam abandonado o sudoeste de Najaf. Depois que Wallace partiu, voltamos para o Humvee. Em várias ocasiões, Petraeus avaliou que a cidade levaria semanas para cair; ele estava determinado a ver com seus próprios olhos que as suas previsões estavam erradas.

– Agora estou bingo nos Pop-Tarts – ele confessou a Jeremy Miller. "Bingo" era gíria de piloto para dizer "estar quase sem combustível". Miller sorriu. – Não, senhor, não está. – Mais Pop-Tarts chegariam com a Divisão Main, a qual finalmente avançara do Kuwait.

Hodges nos guiou em comboio através de uma plantação de tâmaras escarpa acima. Soldados a pé subiam o morro, puxando um míssil Javelin de alto poder destrutivo sobre um carrinho de duas rodas desenhado originalmente para caçadores carregarem suas caças. Alguns árabes ao longo do caminho acenavam com energia para nós, dizendo para que nos apressássemos.

– Olha isso! – exclamou Petraeus. Ele acenou de volta.

Estacionamos ao lado de uma oficina mecânica no lado sul da cidade. Najaf cheirava mal e era muito quente. Um labirinto cubista de becos e casas de barro com telhado plano se abria ao norte, na direção da cúpula do Túmulo de Ali. Parados nas esquinas, vários idosos cobertos por longas túnicas – *dishdashas*. Pude ver também uma meia dúzia de mulheres nos observando de um *shanshil*, espécie de sacada coberta de tela, ao lado de um pequeno jardim suspenso. Havia várias picapes com metralhadoras paradas na rua, fazendo esvoaçar a ostensiva bandeira americana.

– A OAG, Outra Agência Governamental – murmurou Petraeus ao descer do Humvee. O chefe da equipe, magro e com a barba por fazer, tinha um boné de beisebol decorado com um *button* com os dizeres "I Love New York" e o seu tipo sangüíneo: A+.

– Vá falar com o clérigo principal e diga a ele que sentimos muito por termos tido que atacar áreas próximas aos locais sagrados da cidade – ordenou Petraeus. – Agora precisamos da ajuda dele para manter a segurança da cidade e das mesquitas. Será que é possível trazer um clérigo para falar conosco?

– Estamos trabalhando para isso, general – disse o Sr. OAG. O clérigo xiita mais importante de Najaf era Sayyid Ali Husayni Sistani, que nasceu no Irã em 1930; dizem que ele aprendeu o Alcorão com cinco anos de idade e, depois de escapar de uma tentativa de assassinato por um esquadrão da morte em 1996, tem vivido praticamente em prisão domiciliar, numa casa próxima ao santuário. Sistani era um dentre os 13 grandes aiatolás apontados no mundo xiita e dentre os quatro em Najaf dignos do título de *marja altaglid*, ou fonte de emulação. Os seus vários tratados acadêmicos incluíam trabalhos sobre agiotagem, casamento com infiéis e "vestimentas duvidosas", das quais os nossos amigos da OAG tinham um enorme guarda-roupa.

– Sistani não tornou pública nenhuma *fatwa* – disse o Sr. OAG. O serviço de inteligência estava esperando por um decreto legal religioso saudando a invasão. – Mas ele não é a favor do regime. Está em cima do muro.

– Mais uma vez, tem de haver um tom de voz no qual possamos dizer: "Precisamos do seu conselho" – avisou Petraeus. – Precisamos tornar isso um trabalho de cooperação."

O Sr. OAG balançou a cabeça concordando e, em seguida, tocou no meu cotovelo.

– Gostei muito do seu último livro – disse ele, muito educado. – Estou esperando ansioso pelo próximo.

– Obrigado – disse. – E você é...?

– Gary.

– Obrigado, Gary. Boa sorte. – Mais tarde me disseram que ele seria o vice-chefe do posto de Bagdá.

A multidão aumentou. Meninos de calças largas se amontoavam na calçada e rapazes paravam ao lado de suas bicicletas, fumando e observando os americanos que os olhavam. Um jumento puxava uma carroça ao longo do cruzamento, seus cascos ecoando no asfalto. Uma bandeira verde iraquiana balançava no topo de um prédio e continha a inscrição *Allah u akbar*, que Saddam adicionara em 1991 para conquistar o apoio dos fiéis. Mais soldados da 101ª lotavam as ruas, vasculhando nas sombras à procura de atiradores de elite. Um oficial das Forças Especiais veio até nós para dizer que corriam boatos de resistentes em roupas civis planejando ataques suicidas. Vários bolsões de resistência ainda existiam no interior da cidade. A multidão avançou mais 20 metros e de repente pareceu um tanto quanto ameaçadora. Pensei se não havia uma memória residual de antigos conquistadores, como o muçulmano do século VII que declarou: "Vejo cabeças prontas para serem cortadas e, na verdade, sou o homem certo para fazer isso."

– Agora temos de pensar – declarou Petraeus. Uma cidade que ele esperava sitiar parecia de repente estar prestes a capitular. – O que fazemos agora? – ele continuou. – An Najaf é nossa. Então o que fazemos com ela? Quando começaremos a trazer ajuda humanitária para cá?

– É uma situação confusa – disse o ofical das Forças Especiais.

– Certamente.

Petraeus saiu caminhando pela rua na direção do tenente-coronel Chris Hughes, cujo batalhão capturara aquele canto da cidade.

– Acho que temos que trabalhar um pouco esta situação. Será o nosso pequeno projeto científico – Petraeus lhe afirmou. – Gostaria de poder lhe dar alguns conselhos maravilhosos sobre a melhor maneira de lidar com isso, sobre como manter os civis sob controle ou sobre como evitar que os soldados sofram algum tipo de atentado.

– Ficaremos bem, senhor – tranqüilizou Hughes. O seu rosto estava sujo e coberto de suor. A última vez que o tinha visto foi em Camp Pennsylvania. – Faremos aqui o mesmo que fizemos no Haiti.

– Não há nada rápido em relação a isso – Petraeus completou. – Há muito mais civis no campo de batalha do que vimos no treinamento, até mesmo milhares.

Voltamos para a parte baixa da escarpa e passamos por mais pedestres sorridentes que acenavam para nós com os polegares erguidos. Petraeus ficou em silêncio, perdido em pensamentos, e quase pude ouvir as engrenagens se mexendo enquanto ele ponderava sobre a transição repentina de um ataque urbano deliberado para uma ocupação.

Paramos no posto de comando do V Corpo no Rams, no caminho de volta para o Shell. Enquanto Petraeus se reunia com Wallace, Blount e outros comandantes numa enorme tenda por mais de uma hora, conversei com um oficial superior do estado-maior.

– O colapso iminente de Najaf foi algo muito grande – admitiu ele. – Na perspectiva do V Corpo, Najaf já está calma e a 101ª pegou o que poderia ter sido uma situação muito difícil e lidou muito bem com ela. Há mais duas cidades pela frente, Karbala e Al Hilla – assim como no caso de Najaf, os militares preferiam adicionar o artigo árabe ao nome –, e essas são as duas últimas antes de Bagdá. Vamos cercar o exército inimigo e acabar com ele. O regime tem uma gama de escolhas limitada a esta altura. Ele pode se render, pode sucumbir ou pode ser morto.

Às 18h15, ao partirmos do Rams, Freakley chamou pelo rádio.

– Achamos que acabamos de vez por imobilizar o inimigo – Petraeus lhe informou. À nossa frente, um soldado parou no meio da estrada com os braços estendidos e os punhos fechados, sinal de um ataque com gás.

– Gás! – Miller gritou. Ele pisou no freio e vasculhamos as sacolas de nossas máscaras. Com a maior calma possível, Petraeus levou um minuto inteiro para colocar a sua M-40 e em seguida continuou a conversa via rádio. Sua voz zunia pelo respirador. Não havia gás algum.

* * *

Dois panfletos caíram sobre Najaf no dia 2 de abril, quarta-feira, parte da imensidão de panfletos lançados pela Força Aérea. Um deles dizia em inglês e árabe: "Para a sua segurança, fique longe das forças militares e dos alvos." Outro trazia a foto de crianças felizes de mãos dadas diante do santuário de Ali. "Só estamos aqui para destruir alvos militares, e não o povo iraquiano."

Pouco depois do meio-dia, fomos até o Centro de Operações Táticas na escola a sudoeste da cidade. Apertado no banco traseiro do Humvee, eu estava quase imobilizado pelo equipamento entulhado próximo aos meus pés e ombros: colete à prova de balas, capacete, cantil, mochilas, câmera, laptop, máscara contra gás, mapas e rádios. Quase todos os dias eu, distraidamente, deixava para trás alguma coisa – na tenda, no helicóptero, sobre algum veículo – e só a paciência de Miller e Fivecoat evitava que perdesse todos os meus equipamentos pelos campos do Iraque.

O posto de comando de Hodges era tão escuro que levou alguns instantes para os meus olhos se ajustarem. Numa prateleira ao lado da copiadora Canon PC941, havia uma lata de café Folgers e um Manual de Campo 101-5, "Organização e Operações do Estado-Maior". Um outro mapa de mesa estava repleto de alfinetes coloridos, marcando os lugares sagrados em Najaf, incluindo um alfinete branco, distinto, que simbolizava o túmulo sagrado. Três batalhões de infantaria se dispersaram por grande parte da cidade. A maioria das tropas foi bem recebida por multidões em festa que gritavam "Morra, Saddam, morra", embora o Grande Aiatolá Sistani tenha se recusado a falar com os americanos.

Do lado de fora, encontrei o tenente Joe e lhe perguntei sobre os ânimos da população.

– A maioria das pessoas por aqui odeia o regime – disse ele. – Mas aprenderam uma lição em 1991. Até que vejam que Saddam se foi e que o regime caiu, eles serão muito cautelosos. Os imãs vão esperar para ver. Os americanos vão fazer algo de bom para eles? Usamos as palavras "libertação" e "liberdades", e isso será a nossa obrigação com eles. Se fizermos com que eles se sintam como seres humanos, nos apoiarão. Não pense que isso leva apenas algumas horas. O regime esteve no controle aqui por 35 anos.

O grupo usual das equipes das Forças Especiais estava conversando na estrada ao lado de um par de picapes quando Petraeus saiu do Centro de Operações Táticas da brigada. No caminho de volta para o Shell, notamos a proliferação de bandeiras pretas balançando nas entradas e construções de fazendas.

– O que significam essas bandeiras pretas? – Petraeus perguntou a um homem cujo boné com uma logomarca da cerveja Samuel Adams indicava que ele poderia ser um OAG ou um Delta.

– Não sei, senhor.

– Eles gostam de bandeiras, senhor – disse um outro homem no estilo OGA. – Talvez seja apenas decoração.

Decoração? Tão impressionado quanto eu estava pelo que os militares sabiam, ficava mesmo surpreso pelo que eles não sabiam. A improvisação era parte da arte militar: uma habilidade de improvisar freqüentemente um certo triunfo a partir de uma catástrofe. Mas ambigüidade, percepções errôneas e ignorância também vagavam pelos campos de batalha como duendes mal-intencionados. Por exemplo, embora analistas tivessem estudado a geografia iraquiana intensamente por pelo menos um ano, a enorme quantidade de poeira pegou o Exército de surpresa. Um oficial do V Corpo observou que até mesmo Wallace, às vezes, sabia um pouco mais do que um líder de pelotão. Mais tarde, o tenente Joe explicou que as bandeiras pretas eram símbolos de resistência xiita.

Com os dedos presos em seu colete à prova de balas, Petraeus parou próximo à estrada e contemplou o seu novo domínio em Najaf. Como, com a batalha ainda acontecendo, ele conseguiria manter a lealdade de novos corações e mentes conquistados? Como Najaf talvez fosse um modelo de Táticas, Técnicas e Procedimentos para a conquista militar de outras cidades, talvez também pudesse ser um modelo para a Fase IV, os esforços de pós-guerra de estabilização e apoio para o Iraque.

– O estado final desejado – ele disse aos oficiais das Forças Especiais – consiste na Rodovia 9 aberta, no aeroporto aberto e no fluxo constante de ajuda humanitária.

– General, quanto mais rápido começarmos a ajuda humanitária, melhor – um oficial respondeu.

Um outro oficial das Forças Especiais completou:

– Hoje foi uma festa e tanto quando entramos. Amanhã será... – Ele deu de ombros para insinuar a diminuição do apoio xiita se os americanos fracassassem em melhorar as condições da população rapidamente. – E no dia seguinte vai ser: "Que porra vocês estão fazendo por nós?"

Um sargento das Forças Especiais abriu um pacote de alimentos.

– Você come? – Petraeus perguntou sem a menor expressão no rosto.

– Apenas uma vez por semana, senhor.

– Isso é um sinal de fraqueza.

Dois dos homens subiram na cabine de uma picape Toyota armada.

– Várias picapes brancas estão sendo alvejadas por aqui – disse Petraeus.

Um homem com um boné com a marca Stihl gritou da janela do carona:

– Senhor, essas picapes atiram também.

A libertação saturava o ar enquanto dirigíamos de volta para a Barreira Charlie. Vários iraquianos lotavam as ruas, sorrindo muito e acenando com ambas as mãos ou sinalizando com o polegar erguido. Ao estudar os seus rostos em busca de algum sinal de falsidade, detectei apenas júbilo. Dilip Hiro, um intelectual do mundo islâmico, escreveu em 2002: "Seria ingenuidade imaginar que um povo que sofreu tanto nas mãos dos Estados Unidos por 12 anos e que aprendeu a odiar esse país se reuniria aos milhares para receber como lilbertadores os soldados americanos e seus colaboradores iraquianos [exilados]."

E, ainda assim, aqui estavam eles, gritando de felicidade. Lembrei da observação de Ernie Pyle que dizia que "vencer na batalha é como vencer no pôquer ou pegar muitos peixes. É muito agradável e deixa o homem muito orgulhoso". Acenamos de volta o benevolente aceno dos vitoriosos, com muita empolgação.

Ao norte do cruzamento, passamos pelo Instituto de Agricultura de Najaf. Munições apreendidas foram postas à mostra numa rua abaixo das seringueiras: 80 granadas de propulsão a foguete; 27 canhões de morteiros de 82mm; uma metralhadora com um adesivo dizendo em inglês: "Divisão Palac-Sana, República Árabe do Iêmen". Jefferson Smith, o primeiro-sargento da Companhia Bravo, do 1º Batalhão da 327ª Infantaria, puxou uma caixa de munições de fuzil com a sua bota.

– As armas estavam em escolas, em casas e dentro de ônibus por toda parte – esclareceu ele. – Encontramos um AK-47 atrás da cabeceira das camas de cada casa.

O posto de comando da companhia ficava num sobrado de dois quartos com tapetes orientais marrons, uma geladeira repleta de comida estragada e um chuveiro funcionando. Smith especulou que o proprietário – um agrônomo? Um professor de estudos sobre o Crescente Fértil? – fora forçado a abandonar a casa quando os Fedayeen ocuparam o instituto.

Detalhes domésticos decoravam a casa em cada cômodo. Fitas de cabelo cor-de-rosa, flores artificiais em um vaso, uma miniatura de um Boeing 777 pintado com as cores da Air France. Morteiros e granadas de propulsão a foguete ainda caíam ocasionalmente sobre as instalações durante o início da noite, a qual os soldados agora chamavam de hora das bruxas. Perguntei a Smith, um rapaz de 39 anos, natural de Worthington, na Virgínia Ocidental, como ele se sentia em relação à guerra até agora.

– Livre de impostos, posso comer os MREs, posso explodir coisas. É uma ótima vida – disse ele. Também não detectei a menor sombra de falsidade em *seu* rosto.

Subimos pela Rodovia 9 até o centro da cidade, passando por casas com mamoeiros brotando nos quintais. Havia um retrato enorme de Saddam vestido com um uniforme cáqui acima do portão principal de uma caserna militar abandonada. O 2º Batalhão de Chris Hughes se mudou para um colégio de ensino médio de dois andares. Três meninos tentavam vender maços de cigarro do lado de fora.

– É um dólar – eles anunciavam enquanto passávamos pelo portão do colégio. – Um dólar. – O lema oficial do batalhão era "Sem Preguiça", mas notei a sigla SPP escrita nas portas de vários veículos estacionados no pátio, e um soldado explicou o significado da abreviação não oficial do lema: "Sem Preguiça, Porra."

Encontramos Ben Hodges na sala do diretor. A janela era coberta por cortinas cor de damasco e alguns soldados ocupavam um par de sofás e três cadeiras. Havia um calendário de 2001 em cima da mesa, com uma imagem de um chalé suíço cercado de gerânios na varanda; a legenda dizia: "Qualquer pessoa que já sofreu com a pobreza sabe como é caro ser pobre." O oficial de inteligência do batalhão pregara um aviso na parede com os seguintes dizeres: "Mapas localizando as casas das estrelas! Turnês em Bagdá em breve!" Hodges parecia cansado.

– Fiz um péssimo trabalho no que diz respeito a entrar em ritmo de luta – ele me disse.

Chris Hughes estava sentado embaixo de uma sombra no pátio. Perguntei a ele sobre a tentativa de entrar em contato com Sistani.

– Esse cara tem um status de papa com essas pessoas. Foi o que eu expliquei aos meus homens. Estou tentando encontrar o cardeal certo para conversar com ele – disse Hughes. Nesta manhã, o batalhão avançou até poucos quarteirões do Túmulo de Ali, onde permaneceu enquanto vários clérigos de menor importância trocavam mensagens com intermediários da OAG.

– Esperamos por cerca de uma hora e meia, e os cabelos na minha nuca começaram a arrepiar. A multidão foi ficando cada vez maior e acabamos por recuar. Mas parecia a libertação de Paris. Havia por volta de duas a três mil pessoas agrupadas quando saímos – disse Hughes. – Tudo isso que estamos aprendendo em An Najaf vai valer ouro em Bagdá. As coisas têm sido muito fáceis desde que entramos. Estamos dividindo os paramilitares em fracos, estúpidos e corajosos. O que temos de fazer é encontrar os corajosos – aqueles que nos deixaram passar para mais tarde nos atacar pelas costas. Precisamos que os civis nos informem do paradeiro deles.

Petraeus se juntara a nós.

– Não estamos tentando criar a nossa própria Gestapo aqui – advertiu ele.

– Não, senhor – Hughes concordou. – E, por falar nisso, senhor, cada companhia tem pelo menos um ladrão de carros; então estamos sendo capazes de utilizar alguns dos veículos que encontramos.

Petraeus tinha um outro encontro marcado com Wallace e, às 16 horas, passamos de carro pela multidão aplaudindo do lado de fora do colégio e fomos até a pedreira a oeste da cidade. O comandante do V Corpo logo chegou, retirando o seu capacete e óculos escuros, depois de desembarcar do helicóptero. O seu rosto estava coberto de suor, assim como os seus cabelos ralos.

Uma brigada da 3ª Divisão de Infantaria passara pelo Desfiladeiro de Karbala, ele disse a Petraeus, enquanto outra brigada isolara a cidade de Karbala pelo leste para evitar que o reforço iraquiano recuasse. A 1ª Brigada da divisão estava a pouca distância de uma ponte estratégica sobre o rio Eufrates no Objective Peach. Tropas da 3ª Divisão de Infantaria estavam prestes a passar pelo anel de defesa de Bagdá, entrando numa área que o Exército denominara Zona Vermelha. Em breve, muito em breve, as forças americanas iriam se aproximar do Objective Saints, o cruzamento estratégico entre as Rodovias 1 e 8, bem ao sul da capital, e o Objective Lions, o aeroporto internacional.

Wallace queria que a 3ª Divisão de Infantaria de Buff Blount fosse cuidadosa, pois os Marines ainda estavam a pelo menos dois dias de Bagdá e o V Corpo não tinha tropas adicionais para apoiar Blount no caso de um contra-ataque. Além disso, espiões americanos interceptaram um relato afirmando que os comandantes em Bagdá e em Basra foram autorizados a usar "munições especiais".

– Estou de boca aberta pelo fato de Saddam ainda não ter usado os seus produtos químicos contra nós – comentou Wallace. – Karbala vai ser uma outra An Najaf. E, ao norte de Al Hilla, existem dois batalhões, com cerca de mil cabeças-de-bagre. Tenho uma certa preocupação com a área do Objective Jenkins até Al Hilla.

– Na verdade – disse Petraeus –, prefiro que eles venham até mim do que ir até eles. Eles parecem, geralmente, se adaptar a nós quando os pressionamos.

– Humm. – Wallace estudou o mapa. – Qual a chance de se fazer uma ação para despistá-los na estrada na direção de Al Hilla e em seguida recuar?

– É possível.

– Você tem condições de promover um assalto aéreo com infantaria?

– Sim, senhor.

– Dia? Noite?

– Durante o dia.

Wallace sentou-se no assento de Petraeus no Humvee e passou uma mensagem via rádio para o seu posto de comando.

– Eu disse ao Eagle Six para fingir um ataque pela estrada e em seguida recuar – disse ele. Wallace ouviu por mais um instante e desligou o rádio, despedindo-se de forma empolgada, ainda que enigmática, antes de voltar ao seu helicóptero.

– É uma situação muito ambígua – admitiu Petraeus. – Existe uma ameaça em cada esquina.

Antes de retonar ao Shell, fomos mais uma vez até Najaf e estacionamos na Rodovia 9, a 2.200 metros ao norte do Instituto de Agricultura. Hodges tinha visto veículos Fedayeen camuflados com folhas de palmeiras por entre os caminhões de lixo num estacionamento da prefeitura. Observamos enquanto soldados de infantaria partiam na direção daquela área às 17 horas e, em seguida, ouvimos o tiroteio de metralhadoras e fuzis. Um par de Kiowas, seguido de outros dois Apaches, voou até o alvo, e as armas urraram.

A cerca de 90 metros à nossa esquerda, um morteiro explodiu levantando uma parede de terra e fumaça. A artilharia de Hodges respondeu rapidamente.

Um iraquiano empurrando um carrinho com uma mala velha e um botijão de gás passou apressado por nós, fugindo dos tiros. Sua esposa e dois filhos pequenos, vestidos com túnicas sujas, caminhavam de mãos dadas ao lado dele. Seus olhos estavam arregalados de medo e ninguém olhou para trás, como se estivessem com medo de virar estátuas de sal. O homem chorava muito e toda a agonia da guerra estava gravada em seu rosto. O tenente Joe parou-o por um instante e em seguida o deixou passar.

– Ele está preocupado com os filhos, com medo de que eles morram – Joe me disse.

Ao vê-los desaparecer na distância, tive pena de seu sofrimento e me senti diminuído com os prazeres das vitórias que o dia nos proporcionara. Mas, acima de tudo, fiquei muito feliz pelo fato de o homem não ter sido um homem-bomba, com a intenção de nos mandar para o inferno ao explodir o seu botijão de gás.

Ben Freakley estava em boa forma na tenda naquela noite. Com o seu dom de imitar as pessoas, ele imitou o comandante que, antes do ataque ao Iraque em 1991, reuniu os capelães da divisão e declarou: "Agora quero que cada um de vocês reze por mim, porra."

Pedi a Freakley que analisasse a operação de Najaf.

– É a divisão do general comandante, sem dúvida nenhuma. Mas eu gostaria de ser um pouco mais direto na luta contra o inimigo. *O* inimigo, e não essas forças idiotas. – A 101ª estava sendo cautelosa demais?, perguntei. Freakley ergueu as sobrancelhas. – Por um tempo, cheguei a pensar que poderíamos ser mais violentos em nossa ofensiva, que poderíamos colocar as duas divisões a serviço do V Corpo. Temos atacado apenas com um braço.

Às 22h30, a tenda se abriu e Petraeus entrou para avisar que dois soldados haviam sido feridos levemente no combate, no final da tarde, próximo à Rodovia 9.

– Cada dia que passa traz uma melhora – disse ele. – Hoje foi melhor do que ontem, mas ainda há bandidos pela cidade. – Depois de conversar por mais alguns minutos, ele se virou para sair. – Como isso acaba? – perguntou ele mais uma vez, antes de desaparecer na escuridão da noite.

* * *

Mais dois dias seriam necessários para dominar Najaf por completo, mas a resistência enfraquecida podia ser vista através do número cada vez menor de morteiros iraquianos disparados diariamente desde segunda-feira – de 28 para 20 e para apenas dois. Em contraste, todos os 60 canhões de artilharia da 101ª e 18 sistemas de lançamento múltiplo de foguetes se juntaram à luta, enquanto os Kiowas sozinhos dispararam 200 foguetes e dez mil tiros de metralhadora calibre .50 em Najaf. Um outro Apache caiu durante uma manobra de aterrissagem na areia, mas, fora isso, a divisão praticamente não sofrera um arranhão. O número de iraquianos mortos em Najaf foi contabilizado em 373 – o tipo de número conhecido no Exército como TTA, ou uma Tentativa Tola de Adivinhação – e outros 182 foram capturados. Nenhuma TTA de vítimas civis foi feita, embora, mais tarde, a Human Rights Watch tenha afirmado que munições agregadas usadas na operação do dia 31 de março em Hilla mataram 38 civis e feriram 156. Um porta-voz americano no Catar declarou equivocadamente que os paramilitares usaram a mesquita de Ali como base de fogo.

Enquanto isso, a verdadeira guerra ficava cada dia mais perto: tropas da 3ª Divisão de Infantaria se aproximavam do Objective Lions, a 16km a oeste do centro de Bagdá. Um batalhão da 101ª viajaria de caminhão, a fim de providenciar para a 3ª Divisão de Infantaria um maior poder de fogo de infantaria no aeroporto. Analistas da inteligência calculavam que a Divisão Medina estava com 38% de sua força total, um número que, de acordo com qualquer *standard* militar, era indicativo de aniquilação.

O dia 3 de abril, quinta-feira, era dia de mudança. Depois de uma semana e meia no Shell, estávamos deixando o paraíso do deserto de uma vez por todas para nos juntarmos à Divisão Main, que havia chegado do Kuwait e montado a tenda perdida do TOC Mahal acima da escarpa entre Karbala e Najaf. Miller ajudou a desmontar o Posto de Comando de Assalto e foi na frente com as nossas bagagens no Humvee.

Petraeus, Freakley e eu voamos para Najaf no Warlord 457 às 11h20. Pelo rádio do Blackhawk, ouvi o relato de Hodges dizendo que depois que soldados da 1ª Brigada capturarem um complexo da prefeitura em Najaf naquela tarde, 150 "forças locais chegarão com uma faixa branca no braço, declararão a responsabilidade pela operação e em seguida a intifada", ou levante, contra as tropas leais a Saddam. Esse esforço complicado de sugerir que os xiitas estavam se organizando em um apoio aos americanos se desdobrou pelas horas seguintes, enquanto as "forças locais" diminuíram para 40, 30 e, na ocasião, 23. No que diz respeito aos faixas brancas, um oficial me disse:

– Agora estamos numa situação muito complicada, na qual tentamos nos ligar a um grupo de homens idênticos àqueles aos quais estamos tentando matar.

No outro lado da baia do Blackhawk, Petraeus tentava separar os amigos dos inimigos.

– Eu deveria ter pensado nisso antes, mas as pessoas que detêm o controle desta cidade, os altos funcionários do Partido Baath, têm uma responsabilidade maior em relação a isso do que a Guarda Republicana – reconheceu ele. – Aqueles que estão lutando de verdade são os que têm mais a perder. Os detentores de poderes locais que estão perdendo os seus carros, suas bases, suas casas, tudo o que têm. Deveríamos ter previsto isso. São os poderosos locais que teremos de combater.

Depois de cruzar a escarpa a apenas nove metros do chão, o Warlord 457 tocou o solo na Rodovia 9 a cerca de 150 metros da fronteira oeste de Najaf e muito próximo a um galinheiro. Encontramos Joe Anderson, Freakley e Dwyer encostados num Humvee. Abri o MRE nº 4, Galinha Caipira do Capitão, e mordisquei um pedaço de figo em barra enquanto Freakley relatava os eventos da manhã para Petraeus. O batalhão de Chris Hughes avançou mais uma vez na direção do santuário de Ali e mais uma vez encontrou uma multidão agitada de cerca de dois mil iraquianos convencidos de que os americanos estavam ali para prender o aiatolá Sistani. Algumas pedras voaram, atingindo Hughes no peito e no capacete. Um iraquiano expatriado tentando acalmar a multidão com um alto-falante acabou piorando a situação:

– Ajoelhem-se e apontem as armas para o chão – Hughes gritou para os seus homens. – Sorriam e não mostrem sinais de hostilidade.

Ele abaixou o fuzil e se apoiou no joelho, com uma postura passiva, arrancando o cabo do microfone, antes de recuar com o batalhão. Sistani aparentemente se sentia vulnerável aos renegados Fedayeen, Freakley disse, e queria sua proteção garantida.

– Darei a ele o que estou dando a todos, um pelotão de infantaria – disse Petraeus. – Isso é quase bizarro. Na verdade é muito mais do que "quase".

Anderson removeu o capacete para enxugar a sua cabeça raspada. Ele parecia um pouco com Yul Brynner quando jovem. Parte da sua

2ª Brigada procurava por tropas iraquianas ao longo do Eufrates – ele comparava a ação com "limpar faisões" – enquanto outros se juntaram à 1ª Brigada de Hodges na Rodovia 9 para dividir Najaf. O V Corpo queria que a brigada atacasse mais uma vez pelo norte e capturasse Hilla.

– Antes de virmos para cá, nos disseram que havia armas escondidas em cada escola, e foi isso mesmo o que aconteceu – falou Anderson. Ele puxou uma lista de 24 escolas, marcadas de A a Z e identificadas com localizações matriciais de seis dígitos. Cada uma delas fora convertida em um paiol, com um estoque enorme descoberto na S.

– O que estamos observando é uma enorme movimentação para cima e para baixo no rio, onde há coberturas para que eles possam lançar morteiros – contrapôs o tenente-coronel Henry W. "Bill" Bennett, principal comandante de artilharia da 2ª Brigada. – É como se estivéssemos caçando cervos. – Metáforas de caça pareciam estar na moda nesta manhã.

– Eles já chegaram a colocar civis como escudos? – perguntou Petraeus.

– Eles ainda não interferiram – respondeu Anderson.

– Há alguma outra ponte que você queira derrubar acima de Al Hilla?

– Não, senhor. Não é necessário.

Anderson reclamou que movimentar os seus soldados ainda era difícil.

– Já está sendo dez vezes mais difícil do que na Tempestade do Deserto – disse ele. Os três batalhões de infantaria da brigada tinham apenas 27 caminhões entre si, "e isso é uma ninharia".

– Em Al Hilla, qual a sua tarefa e objetivo? – perguntou Petraeus.

– A tarefa é destruir os remanescentes da Guarda Republicana – respondeu Anderson. Ele não mencionou o objetivo.

A enorme tenda do D-Main surgiu no deserto como um enorme sítio arqueológico esperando para ser escavado. Depois de tantos dias apertado no Posto de Comando de Assalto, o TOC Mahal com o seu teto de catedral e baias largas parecia vasto, embora as condições do deserto em Camp Eagle Three não fossem melhores do que as do Shell. Atirei as minhas mochilas numa tenda listrada e caminhei por 180 metros em volta dos barrancos de areia em torno do Centro de Operações Táticas até encontrar a entrada. Lá dentro, Petraeus estudava os monitores de vídeo e comia o pó de chá gelado direto da embalagem. O desafio do dia e a senha

– AGITADO e RINS – estavam logo acima da entrada. Oficiais do estado-maior se debruçavam sobre os seus laptops em mesas nas três fileiras de assentos. Era bom estar reunido novamente com E. J. Sinclair, Tom Schoenbeck, Trey Cate e outros que vimos pela última vez em Camp New Jersey, embora eu descobrisse rapidamente que muitos deles se sentiam excluídos da guerra – ao passar grande parte do tempo se movimentando lentamente em comboios no Sul do Iraque – ou tinham sérias dúvidas sobre o papel da 101ª.

– O general comandante está sendo cauteloso *demais*? – um oficial me perguntou com a voz baixa. – Fala-se muito na divisão sobre a razão da 101ª não estar mais envolvida.

Eu não tinha certeza sobre como responder. Petraeus estava fazendo o que Wallace queria, embora eu não tenha percebido que ele pudesse estar pressionando o comandante do V Corpo por um papel maior na guerra. Com os Apaches, em sua maioria, presos por conta das condições climáticas e da resistência inesperada, além do fato de a areia impedir todas as operações de helicópteros, a 101ª fora neutralizada parcialmente. Ao contrário da 3ª Divisão de Infantaria, a divisão não tinha veículos de assalto ou de transporte de pessoal blindados – exceto pelo batalhão emprestado do 70º Regimento Blindado – e poucos caminhões. Até mesmo um exército despreparado, mas com artilharia e blindagem, poderia devastar os soldados de infantaria leve da 101ª, se eles fossem usados de forma inconseqüente.

Naquela tarde, Ben Hodges despachara blindados e um batalhão de infantaria para o centro de um trevo entre as rodovias na fronteira leste de Najaf. Canteiros de zínias e palmeiras-anãs alinhavam-se ao redor do trevo, e uma bandeira do Crescente Vermelho balançava acima de um hospital perto dali, a menos de 45 metros de um prédio reduzido a pó por um míssil de Munição de Ataque Direto Conjunto, ou JDAM, na sigla em inglês, da Força Aérea. No meio da rua, sobre um pedestal de travertino, havia uma estátua de Saddam montado num cavalo e levantando uma espada, com os cabelos trançados para se assemelhar aos cabelos de Nabucodonosor, cujos feitos no século VI a.C. – particularmente o saque em Jerusalém e o incêndio no Templo de Salomão – o líder iraquiano tanto admirava.

Com Benjamin Freakley observando – "Você tem um grupo preparado de antiatiradores de elite?", perguntou Freakley –, os engenheiros de

Hodges posicionaram oito blocos de explosivo plástico C-4, seis torpedos bangalore, vários tubos de choque e 15 metros de fios de demolição. Um sargento preparou uma escada de cordas para afixar os explosivos extras às patas traseiras do cavalo. Hodges estava preocupado com a possibilidade de os explosivos falharem no momento crítico, propiciando a Saddam um golpe de propaganda. Por isso, duas velas de ignição M-81 também foram conectadas como forma de garantir a explosão.

Três picapes das Forças Especiais chegaram ao trevo, levando um clérigo disposto a conversar e a "força local" de 23 xiitas, que chamavam a si mesmos de Coalizão pela Unidade Nacional do Iraque. Num momento de inspiração, Petraeus propôs que os iraquianos detonassem por si mesmos a estátua de Saddam; câmeras de televisão foram posicionadas de modo a parecer que a influência americana naquele evento era quase invisível. Todos recuaram cerca de 90 metros, e então, às 16h50, um coronel iraquiano dissidente murmurou uma oração em árabe e ligou o detonador.

Cavalo e cavaleiro se esfacelaram em mil pedaços com um estrondo; o capacete de Nabucodonosor voou pelo ar como uma bola de futebol chutada. Vários iraquianos em festa se aproximaram do local, tirando fotos e cuspindo nos destroços. Hodges apertou a mão suada do coronel iraquiano e em seguida pegou um suvenir para a brigada pôr à mostra em Fort Campbell.

– Foi tão emocionante que quase chorei. Sei que isso parece idiotice, mas foi o que senti – disse-me mais tarde. – Foi uma satisfação enorme, parecida com a queda do Muro de Berlim.

Na manhã do dia 4 de abril, sexta-feira, fomos novamente para Najaf, desta vez entrando na cidade pelo norte, depois de uma viagem de carro de uma meia hora partindo do novo acampamento. Petraeus queria ter certeza de que a cidade estava mesmo em paz antes de dar início à sua próxima tarefa. Os planos haviam mudado radicalmente durante a noite: o V Corpo ordenara que a 2ª Brigada de Anderson atacasse Karbala no sábado, em vez de Hilla, enquanto a 1ª Brigada se consolidava em Najaf. Houve muitos protestos entre os estrategistas da divisão, que passaram a noite em claro preparando o cerco no que veio a ser a cidade errada.

– Pretendíamos organizar tudo com um período de 72 até 96 horas de antecedência, mas isso tem sido impossível com a mudança constante do plano – um oficial do estado-maior me disse. – Tenho certeza de que Joshua Chamberlain foi até a tenda de Hancock em Gettysburg e disse: "O seu plano está todo fodido." Mas os nossos estrategistas não conseguem acompanhar toda essa confusão, pois os próprios estrategistas do V Corpo não conseguem. Uma coisa é certa: eles ainda estão em Camp Virginia, no Kuwait, e têm muito pouco contato direto com Wallace ou com o campo de batalha. O paradigma de planejamento está quebrado.

Eu já havia observado que os oficiais do estado-maior em cada posto de comando acreditavam que os quartéis-generais um nível acima deles eram imprudentes e malguiados, e que os quartéis-generais dois níveis acima eram incompetentes. Na companhia, por exemplo, o batalhão sempre parece bobo e a brigada, incompetente. Na divisão, era comum acreditar que o corpo era confuso, enquanto o exército, que tinha 23 generais do Comando de Componente Terrestre das Forças Combinadas trabalhando com dificuldades em Doha em escalões que desafiavam os limites da razão, era simplesmente uma confusão vestida em uniforme de camuflagem.

Havia estufas por toda parte na Rodovia 9, e várias crianças acenavam para nós dos canteiros centrais da rodovia, enquanto acelerávamos fundo ao passar pela Companhia Estatal de Produção de Roupas. A vida e o tráfego retornaram para Najaf em medidas iguais. Ônibus brancos municipais e táxis com os pára-choques alaranjados entupiam as seis pistas; cada escapamento jogava no ar uma nuvem azul de exaustão. Um retrato de Saddam de quepe e atirando com um fuzil apareceu próximo a um estabelecimento chamado Abu Akeel Restaurante e Refrescos. "Sim", o cartaz dizia, "sim, para o Líder."

Petraeus estava um tanto quanto pensativo, tentando descobrir se tinha levado o D-Main muito para o norte, se pegar os blindados de Hodges e entregá-los a Anderson fazia algum sentido, se o Shell deveria ter sido montado mais próximo à rodovia. Sem a minha intromissão, ele percebeu a confusão da divisão em relação à sua cautela.

– Eu *não* tenho aversão a mortes – enfatizou. – *Tenho* aversão a mortes estúpidas. Freakley é muito leal e competente – disse Petraeus –, mas era um oficial de unidade mecanizada numa unidade de infantaria leve. Ele é impaciente, quer entrar com tudo em Bagdá.

Às vezes, o comandante assistente podia ser "difuso em suas energias" e tendia a ser duro com o estado-maior.

E Petraeus completou:

– Existe um atrito quase inerente entre o general comandante e o comandante assistente, especialmente quando você só é capaz de lutar com uma brigada de cada vez.

Motoristas de táxi, de calça e camisa sociais, faziam fila ao lado de seus carros num posto de gasolina. Havia cartuchos de munição usados por toda parte.

– Eu não deveria falar sobre isso, porque é como falar sobre fazer um arremesso perfeito no sétimo turno. Ou talvez no segundo turno [de uma partida de beisebol]. Mas estou satisfeito com a nossa pontaria. O inimigo parece atirar para qualquer lado na esperança de acertar algo, enquanto miramos muito bem. Bate na madeira. – Ele deu uma batida no capacete.

Miller seguiu para o leste, passando pelos destroços da ilusão *nabucodonosoriana* de Saddam e pelo Hotel Marítimo de An Najaf. Que mar, pensei, os donos poderiam estar imaginando? O mar de amor? Um mar de problemas? No lado sul da estrada, uma menina se agachava sobre uma bacia para urinar. Havia cinco anéis olímpicos enormes próximo à piscina, que possuía várias plataformas de salto. Lembrei-me de que um dos filhos de Saddam, segundo voz corrente, torturava atletas iraquianos com atuação inaceitável. Homens de *kaffiyeh*, sentados num café, manuseavam suas contas para oração e bebiam chá com o dedo mindinho estendido. A fragrância de tabaco mesclado com maçã subia de um narguilé. Petraeus apontou para um sinal indicando a Companhia de Cimento do Sul.

– Podíamos fazer com que esses caras construíssem alguns heliportos – disse ele.

A cada poucos quarteirões, passávamos por um prédio destruído por mísseis, às vezes com uma bandeira iraquiana ainda esvoaçando no meio dos destroços. Em vários prédios pelos quais passávamos, havia um enorme retrato de Saddam, incluindo um no qual ele estava ajoelhado num tapete de oração, com as mãos erguidas, como se suplicasse aos céus. Eu estava começando a entender, visceralmente, o culto stalinista da personalidade num país onde o Líder aparece num milhão de relógios de pulso.

Ao nos aproximarmos do rio, passamos por uma feira. Fazendeiros anunciavam tomates e cebolas em suas barracas, um vendedor cuidava de seu carrinho repleto de bolas com a marca 7UP. A multidão aumentou e se expremia contra o Humvee por todos os lados. Petraeus olhou-me nos olhos e fez um sinal para Miller, que dirigia com uma mão e com a outra segurava a sua pistola.

Voltamos. Najaf estava em paz, pelo menos por hoje. De volta ao colégio onde estava localizado o posto de comando do batalhão Sem Preguiça, Hodges disse a Petraeus que havia declarado o santuário de Ali uma área desmilitarizada "para que não haja presença militar a oeste da Rodovia 9". Ele também divulgou um edito tornando ilegal o assassinato por vingança, mas permitindo o saque de propriedades do Partido Baath e dos Fedayeen.

– Você vê homens andando por aí com escrivaninhas, cadeiras de escritório, abajures, cortinas – disse Hodges, e eu pensei se o saque autorizado não era um caminho escorregadio na direção da anarquia.

Antes de voltarmos para fora, Chris Hughes me mostrou uma maquete do terreno, descoberto num banheiro de um quartel do Partido Baath. Montado sobre uma placa de compensado, com cerca de 1,5m por 90cm, ilustrava o plano iraquiano para a defesa de Najaf. Soldadinhos verdes de brinquedo, representando os americanos, estavam agrupados na parte baixa da escarpa, na fronteira sudoeste da cidade. Soldadinhos vermelhos, representando os iraquianos, ocupavam uma barricada ao longo das avenidas do perímetro, com posições alternativas designadas no centro da cidade. A maquete incluía carrinhos, palmeiras, até mesmo jumentos de plástico. Em lugar nenhum eu vi JDAMs, Apaches, Kiowas, Hellfires ou qualquer outro sinal de realidade.

No pátio do lado de fora, dois soldados feridos na luta de quarta-feira à tarde estavam deitados na traseira de um quadriciclo Gator, aguardando para receber seu Coração Púrpura. Uma centena de soldados os observava, debaixo de um sol estonteante, enquanto as medalhas eram entregues aos feridos. Petraeus caminhou até a frente dos soldados.

– Não há sinal maior de compromisso do que aquele realizado ao colocar a infantaria americana em ação – afirmou ele. – Estamos aqui para honrar dois soldados que estão recebendo a mais nobre condecoração que existe em nosso país.

E depois de uma pausa:

– Vocês fizeram um bem imensurável à nossa nação nesta batalha em questão e nesta parte da campanha. Vocês se saíram brilhantemente em diversas situações difíceis. – Sua voz forte reverberava pelo pátio e pude notar que seus olhos estavam marejados.

A cerimônia se encerrou. Um sargento dispensou os soldados.

– Urra! – gritaram. – Urra!

13

"A GUERRA É UMA PUTA"

Nas áreas pútridas da região central do Iraque, a pequena cidade ribeirinha de Kufa possuía um *pedigree* histórico de rara nobreza. A tradição local dizia que Noé construíra a sua arca da madeira de álamo do Eufrates e a lançara no Dilúvio. Mais tarde, Kufa serviu como capital dos abássidas, os califas que dominaram o mundo islâmico por cinco longos séculos, num tempo em que a Europa se encontrava na Idade das Trevas. Famosa pela tecelagem da seda – apenas o carinho de uma mulher era mais suave do que uma echarpe de Kufa –, a cidade também cultivava a religiosidade e o academicismo; um dos mais importantes códigos da lei islâmica surgira aqui.

Mas isto aqui era a Mesopotâmia, onde se contabilizou que pelo menos 92 califas abássidas foram assassinados em diversas intrigas, e, inevitavelmente, a herança de Kufa também incluía caos, dor e derramamento de sangue. Foi aqui que Ali foi trucidado na mesquita; o altar onde morreu continua a ser uma atração turística. Foi aqui também onde o grande cisma separou os xiitas dos sunitas no século VII. Hussein, o filho do falecido Ali, saiu de Meca e caminhou para o norte até Kufa com 72 companheiros, prontos para confrontar um usurpador sírio que controlava o califado e se dizia o verdadeiro sucessor de Maomé. Ao prosseguir até Karbala, no início de outubro de 680, Hussein não conseguiu reunir a população local em prol de sua causa e logo se viu cercado por quatro mil soldados inimigos. Uma tentativa de seu leal meio-irmão, Abbas, de trazer água do Eufrates terminou em desastre, com Abbas perdendo sua mão direita na batalha e, logo em seguida, a vida. No décimo dia do confronto, Hussein e seus companheiros foram massacrados e suas mulheres e filhos, reduzidos à condição de escravos. Hussein morreu com uma espada numa das mãos e um Alcorão na outra. Sua cabeça foi enviada a Damasco como um troféu de guerra e desde então seus devotos xiitas e seus adversários sunitas têm lutado freqüentemente.

Fomos até Kufa na tarde do dia 4 de abril, sexta-feira, pois foi lá que a 2ª Brigada de Joe Anderson se agrupara para a sua iminente marcha a Karbala. Petraeus estava muito comunicativo, tendo dominado uma cidade estratégica e com outra esperando logo à frente.

– Você já leu *O americano feio*? – perguntou. – O interessante é que ele é literalmente feio. – Ele estendeu a mão para fora da janela do Humvee e ela subiu e desceu com o vento. Cruzamos o Eufrates sobre um dique de concreto a 16km ao norte de Najaf. A água estava fria e tinha um aspecto surrealista, um alívio delirante para os olhos depois de tanto tempo no deserto seco. A temperatura estava em torno dos 38 graus e Petraeus ordenou aos seus soldados que abrissem os seus trajes especiais, preferindo a possibilidade de um ataque químico à certeza de males causados pelo calor intenso.

Paramos numa escola abandonada onde um batalhão havia montado um Centro de Operações Táticas numa sala de aula decorada com correntes de papel.

– Como vocês estão, rapazes? – perguntou Petraeus. Ele caminhou pela escola como um cabo eleitoral, suas botas raspando o piso de cerâmica. – Vai conseguir o seu CIB, não vai? Merda de calor! – Dentre as condecorações de combate, o Distintivo de Combate da Infantaria [CIB, na sigla em inglês] – criado em 1943 – era muito valorizado. – O calor não está lhe chutando o rabo, está? Bagdá não está tão longe. OK, heróis, mantenham esse ótimo trabalho. A CNN estará com vocês amanhã.

– Que bom – respondeu um soldado. – Isso significa que faremos alguma coisa.

O Centro de Operações Táticas da brigada de Anderson ficava na Fábrica de Refrigerantes e Água Mineral em Kufa, a sudeste da grande forquilha do Eufrates e a cerca de 32km de Karbala. Na entrada do pátio da fábrica, alguém rabiscou de forma enigmática: "Rhode Island é uma droga." Lá dentro havia garrafas vazias em uma linha de montagem que fora paralisada abruptamente no meio do enchimento das garrafas, talvez quando um veículo blindado americano destruíra as portas de metal da fábrica. Várias caixas de Kufa Cola, refrigerantes de laranja, lima-limão e maçã lotavam o armazém ao lado, e um pequeno laboratório continha latas de Coca-Cola, Pepsi e 7UP, aparentemente para comparações de sabor e engenharia reversa. Os soldados ao redor do complexo estavam virtualmente intoxicados de tanto beber refrigerantes Kufa, enquanto lavavam seus uniformes sujos e suas armas. Mais tarde, o auditor de guerra da divisão descobriu quem era o proprietário da fábrica e lhe pagou 12.600 dólares pelos refrigerantes consumidos.

Encontramos Anderson sem o capacete, estudando um mapa denominado "WGS84 Karbala", cujas cópias eu vira empilhadas em Camp New Jersey na noite do ataque interno em Camp Pennsylvania. O comandante da brigada planejava conduzir um assalto aéreo contra três batalhões de infantaria no lado sul da cidade, enquanto entrava com 28 veículos blindados e 16 Bradleys em Karbala, partindo do leste e do nordeste, batendo o martelo da infantaria contra a bigorna da couraça. O serviço de inteligência estimava que 500 "paramilitares robustos" permaneciam em Karbala, perigosos, ainda que reduzidos de uma força inicial contendo algo como três mil soldados, dos que lutaram contra a 3ª Divisão de Infantaria nos arredores da cidade.

– Eu manteria os Apaches sobre o lago. Sou muito cauteloso no que diz respeito a Apaches voando sobre a cidade – admitiu Petraeus. Dos 72 Apaches na 101ª, dez já estavam fora de combate.

– Nós simplesmente estamos sem visibilidade, senhor – disse um piloto de Apache ao se juntar à conversa.

Petraeus apontou para o mapa.

– Esta é a segunda cidade mais sagrada.

– Estávamos na mais sagrada, An Najaf, e agora veremos a segunda mais sagrada. Se formos para Hilla, será a terceira mais sagrada – falou Anderson. Ele falava de forma cadenciada, inclinando-se para a frente, como se estivesse tentando dar ênfase às suas palavras. Ele começou a reclamar sobre algo, mas Petraeus o interrompeu:

– Pare de reclamar.

– Eu tenho que reclamar sobre algo, senhor.

Wallace chegou de helicóptero às 16h20 e sentou-se numa cadeira na sala de conferências. Um outro mapa enorme de Karbala fora dividido em 30 setores, de A a DD. Wallace perguntou o que a divisão sabia sobre os líderes religiosos e os locais sagrados em Karbala.

– Temos boas informações sobre todos os locais – respondeu Anderson, embora agentes OAG tivessem sido menos atuantes em Karbala do que foram em Najaf. Depois de ouvir o plano de batalha por alguns minutos, um repórter que viajava com Wallace, Steve Komarow, do *USA Today*, chamou-me para acompanhá-lo até o lado de fora. Com a voz baixa, ele me disse que Michael Kelly, um colunista do *The Washington Post*, morrera afogado na quinta-feira à noite, quando o Humvee no qual viajava capotou e caiu dentro de um canal próximo à Rodovia 1. Um soldado também morrera e outros dois conseguiram escapar do veículo. Eu não conhecia Kelly pessoalmente, mas sabia que era um escritor talentoso e com muita impetuosidade; sua morte parecia sem sentido e improvável, um fim abrupto e absurdo para uma vida de talento e realizações.

Wallace e Petraeus saíram da fábrica de refrigerantes. O comandante do V Corpo voltou para o seu helicóptero e poucos minutos depois partimos de volta para o acampamento. Vários cachorros latindo corriam atrás do Humvee enquanto o sol baixava sobre o Eufrates. Pastores erguiam seus cajados e gritavam: "Olá! Olá!" Placas de esterco ressecado para combustível eram estocadas num pequeno cercado. A plantação de trigo estava a quase um metro de altura e o rio prateado refletia as palmeiras na outra margem com mais brilho do que um espelho.

– Isso deve ser o que há de mais bonito no Iraque – disse eu.

Petraeus pensava sobre Karbala.

– A velha regra de ouro consiste em nunca deixar artilharia em reserva, e nós não estamos deixando. – Ele passou um rádio para o D-Main com uma lista de perguntas e, quando a resposta não veio rápido o suficiente, movimentou a cabeça para a frente e para trás, impaciente. – Você sabe – perguntou ele, ao adentrarmos o acampamento – a importância de se ter um distintivo de combate?

Às 23h30, eu havia terminado a minha história do dia na tenda de relações públicas quando uma mensagem via e-mail chegou, pedindo que eu telefonasse para a editoria internacional, em Washington. Xingando bastante por causa da interrupção no meu sono, peguei o telefone via satélite e digitei o número. Fui colocado em espera imediatamente. Em seguida, Leonard Downie, Jr., o editor executivo do *Post*, entrou na linha.

– Não sabíamos como entrar em contato com você – disse ele –, mas queríamos lhe dizer que *An Army at Dawn* – o meu recente livro sobre a campanha norte-africana durante a Segunda Guerra a Mundial – ganhou o Prêmio Pulitzer de história.

Aquilo foi empolgante e desconcertante, como um trovão no céu, e apenas as estrelas me fizeram companhia naquele acampamento. Liguei para a minha família para dar a notícia e em seguida observei as silhuetas das antenas que despontavam do TOC Mahal por mais alguns instantes, antes de voltar para o meu saco de dormir.

Às 9h15 de sábado, já estávamos na estrada, a caminho de Karbala. A 2ª Brigada havia começado a se movimentar na direção de Karbala, partindo de Kufa, e Petraeus já lutava em sua batalha mental.

– A melhor maneira de destruir o inimigo é através das forças combinadas. Também vimos a importância da flexibilidade entre soldados e líderes. É o regime, estúpido. É isso o que está em jogo. – O regime parecia estar cambaleando. A 3ª Divisão de Infantaria agora controlava o aeroporto de Bagdá. Com os Marines pressionando do leste, as forças americanas praticamente estrangularam a capital. O serviço de inteligência estimava a Divisão Medina em 18% de sua força total. A Hammurabi estava em 44%, e a Adnan em 65%.

– Esses números estão sendo questionados – um capitão do serviço de inteligência disse a Petraeus durante a reunião de atualização de batalha da manhã. – É possível que eles sejam ainda mais baixos.

Os advogados do estado-maior estavam confusos sobre o que dar de alimentos para a crescente população de prisioneiros de guerra; a lei internacional requeria que eles recebessem as mesmas rações que os soldados americanos, o que parecia eliminar o uso das rações humanitárias disponíveis aos montes, enquanto os MREs diminuíam no estoque.

– Deixem que eles comam bolo – brincou Petraeus –, mas nada de Pop-Tarts.

Às 10h35, encontramos Joe Anderson numa estrada de mão dupla a quase um quilômetro ao sul de Karbala. Um grupo de Blackhawks e Chinooks sobrevoava o deserto atrás de nós, desembarcando soldados nas zonas de aterrissagem Pardal e Pisco. Um oficial passou as boas notícias pelo rádio, dizendo que as zonas de aterrissagem estavam "geladas" – não sofriam ataques –, o que era preferível a "cereja". Oficiais do estado-maior da brigada monitoravam o assalto aéreo com um *checklist* das cidades em ordem alfabética, da mesma forma que nomes femininos foram usados no ataque de Apaches havia uma semana. De companhia em companhia, os soldados chegaram: Akron, Albuquerque, Alexandria, Atenas, Atlanta, Bloomington, Boise, Boston.

A artilharia despejou mais de cem bombas de fumaça para proteger a infantaria que se movia para o perímetro de Karbala.

– Quando se está organizando uma entrada numa cidade, ajuda muito se o inimigo estiver incapacitado de vê-la – afirmou Petraeus.

Kiowas sobrevoando telhados atacaram quatro lança-morteiros localizados numa enorme trincheira. Ouvi Freakley pelo rádio:

– Lança-morteiros destruídos.

Seis mísseis JDAM já haviam destruído uma sede do Partido Baath e outros alvos no centro da cidade.

– Que bela manhã – Anderson me disse com um sorriso tímido. – Kiowas, Blackhawks, JDAMs, morteiros, fumaça. – O seu posto de comando improvisado estava localizado no aterro sanitário de Karbala, uma área escolhida, sem dúvida alguma, por sua localização no mapa sem a preocupação do quão incômodo seria estar lá. Havia lixo espalhado por quilômetros a fio nos dois lados da estrada, emitindo um mau cheiro terrível que piorava ainda mais com a elevação da temperatura para cerca de 39 graus. O lugar ficava ainda mais quente por conta dos Humvees que permaneciam ligados, para que o rádio não consumisse as baterias.

Às 10h45, os primeiros pelotões de infantaria reportaram a captura de vários quarteirões no sudoeste de Karbala; um aviso similar veio do sudeste poucos minutos depois.

– Temos uma posição segura no G, outra no I e estamos agora no Charlie Charlie – disse Anderson, apontando para o mapa do seu setor. O som de tiros se intensificou enquanto a resistência se fortificava. Ouvi a voz de Freakley propondo mais apoio aéreo aproximado contra as fortificações iraquianas.

– Não faça isso, Joe – avisou Petraeus. – Atingimos seis alvos. Isso é suficiente. Temos homens dentro da cidade nesse lugar.

Várias carroças circulavam pelo aterro, perseguidas por um cachorro que não parava de latir. O tenente Joe interrogava os motoristas e em seguida afirmou que "a cidade está limpa".

Não estava. Sessenta segundos mais tarde, Kiowas reportaram ter atacado uma linha de trincheiras e caminhões carregados de granadas de propulsão a foguete. Uma dessas granadas, aparentemente apontada para um helicóptero, explodiu com uma nuvem negra próximo a uma torre de água na nossa frente. Logo atrás, um Chinook levantou vôo num caldeirão de poeira marrom, cuspindo faíscas amarelas para despistar qualquer míssil guiado por calor.

Às 11h35, um comandante de um Bradley reportou ter atirado contra um iraquiano armado com granadas de propulsão a foguete em cima de um telhado.

– Eles não vão durar muito tempo, eu suspeito – afirmou Petraeus. O som de uma metralhadora .50 de um Kiowa ecoava pela cidade.

Ao meio-dia em ponto, uma chamada via rádio deixou o posto de comando em silêncio.

– Três feridos, um em estado crítico. Precisamos de remoção. Outros estão no meio de um campo minado, em combate.

– Do que você precisa? – perguntou Anderson. Ele permanecia sentado de lado em seu Humvee, segurando o rádio. – Artilharia?

Petraeus se aproximou da porta aberta.

– E os Kiowas?

– Fique firme – aconselhou Anderson. – Iremos ajudá-lo.

Nas porções central e leste da cidade, a fumaça preta subia incessantemente. A nordeste ficavam os grandiosos santuários de Hussein e Abbas. Para evitar atingir soldados americanos, um canhão de artilharia disparou deliberadamente um único tiro a 600 metros do alvo. Um observador na cidade passava instruções via rádio para redirecionar o canhão de cem em cem metros.

Petraeus puxou a manga da camisa de Anderson. A sugestão de Freakley sobre ataques aéreos adicionais agora parecia mais tentadora.

– O que devemos fazer é atacar com munições de precisão, em vez de partir com a artilharia em volta da cidade.

Anderson balançou a cabeça concordando.

– Explodiremos a cidade inteira.

O tenente-coronel Bill Bennett, artilheiro de mais alta patente da brigada, chamou Anderson de seu Humvee, que estava estacionado a nove metros de distância no lado sul da estrada.

– Terminar a missão, senhor?

– Terminar a missão – Anderson ordenou.

Bennett e o seu oficial de apoio a ataques, o major Dave Ell, pareciam desapontados.

Anderson chamou a unidade com os soldados feridos pelo rádio:

– Grupo de remoção a caminho, 25 minutos. Faça o melhor que puderem para controlar a situação.

Ele se virou para o seu oficial de comunicação aérea – ALO na sigla em inglês –, capitão John Stockwell, da Força Aérea, que estava sentado num Humvee blindado, com uma pequena antena em X montada sobre a tampa do motor. Anderson queria que o apoio aéreo acertasse dois prédios que abrigavam combatentes Fedayeen; Stockwell passou as informações para o Centro de Operações de Apoio Aéreo no V Corpo, que falava diretamente com as aeronaves. Bem no alto, pude ver o rastro de caças partindo na direção de Bagdá.

– ALO, em que pé estamos? – perguntou Anderson.

– Esperando pela aeronave, senhor – respondeu Stockwell. – Não sabemos quanto tempo levará até que cheguem.

– Tudo bem. Mantenha-me informado.

Motoristas e outros soldados comiam suas rações frias com colheres de plástico. Um oficial do estado-maior ajustava as quatro pedras que seguravam o mapa na tampa do motor do Humvee. Bennett espantava as moscas com o seu fone de ouvido.

Às 12h35, Stockwell reportou que dois caças F/A-18 acabavam de chegar à estação. Cada um carregava um míssil AGM-65 Maverick, com uma ogiva de fragmentação de 136kg que requeria alguém para apontar um feixe de laser para o primeiro alvo, uma instalação do Partido Baath. Dessa maneira, o Maverick, empregado pela primeira vez no Vietnã, seguiria a energia laser refletida.

– É possível colocar um Kiowa para apontar o *laser* para o alvo? – perguntou Stockwell. – Ele precisa atingir o lado oeste do prédio.

Dave Ell se aproximou de Anderson.

– Também temos Copperhead, se o senhor quiser – disse Anderson, referindo-se a uma munição de artilharia guiada a laser.

– Hoje é o dia do apoio aéreo aproximado – falou Anderson. – Não seja invejoso.

– A que altitude estão os helicópteros? – perguntou Stockwell.

– Muito baixa – respondeu Anderson.

– Quinze metros – disse outro oficial.

– Os caças estarão prontos em cerca de um minuto – informou Stockwell.

Anderson falou rapidamente com Saber Six, o tenente-coronel Steve Schiller, o qual pudemos ver ajustando o alvo de seu Kiowa com dificuldade. O raio laser não funciona muito bem em ambientes onde há muitas nuvens ou fumaça. Achei que Schiller pudesse ter dificuldades com o feixe de laser.

– Eles estarão posicionados em trinta segundos – garantiu Anderson.

– Senhor – disse Stockwell –, dois minutos de atraso.

– O laser está sobre o alvo – afirmou Anderson.

Nesse momento, Bill Bennett tentou vender o seu peixe:

– Senhor, podemos tentar o Copperhead no outro alvo, no paiol.

– Laser na posição.

– Diga a ele para mantê-lo na posição. Trinta segundos. – Stockwell segurou o fone de ouvido na posição e falou o código para um Maverick disparado.

– Fuzil! – Em seguida: – Merda. Prédio errado.

– Gostaria de saber onde *isso* vai aterrissar – balbuciou Ell. Todos olharam para cima.

– Para onde foi esse míssil? – perguntou Anderson.

– Ele desligou o laser e a bomba não foi disparada – disse Stockwell. – O caça está voltando.

– O Kiowa está orbitando sobre um alvo quente – Anderson informou a Stockwell, com uma certa rispidez. – Ele é quem vai ser atingido, e não os seus homens.

– Uma vez que o laser estiver ligado, mantenha-o assim – ordenou Stockwell. Ouvi a voz de Schiller.

– Laser ligado.

– Laser ligado – confirmou Anderson. – OK, segure-o. Tenha cuidado.

– Coronel Anderson – disse Stockwell –, o caça não está em posição. Pode dizer para ele desligar.

– Quanto tempo?

– Trinta segundos, senhor.

Anderson respirou fundo e se virou no assento.

– Ele precisa de mais tempo do que isso para se posicionar.

– Vamos partir para um período de três minutos – disse Stockwell – e ele deve ligar o laser no último instante. – Dois minutos passaram. – O laser já deve estar ligado.

– Saber Six, Strike Six. Laser ligado – Anderson disse a Schiller. Em seguida, virou-se para Stockwell. – Se você estragar essa, dessa vez eu o mato.

– Fuzil!

Ell se aproximou mais uma vez.

– Senhor, estamos prontos.

– Senhor – disse Stockwell, e a esta altura eu pude sentir o desespero em sua voz. – Ele acha que o míssil não foi guiado novamente.

Todos olharam para cima mais uma vez. Os cabelos da minha nuca se arrepiaram. De repente, uma forte explosão balançou o deserto atrás de nós. Olhos se arregalaram, cabeças giraram.

Anderson deu um grito desesperado:

– Que merda!

– Estamos botando pra foder aqui, senhor – um oficial do estado-maior comentou.

– OK, vamos fazer isso com os velhos 155 – disse Anderson. – Não vamos mexer com nenhum Copperhead.

Os homens da artilharia sorriram. Stockwell ficou acabrunhado. Pensei no cisma entre os xiitas e os sunitas no islamismo; parecia um justo antecedente histórico para uma separação entre a Força Aérea e o Exército em 1947 para formar dois segmentos rivais.

Longas rajadas de metralhadora puderam ser ouvidas na direção norte. Schiller passou uma mensagem via rádio para a enorme instalação onde artilheiros iraquianos armados com lança-granadas se alinhavam nos telhados. Uma bateria de seis canhões urrava logo atrás de nós.

– Disparamos 12 tiros de 155mm sobre a instalação – deslocamento de ar, para não destruir os prédios, mas matar pessoas – Bennett me disse. – Cada projétil carrega em si um sensor de radar que detona a carga a sete metros do solo. Tínhamos uma coordenada de matriz de dez dígitos, com precisão de um metro. O raio de explosão é de 50 metros. Foi o suficiente para acordá-los.

Petraeus afastara-se de seu Humvee e reconheceu que tinha de deixar que Anderson comandasse a batalha. Ele voltou para dentro enquanto os Kiowas sobrevoavam a cidade mais uma vez, armando o ataque, antes de mergulhar na direção do alvo disparando os seus foguetes. Fumaça oleaginosa subia de vários bairros. Às 13h25, outras centenas de explosões dilaceraram Karbala, desta vez vindas de canhões de 105mm. Observadores contaram 35 corpos iraquianos depois do bombardeio.

– Você tem um batalhão de infantaria no chão e Kiowas voando sobre eles – informou Bennett –, e, portanto, a situação é um pouco complicada. Todos têm que estar muito atentos para que não haja fratricídio.

Uma voz chamou pelo rádio:

– Dispare para efeito moral.

– Vamos continuar a explodir esses merdas – respondeu Bennett. – O *cav* – o batalhão Kiowa de Schiller – está com eles na mira.

Uma voz pelo rádio avisava a descoberta de uma estátua enorme de Saddam numa praça da cidade de Karbala.

– Quer que a derrubemos?

– Talvez você possa dar uma ré e bater contra ela por acidente – respondeu uma outra voz.

Petraeus interveio:

– Vamos matar o inimigo antes de começar a pensar em estátuas.

Às 14h30, uma equipe das Forças Especiais chegou numa picape branca e num Humvee.

– Onde vocês estavam? – perguntou Petraeus.

– Não sabíamos que vocês conduziriam uma assalto aéreo hoje – respondeu o líder da equipe. Petraeus fez uma expressão de descrença.

– Os homens com quem conversamos dizem que os iraquianos estão cansados, famintos e prontos para se render – disse o soldado das FE.

Ouvi um assobio acima de nossas cabeças e logo em seguida outro. Um atirador de elite das FE se esticou na estrada com um rifle com mira de longo alcance; por vários minutos ele vasculhou uma pequena fazenda a 550 metros ao norte, mas não conseguiu localizar o atirador. Vesti o meu colete à prova de balas novamente e me escondi atrás de um Humvee. Freakley e Dwyer apareceram rapidamente no veículo do comandante assistente. Outro projétil sibilou acima de nossas cabeças. (No dia seguinte, Dwyer perguntaria, indignado: "Você sabia que alguém estava atirando contra nós lá naquela estrada?")

Às 15h30, ouvimos relatórios via rádio informando que um Bradley fora destruído por disparos de granadas de propulsão a foguete vindos de três direções. Anderson instruiu a sua força blindada a avançar na direção da cidade pelo leste.

– Entre com os seus blindados na batalha – ordenou ele. – Isso vai nos ajudar a liberar a área.

Depois de cinco horas no aterro, Petraeus decidiu retornar ao D-Main. Tive a sensação de que Joe Anderson não se incomodava em nos ver partir. Por cerca de uma hora, ou mais, vagamos pelo sul da cidade, visitando uma unidade de defesa aérea e o tempo todo de olho em picapes iraquianas armadas. No meio da estrada estava uma vaca morta; ficamos surpresos em ver um cachorro saindo de um buraco na carcaça inchada do animal. Refugiados caminhavam na direção do deserto aberto, as mulheres equilibrando trouxas na cabeça, os homens segurando pedaços de pano branco como bandeira de paz. Kiowas informaram que defensores iraquianos armados com lança-granadas ocupavam uma fortificação de cerca de $1km^2$ na fronteira sudoeste da cidade.

Estacionamos no deserto por alguns minutos, enquanto Petraeus estudava as colunas de fumaça sobre Karbala, como se estivesse em busca de algum presságio.

– Não quero destruir a cidade inteira com mísseis JDAM, mas talvez tenhamos de fazer isso – disse ele. – Uma pena não termos JDAMs naquele evento com o Maverick. Isso é mais uma daquelas situações frustrantes como comandante. É um dia muito, muito longo e movimentado para as tropas.

Esse dia longo e movimentado custou 13 vítimas de batalha à 101ª, incluindo dois baleados, cinco feridos numa queda de helicóptero Blackhawk, três feridos na explosão de uma mina e três outros atingidos por um disparo de granada de propulsão a foguete. Um dos baleados, o soldado Larry Brown, um piloto de veículo blindado de 20 anos do 2º Batalhão do 70º Regimento Blindado, morreu naquela noite em decorrência de um ferimento causado por um projétil de metralhadora. O Dr. Thomas, o cirurgião da divisão, também reportou pelo menos dois ferimentos sérios causados pelo calor. Apenas um batalhão, o 2º do 502º Regimento de Infantaria, reportou a morte de 150 combatentes iraquianos. Julian Barnes, um jornalista do *U.S. News & World Report*, observou os Fedayeens enviando crianças para as ruas para pegarem lança-granadas e fuzis AK-47 de soldados mortos. Um sargento americano deu um tiro de aviso para o alto na calçada e em seguida fez dois disparos deliberados.

– Uma criança caiu no chão. A outra fugiu – reportou Barnes.

– Eu fico tentando pensar em outra coisa – o sargento confidenciou a Barnes. – Mas só consigo pensar naquele menino. A guerra é uma puta.

Às 16h35, antes de partir para o sul, Petraeus chamou Anderson pelo rádio pela última vez e pediu um relato atualizado da guerra.

– Agora vamos cuidar das tropas, dar água, comida e um pouco de descanso, para continuar amanhã – respondeu Anderson. Ele parecia confiante, até mesmo otimista.

Karbala se rendeu no domingo de manhã, dia 6 de abril, a princípio com um estrondo e em seguida com um gemido. Assim como em Najaf, o poder de fogo americano – incluindo outros 400 disparos de artilharia – e a aptidão da infantaria em lutas terrestres em ambiente urbano provaram-se insuperáveis. Ao nascer do dia, a 2ª Brigada vagava sem muito propósito pelos setores I, J, K e G; e, então, Anderson concentrou a sua força de combate para limpar sistematicamente os focos de resistência com infantaria, artilharia e blindados.

– Eles nunca se organizaram e acabamos por dominá-los – ele disse a Petraeus. – Acabei colocando seis companhias lá porque não estávamos indo a lugar algum. Acho que matamos algo em torno de 60 a 100 iraquianos, e o restante fugiu.

Antes de retornarmos a Karbala, fizemos uma visita rápida à 3ª Brigada, de Mike Linnington, que se movera do Shell para o vale do Eufrates, ao norte de Najaf. Em mais uma mudança abrupta de planos pelo V Corpo, as antigas ordens de desviar de Hilla foram suplantadas por uma decisão de atacar a cidade. Petraeus passara a manhã no TOC Mahal estimulando o seu estado-maior a se ajustar às novas ordens. Em seguida, trabalhou no plano de assalto com Linnington antes de decidir adiar o ataque por mais um dia, até a terça-feira, para que houvesse um tempo maior para a preparação.

Quando finalmente chegamos a Karbala às 15 horas, a temperatura se aproximava dos 41 graus. Ao escolher o conforto em detrimento da elegância, troquei a minha calça por uma bermuda cargo cáqui e ouvi muitas brincadeiras sobre juntar-me ao exército britânico. Ao seguirmos pela Rodovia 9, diversos pedestres e motoristas portavam bandeiras brancas feitas dos mais diversos materias, como toalhas, sacos de arroz e até mesmo galinhas mortas saqueadas de uma fábrica de alimentos; penas caíam para todos os lados a cada gesto de submissão. Retribuíamos com nossos acenos de vitoriosos e perguntei a Petraeus sobre o padrão de combate que o Exército estabelecera na semana transcorrida.

– A 3ª Divisão de Infantaria ficou em volta de Karbala por um tempo e veja quantos bandidos ainda há por lá – disse ele. – Acho que teremos de entrar em cada uma das cidades. A 3ª DI prepara as condições para atingir as partes maiores, e então a infantaria chega para cuidar dos resistentes e manter o controle das cidades. A lição de Karbala é que você pode correr para todos os lados quanto quiser – pode até passar com blindados pelas ruas –, e, ainda assim, a cidade não estará sob o seu controle. A coisa tem que ser metódica.

Ele parecia aquilatar a situação. Perguntei se comandar uma divisão em combate correspondia às suas expectativas.

– Em alguns dias há uma certa satisfação. Sempre acreditei que a experiência de um comandante passasse pelo mais alto topo dos topos e pelo mais fundo fosso dos fossos, e isso se intensifica ainda mais quando se está próximo à linha de frente.

Quando perguntei como ele reagira ao saber da morte do soldado Brown em decorrrência de seus ferimentos na noite anterior, Petraeus ficou em silêncio por um instante, como se tentasse separar suas emoções.

– É por essa razão que isso é importante – falou ele finalmente –, para lembrar que isso é importante.

Nós nos encontramos com Anderson num cruzamento movimentado próximo à sede de uma companhia de petróleo. Um cavalo passou por nós puxando uma carroça, carregando quatro homens.

– Oi, meninos! – disse o motorista iraquiano. Num alojamento militar abandonado do outro lado da Rodovia 9, um enorme outdoor mostrava o Líder Máximo num terno risca-de-giz com um lenço vermelho no bolso no lado direito. A estátua de Saddam no centro da cidade fora atingida por um tiro de canhão de 25mm e em seguida derrubada por iraquianos – a multidão que cantava, ao puxar a estátua, arrebentou a corda duas vezes de tanto entusiasmo – depois que engenheiros iraquianos enfraqueceram as suas canelas com uma tocha de acetileno. A multidão enraivecida espancava a estátua com desprezo usando os seus sapatos.

– Eles estão invadindo todos os prédios que Saddam possui – comentou Anderson –, roubando seus uniformes, móveis e tudo mais. Eu disse: "Podem ficar com tudo."

Em Najaf, vários estoques de armamentos foram descobertos. Ficou claro que houve um grande esforço em disponibilizar armas e munições por todo o Iraque; era sabido que o país tinha um milhão de toneladas de armas convencionais. Mas para que propósito? Para atrasar a marcha americana a Bagdá? Ou para armar uma futura insurreição?

A multidão iraquiana no cruzamento crescera para mais de cem pessoas e aumentava a cada minuto. Expressões de agradecimento se alternavam com pedidos de ajuda ou súplicas para que esse rival ou aquele vizinho fosse castigado a ferro.

– Muito obrigado, Sr. Chefe – gritou alguém.

Um certo Akmed levantou a camisa para mostrar cicatrizes feitas, segundo ele, por torturadores do regime.

– Amamos vocês, Estados Unidos – disse ele. – Saddam jumento.

– Muito feliz. Eu amo você, George Bush – saudou um homem chamado Akbar.

Um outro homem reclamava:

– Dia e noite sem água. Hospital. Sem eletricidade, sem comida, sem remédio.

Fivecoat ficava cada vez mais agitado e nervoso enquanto a multidão, eufórica, agrupava-se em volta do Humvee. Naquele momento, estávamos tão vulneráveis que a incessante busca americana por supremacia bélica não parecia mais do que uma piada. Ao ocupar o Iraque, mais cedo ou mais tarde, o soldado americano não tinha outra escolha senão se colocar ao alcance das mãos do inimigo.

– Acho que uma multidão de rua é uma espécie de microcosmo – disse Fivecoat quando finalmente saímos dali. – É como muitas das operações de paz que tivemos desde 1990. Existe um monte de problemas e um longo caminho a seguir.

Às 17h30, deixamos Karbala e as pregações sábias de Joe Anderson e voltamos para Camp Eagle Three. Petraeus e Fivecoat, como de costume, bombardearam Miller com instruções: "Fica na esquerda. Vira aqui. Devagar, Ranger. Olha aquele ônibus. Sem pressa, Ranger", a todas as quais ele respondia com bom humor: "Entendido, senhor. Sei, senhor. Eu vejo, senhor. Muito obrigado, senhor."

Petraeus sorriu e ergueu a mão, indicação de um dia agradável, e me perguntou:

– Qual foi a minha decisão mais difícil hoje?

Pensei sobre a pergunta.

– A decisão de atrasar o ataque da 3ª Brigada em Hilla por um dia?

Ele balançou a cabeça concordando e em seguida disse:

– Chegaremos a Bagdá. E saberemos mais sobre o nosso trabalho quando estivermos lá.

O sol que se punha brilhava num vermelho cor de sangue através da poeira. Iraquianos acenavam e mostravam seus símbolos de paz. Pensei em Austen Henry Layard, um dos maiores arqueólogos do século XIX, um homem cujas análises sobre a vida no campo e o companheirismo na Mesopotâmia pareciam relevantes para aqueles que, como nós, vagavam por esta mesma paisagem.

"Estávamos ao mesmo tempo despreocupados com o conforto e desatentos ao perigo", Layard escrevera. "Vagávamos solitários. Nossos braços eram a nossa única proteção. Uma mala atrás dos arreios era o nosso guarda-roupa, e nós mesmos cuidávamos de nossos cavalos... E assim, sem o embaraço de luxos inúteis, e livres da influência das opiniões e dos preconceitos dos outros, misturávamo-nos entre o povo."

14

NOS PORTÕES DA BABILÔNIA

Depois de duas semanas no inóspito Shell, a 3ª Brigada se movera para um oásis cercado de palmeiras às margens do Eufrates, onde os Rakkasans se preparavam para o assalto contra Hilla, planejado para a terça-feira, dia 8 de abril, a 16km a leste. Durante a nossa breve visita a Mike Linnington, no domingo, encontramos o comandante da brigada arejando suas botas numa tenda com o piso gramado e que cheirava a suor e lona quente.

– Os rapazes gritavam quando chegaram aqui – Linnington disse a Petraeus. – Achei que estavam sendo atacados, mas estavam apenas empolgados por ver algo verde.

Mesmo descalço, Linnington era mais alto do que qualquer pessoa no posto de comando. Seus cabelos escuros eram cortados tão curtos que o brilho dos fios brancos parecia prata em sua cabeça. Ele era um veterano do Afeganistão e ex-aluno de West Point que se casara com uma ex-aluna da academia; o casal tinha um filho estudando em West Point. Linnington tinha os óculos escuros empoleirados no topo da cabeça e a camiseta com manchas brancas de suor, debaixo de sua mochila-cantil. Numa das paredes da tenda havia um mapa de Hilla de 1,5 metro. Conhecido como colcha de retalhos, pela maneira como dividia a cidade em setores, o mapa ilustrava os objetivos da brigada através de códigos: Rato, Vaca, Esquilo, Hipopótamo, Lhama, Lobo, Salamandra, Chacal, Hiena, Doninha.

– Não queremos nos apressar a entrar na guerra para acabar numa guerrinha de comidas – Linnington disse a Petraeus, que estava sentado numa cadeira dobrável. A brigada começaria a pressionar as fronteiras de Hilla na terça-feira, antes do ataque completo na quarta-feira. – As questões que você apresentou para nós, hoje de manhã, pelo telefone, incluem o pensado *versus* o improviso. Não queremos ser apanhados numa emboscada no centro da cidade.

Petraeus analisou um documento impresso intitulado "Instalações Estratégicas e Nódulos C2 – Al Hilla". Várias dezenas de áreas protegidas estavam circuladas num segundo mapa, incluindo as ruínas da Babilônia, ao norte da cidade, no Objective Sheep. A lista de locais de ataques proibidos incluía a cidade bíblica da Torre de Babel, o Museu Hamurábi e as ruínas do Templo de Marduk, principal entidade divina da Babilônia.

– Vou pedir a sua autorização antes de atirar no túmulo de Nabucodonosor – advertiu Linnington.

– Tenha cuidado com os helicópteros de ataque – reiterou Petraeus. – Eles são alvos grandes e lentos sobre a cidade.

Linnington fez um gesto de acatamento com a cabeça. No leste de Hilla, o terreno era marcado por "áreas de engajamento" com nomes sanguinários – AE Morte, AE Matar, AE Destruir, AE Aleijar e AE Esmagar – onde os Apaches armariam uma emboscada contra as forças iraquianas que tentassem evadir-se de Hilla, ou contra reforços vindos de Bagdá. Próximo às áreas de engajamento, o espaço aéreo foi divido em posições de "ataque a tiro" – AAT 60, AAT 50 e daí em diante. Nessas posições, os helicópteros permaneceriam escondidos para que pudessem atacar as áreas comprometidas, quando necessário. No nordeste de Hilla, por exemplo, perto da antiga capital de Kish, do imperador Sargão, uma companhia Apache poderia sobrevoar o AAT 60 para atingir alvos no AE Morte.

– Não sei se veremos muitos deles fugindo – avaliou Petraeus. – As forças que vimos em Najaf e Karbala não correram do combate.

Poucas informações eram disponibilizadas do interior de Hilla, uma cidade de meio milhão de habitantes. Os cabos de fibra ótica iraquianos permaneciam intactos. Sendo assim, os comandantes inimigos quase não usavam o rádio, evitando que espiões americanos interceptassem comunicados e informações vitais para a localização do inimigo. Para manter os defensores perturbados, alto-falantes das operações psicológicas americanas transmitiam o som metálico e pesado de veículos blindados nos arredores da cidade. Mais de 120 mil panfletos carregavam a mensagem "A Divisão Medina está morta. Você é o próximo".

Linnington consultava um caderno encadernado em pano verde. Nove batalhões reunindo 4.500 soldados atacariam, com uma vanguarda blindada seguida por infantaria tanto do lado oeste quanto do lado sul. O comandante da brigada anotara as suas prioridades no caderno, a começar por "paciência tática".

– Água – disse Petraeus. – A água faz qualquer um se ajoelhar. Os líderes terão que se apresentar à batalha. Se você entrar num grande combate, terá duas opções. Pode recuar e usar mísseis JDAM ou pode usar as suas próprias munições, sem tentar passear com a artilharia pelo meio da cidade.

– Sim, senhor – disse Linnington. – Entendido. – Ele calçou as botas. Sua testa estava coberta de suor, que escorria pelo seu pescoço em pequenos filetes.

Enquanto Linnington agrupava as suas forças na segunda-feira, tirei o meu primeiro dia de folga há quase dois meses. Dentro de uma hora eu comecei a ficar perturbado. Camp Eagle Three não oferecia mais distrações do que o Shell. As mesmas piadas batidas podiam ser ouvidas próximo ao mictório.

– Continue procurando – dizia um engraçadinho enquanto alguém tentava abrir o zíper da calça –, você vai encontrar.

O "Boom Boom Room do Ray", anunciado numa placa pintada pela companhia química ao lado, provou ser apenas mais uma tenda malcheirosa, quente como um forno lá pelo meio da manhã. O calor e o barulho tornavam qualquer soneca durante o dia uma experiência inviável para qualquer soldado que trabalhasse nos turnos da noite; vários deles arrastavam os seus colchonetes até os abrigos antibombas, que até mesmo ao meio-dia permaneciam tão frios como uma geladeira.

A tenda de relações públicas tinha uma antena de TV via satélite e, com Trey Cate longe dali durante o dia todo, uma dúzia de soldados assistia à MTV, apesar de sua ordem proibindo qualquer programa de televisão que não fosse de notícias. Cada videoclipe parecia carregado de ironia, desde a música "Times Like These", do Foo Fighters, a Lenny Kravitz cantando "I want to get away, I want to get awaaaay". Nada que eu tivesse visto desde que deixei Fort Campbell foi tão dissonante quanto ver belas garotas maquiadas em excesso e dançando na tela, ou um jovem fazendo uma pose sensual, martelando sua guitarra e reclamando por ser incompreendido. Dez minutos dessa mostra surrealista faziam até mesmo a tendenciosa cobertura da guerra da Fox TV parecer mais tolerável; então, peguei duas bacias emprestadas, as enchi com uma dúzia de garrafas de água mineral Kufa e joguei minhas roupas sujas, que foram lavadas pela última vez em Camp Doha. Em 30 segundos, as bacias estavam mais lamacentas do que o Eufrates e o varal improvisado – com clipes de papel usados como pregadores – provou-se um ótimo magneto de poeira. Mesmo assim, o esforço trouxe consigo uma medida de atividade doméstica, para não dizer uma certa tranqüilidade doméstica.

Às 18 horas, caminhei até o D-Main e me sentei atrás de Petraeus para ouvir pelo rádio uma teleconferência entre Wallace e seus altos comandantes. A guerra parecia estar evoluindo bem. A Divisão Medina fora reduzida a 17% de sua força total, e a Hammurabi, a 29%. Disputando com a modesta "corrida do trovão" de Ben Hodges em Najaf na terça-feira, a 3ª Divisão de Infantaria, no dia 5 de abril, tomou a Rodovia 8 na direção de Bagdá e em seguida desviou para o oeste até o Saddam Internacional – agora renomeado Bagdá Internacional – com 29 blindados e 14 Bradleys. O percurso de quase 20km levou mais de duas horas para ser percorrido, com iraquianos atirando de algumas elevações ou das ruas laterais. Soldados emocionalmente abalados choravam ao chegar à pista de pouso do aeroporto.

Nesta manhã, a 2ª Brigada da 3ª Divisão de Infantaria conduzira uma segunda e maior marcha na direção do Objective Diane – o centro da cidade – e agüentou firme. Wallacc, que diversas vezes se pegara restringindo os impulsos agressivos do general-de-divisão Buff Blount, foi para a cama na noite de domingo acreditando que a brigada recuaria da cidade; uma rápida olhada no Blue Force Tracker quando acordamos revelou o contrário.

– Eu logo soube que eles iam até o fim quando vi os ícones azuis se virarem e se movimentarem na direção do centro da cidade – disse o comandante do V Corpo. Tropas da 3ª DI assumiram o controle do Palácio Republicano, sede oficial do governo de Saddam; Wallace concordou que eles permanecessem lá.

A logística permanecia precária; a primeira unidade reportou déficit de munição e os blindados queimavam tanto combustível – 190 litros por hora para cada Abram – que alguns motores foram desligados para economizar JP-8 até que um comboio de suprimentos fizesse todo o percurso da

Rodovia 8 a 80km/h, com seus intrépidos pilotos segurando o volante com uma das mãos e disparando tiros pela janela com a outra. Alguns soldados americanos cercados chegaram a derrubar postes de luz de metal para construir um obstáculo improvisado. O cômico ministro das Informações iraquiano afirmou, no domingo, que a Guarda Republicana estava "fechando o cerco em torno do inimigo americano". Na verdade, a resistência convencional iraquiana tinha sido fortemente abalada, apesar dos planos do regime em converter Bagdá em mais uma Grozny.

A voz de Blount pareceu apática ao soar pelo alto-falante enquanto ele listava o número de blindados iraquianos, caminhões, veículos blindados de transporte de pessoal e canhões antiaéreos que a divisão destruíra durante o dia. Centenas de iraquianos foram mortos, mais de dois mil nos dois últimos dias. Os Marines também avançavam em Bagdá pelo leste. Enquanto isso, depois de uma paralisação de duas semanas, forças blindadas britânicas invadiram Basra.

Wallace falava entusiasmado:

– Hoje tivemos uma atuação espetacular do seu pessoal – ele disse a Blount. Em seguida, o seu humor ficou sombrio. No começo daquela mesma manhã, no início da "corrida do trovão", três soldados e dois jornalistas haviam sido mortos, e 17 outros foram feridos quando provavelmente um foguete Astro iraquiano atingiu um posto de comando da 2ª Brigada da 3ª Divisão de Infantaria, ao sul de Bagdá. A explosão abriu uma cratera de 19 metros de diâmetro, destruindo ou causando sérios danos em 22 veículos e incendiando milhares de sacas de arroz num armazém ao lado. Os restos incinerados de uma das vítimas foram encontrados no banco da frente de seu Humvee.

– A segurança das suas posições tem de ser uma prioridade – afirmou Wallace. – Agora é para valer.

O comandante do V Corpo suspeitava que os iraquianos haviam localizado o posto de comando ao interceptarem ondas de rádio do Exército. Ele estava particularmente zangado com os lapsos no COMSEC – segurança de comunicações – no que diz respeito a telefones via satélite Iridium, os quais normalmente não eram muito seguros. A 3ª Divisão de Infantaria tinha 43 telefones Iridium, mas alguns usuários não tinham as senhas necessárias para criptografar uma ligação. Agentes de segurança americanos monitoraram uma chamada via Iridium na qual uma localização matricial precisa do posto de comando da 2ª Brigada fora revelada claramente. Embora não fosse certo que a falta de segurança fora a causa do ataque, o geralmente bem-humorado Wallace ficou alterado:

– Se você não entender a mensagem – ele explodiu –, eu venho aqui enfiá-la no seu rabo. – Petraeus se virou horrorizado ao ouvir aquilo. Wallace terminou a sua bronca exigindo que cada comandante de divisão recebesse pessoalmente a sua mensagem, o que eles realmente fizeram, de modo submisso, um a um.

Talvez tivesse sido por conta do seu desabafo, ou talvez por conta do calor infernal, mas a subseqüente reunião de atualização de batalha das 20 horas foi de uma tensão fora do comum. Quando um oficial de suprimentos admitiu incerteza sobre o estoque de uma determinada munição de artilharia, Petraeus ficou de pé e encarou o estado-maior.

– Quero deixar isso claro mais uma vez. Sabemos que estamos usando a artilharia; então, por que diabos esperamos que eles nos peçam mais munições? Sabemos que estamos atirando com blindados; então por que diabos esperamos que nos peçam mais? Precisamos estar um passo à frente. É isso o que um estado-maior proativo faz.

O atraso no conserto de diversos Apaches avariados também o irritou, mas nem tanto quanto um plano – ilustrado numa imagem em PowerPoint – de içar mais cargas, a apenas dois dias depois que outro Blackhawk caíra durante o transporte do Posto de Comando de Assalto.

– Quantos outros helicópteros teremos que derrubar até descobrirmos que o içamento de cargas aqui não é uma boa idéia? Qual o problema? – indagou Petraeus. – Vocês estão fazendo esses tipos de planos só para me irritar ou o quê? – Além disso, pela primeira vez desde a partida do Kuwait, cada batalhão Blackhawk e Chinook na 159ª Brigada de Aviação estava avaliado no nível vermelho ou âmbar, em vez do preferido, verde; duas semanas no deserto cobraram um alto preço das máquinas.

Ele fez uma pausa e pude vê-lo recobrando sua tranqüilidade através de seu autocontrole.

– Eu perdi a minha fé e a confiança em vocês – disse ele, com um esboço de sorriso. – Agora vou vasculhar tudo detalhadamente.

– Como se – um oficial do estado-maior sussurrou no meu ouvido – ele já não fizesse isso.

* * *

Partimos para Hilla às 10h30 do dia 8 de abril, terça-feira. A manhã estava coberta por um leve nevoeiro e um pouco mais fresca ao seguirmos pela Rodovia 8 e em seguida pela Rota Aspen, a estrada de quatro pistas que se estendia até Hilla pelo oeste. Fumaça subia de uma churrasqueira ao lado da estrada e táxis e tratores John Deere aguardavam, numa enorme fila, a sua vez de abastecer na única bomba num posto de gasolina. Havia uma mulher vestida com um manto preto agachada na calçada parecendo uma enorme aranha, vendendo buquês de flores secas, com a ajuda de um menino vestido com uma camisa do Dallas Cowboys. Quatro rapazes passaram num novo e elegante Mercedes sedan; os privilegiados eram fáceis de identificar no Iraque de Saddam. Uma égua branca raspava o solo com a sua pata dianteira, ao lado de um contêiner de água, e um artesão trabalhava em seu pote de cerâmica na roda de oleiro, com as mãos cobertas de argila molhada. Havia tantos retratos do Líder ao longo do caminho que levaria semanas para arrrancá-los.

Na cidade ribeirinha de Hindiyya, o tráfego estava parado num engarrafamento na ponte sobre o Eufrates. Vendedores ambulantes ofereciam tapetes, barras de chocolate Kit Kat e pacotes de cigarros empilhados em intrincadas e verdadeiras construções arquitetônicas. Havia uma vitrine decorada com um pôster enorme do Mickey Mouse, com um aspecto árabe e olhos orientais. Pedestres começaram a se aproximar do nosso comboio e, quando um homem de barba hirsuta se inclinou sobre a janela dianteira do carona para pegar uma garrafa de água, Petraeus o empurrou dizendo:

– Fique longe de nós!

Tripulantes de blindados finalmente abriram caminho para nós, logo depois de um táxi com um desenho da Betty Boop pintado no vidro traseiro e um Fusca laranja pertencente à "Organização Estatal Iraquiana de Importação", a qual sem dúvida era responsável por todas aquelas barras de Kit Kat.

Do outro lado do rio, meninos brincavam num campinho de futebol com traves feitas de canos de plástico. Eles se viraram para acenar, assim como o fez uma menininha de tranças e com um vestido estampado.

– Isso é uma experiência e tanto, não acha? – observou Petraeus. – Ganhamos a admiração das crianças do Iraque.

Eu não pude deixar de pensar em quantos invasores ao longo de cinco milênios não foram saudados neste lugar com um sorriso inocente e sincero, um sorriso que era certamente uma característica cultural da Mesopotâmia. Eles saudaram Alexandre com os seus gregos e até mesmo Ciro com os seus conquistadores persas. Uma inscrição acadiana num cilindro de argila descrevia como

> todos os habitantes da Babilônia... curvaram-se diante de Ciro, beijaram os seus pés e, com seus rostos iluminados, saudaram-no como um senhor que, por lhes vir ao auxílio, restituíra-lhes a vida da morte e os salvara do mal e da desgraça.

E geralmente, em pouco tempo, a vida se deteriorava. O libertador se tornava invasor, o invasor se tornava opressor e o opressor se tornava alguém cuja garganta precisava ser cortada.

– A visibilidade está uma merda hoje – disse Linnington ao nos cumprimentar ao meio-dia. Ele estava no canteiro central da Rota Aspen, a vários quilômetros a oeste de Hilla, com luvas de algodão e um fone de ouvido e microfone do rádio. Freakley e Dwyer já estavam lá, monitorando um pequeno conflito que começara há 20 minutos, quando um Humvee voltou a toda velocidade pela estrada, com a antena do rádio arrancada por uma granada de propulsão a foguete. Um número desconhecido de defensores iraquianos havia bloqueado a estrada a quase meio quilômetro à frente, antes de retornarem ao Objective Hippo.

– A população local disse aos nossos homens: "Vocês não estão lutando contra iraquianos, estão lutando contra sírios" – afirmou Linnington. Tudo que você esperaria: obstáculos, barreiras, minas, granadas, sírios.

Vários Kiowas partiram na direção leste para a cidade e desviaram ao norte acima de uma plantação de girassóis. Uma bateria de canhões 105 trovejavam atrás de nós, seguidos momentos depois por um estardalhaço de explosões.

– Dá para perceber os comandantes de infantaria se acostumando com o uso de artilharia – observou Freakley. – Eles estão ficando calejados.

– A coisa aqui é séria – concordou Petraeus. – Não é tão fácil quanto parece. – Ele se virou para Freakley. O comandante assistente aparecera na televisão por um longo tempo na noite anterior durante a cobertura frenética sobre um suposto estoque de armas químicas. Encontrado numa instalação no Eufrates, logo se descobriu se tratar de um despejo de pesticidas.

– Você esteve mais tempo no ar do que o Larry King – disse Petraeus.

Freakley abriu um sorriso relutante e mudou de assunto:

– Saddam Hussein declarou ser o novo Nabucodonosor e estar estabelecendo uma nova Babilônia. Vamos controlar a velha Babilônia e o túmulo de Nabucodonosor e devolvê-los ao povo iraquiano. – Ele sorriu novamente. – Esta é a minha história e vou continuar com ela.

Mísseis JDAM já haviam destruído um alojamento militar, uma estação de rádio, sedes do Partido Baath e outros alvos em Hilla. Agora, o zunido de mais dois caças F/A-18, invisíveis pelas nuvens, ecoava pela paisagem.

– Caramba – exclamou Petraeus. – Eles têm que ouvir *isso*.

A cerca de três quilômetros à frente, o estrondo de bombas explodindo estremecia o chão, de norte a sul, seguido de mais explosões de artilharia e tiros partindo de blindados do 2º Batalhão do 70º Regimento Blindado.

Freakley estudou o mapa.

– Parece que ele está tentando bloquear todos os cruzamentos mais importantes. As análises dirão que ele está tentando restringir avenidas do oeste e do sul.

O ataque da 3ª Brigada estava concentrado em ambas as áreas.

Às 13h15, Linnington se virou para o seu oficial de comunicação da Força Aérea, o major Greg Gavin, um oficial de eletrônica bélica de aviões B-52 de Kansas City.

– Ei, Greg, você tem algum apoio aéreo aproximado disponível para se deslocar até o próximo cruzamento? Estamos sendo atacados com granadas de propulsão a foguete, então qualquer coisa em volta daquele cruzamento seria ótimo.

– Posso perguntar, senhor – respondeu Gavin.

Linnington ligou para Steve Schiller, o onipresente comandante dos Kiowas.

– Saber Six, Rak Six. Pode me dar uma orientação sobre a direção daquele disparo de granada de propulsão a foguete?

Schiller respondeu com uma localização matricial de oito dígitos: 3300 9740.

Gavin puxou um lápis verde e um formulário de papel intitulado "Pedido de Golpe Aéreo Tático Conjunto". Ele marcou vários itens, incluindo "descrição do alvo" e "efeito de munições". Para as opções "imediato" ou "pré-planejado", ele circulou "imediato". Sob "resultados desejados", ele marcou "neutralizar" em vez de "destruir". Era como um pedido de sushi.

Gavin entregou o formulário para um sargento da Força Aérea.

– Dê mais uma olhada antes de fazer o pedido – disse ele.

Freakley estava sentado de lado em seu Humvee, comendo uma ração fria de "Feijões do Oeste".

– Estou marcando vocês no relógio, rapazes da Força Aérea – falou, apontando para o pulso.

– Entendido, senhor – respondeu Gavin. – Tenho dois caças F/A-18 com mísseis Maverick guiados a laser.

Eu soltei um gemido ao me lembrar dos Mavericks em Karbala. A quase cinco quilômetros dali, um par de fuselagens prateadas de cauda dupla apareceu momentaneamente nas nuvens.

– Não estou certo de que essa seja a melhor munição para tropas ao ar livre – observeu Freakley.

A artilharia atroou mais uma vez e todo o pequeno posto de comando tremeu. Um galo cantava nos arbustos ao lado da estrada, enquanto o barulho de artilharia pesada dominava o ambiente.

– Vamos em frente? – perguntou Gavin.

– Claro – respondeu Linnington.

Gavin prestou atenção em seu rádio por um momento.

– Ele está se assustando com a artilharia – disse a Linnington, apontando para cima. – Podemos eliminar os disparos?

O comandante da brigada fez um gesto positivo com a cabeça e deu a ordem.

– A artilharia foi interrompida – reportou Gavin.

Ouvimos um barulho enorme vindo da estrada à frente; parecia uma lona sendo rasgada. Pensei ter sido uma metralhadora .50 de um Kiowa, mas alguém insistiu em dizer que fora um ataque rasante de um caça F/A-18. Ninguém tinha certeza. Cheguei próximo ao rádio, tentando ouvir "fuzil", o sinal de que um Maverick fora disparado.

Às 13h43, Linnington, que estivera falando com seus subordinados na freqüência de rádio da brigada, virou-se para Gavin e fez um gesto de corte ao longo do seu pescoço. O comandante terrestre à frente estava cansado de esperar por apoio aéreo.

– Ele quer iniciar o ataque.

– Interrompa – ordenou Gavin.

– Tudo bem – disse ele logo em seguida –, ele interrompeu.

Linnington falou pelo rádio:

– Você tem permissão para iniciar o ataque.

Poucos minutos depois, dez blindados Abrams passaram por nós descendo pela Rota Aspen, seguidos por um comboio de caminhões abertos lotados de soldados de infantaria. Petraeus caminhou pelo canteiro central, permitindo que Linnington orquestrasse o combate com conselhos de Freakley.

– Vocês têm de ser pacientes – Freakley disse a dois oficiais inferiores ao lado de seu Humvee. – Entre com o seu fogo antes da manobra. Use os disparos para facilitar a manobra. Você recebe todos esses relatórios sobre isso ou aquilo, mas precisa se fazer uma pergunta básica: o que o inimigo está fazendo?

Ele observou o canal do outro lado da estrada.

– Olhando para esses juncos me lembro de Moisés – disse Freakley. – Isso me dá vontade de procurar por bebês. – Aquilo me fez querer que alguém fosse lá checar a presença de atiradores de elite.

Linnington se apoiou no Humvee e observou enquanto o último caminhão desaparecia na poeira.

– Ah, como eu adoraria uma cerveja. Não seria bom? – indagou ele. – Os rapazes ontem discutiam o que prefeririam fazer: sexo ou beber cerveja. Sexo está sempre disponível.

O sibilar de projéteis acima de nossas cabeças interrompeu os nossos agradáveis devaneios. Linnington pulou para dentro do Humvee e deu o fora dali. Nós o seguimos por cerca de 250 metros. Algo explodiu à nossa direita com um brilho amarelado e o barulho de tiros ficou mais intenso a cerca de 45 metros à frente. Ao descermos do Humvee, vi projéteis atingirem a barreira de terra logo adiante e pude ouvir o som dos ricochetes. Várias dúzias de soldados armados de fuzis se protegeram dos dois lados da estrada. O estrondo inconfundível dos disparos triplos de fuzis M-4 ficava cada vez mais alto, hesitante a princípio e em seguida frenético, tendo como resposta o som seco dos disparos de fuzis AK-47. Uma brisa vinda do leste trazia consigo o cheiro de cordite. Projéteis ressoavam acima de nós, e, em seguida, uma rajada de metralhadora iraquiana costurou o acostamento da estrada ao longo do lado direito de nosso Humvee.

Linnington correu para a frente, observou o terreno com o seu binóculo por um instante e correu novamente. Petraeus e eu corremos com ele, antes de nos escondermos atrás de um outro veículo. Dobrei os meus joelhos, encolhi os ombros e tentei proteger o meu corpo ao máximo. Freakley passou andando por um caminhão à nossa frente, gritando para que os soldados se dispersassem.

– Senhor, está louco? – gritou alguém. – O seu lugar não é aqui.

Fivecoat pôs a mão no ombro dele, pedindo que ele se abaixasse.

Agora eu entendia o que havia acontecido. Soldados iraquianos escondidos atrás de amoreiras no lado sul da estrada permitiram que os blindados passassem, em seguida abrindo fogo contra os caminhões da infantaria. Um Rakkasan foi ferido no rosto com estilhaços de uma granada. Enquanto os soldados desciam dos caminhões para se proteger dos disparos, o sargento-ajudante Savusa avançara do final da coluna – "parecia o John Wayne", disse mais tarde um de seus colegas que mais o admirava –, puxou o pino de uma granada e jogou-a nos arbustos, matando dois iraquianos. Um número desconhecido de combatentes iraquianos recuou vários metros até um enorme complexo de silos, de onde agora atiravam na direção da estrada. Os brilhos de disparos piscavam de pelo menos um dos cinco armazéns no lado sul da instalação e de um conjunto de silos cilíndricos logo à frente.

– Um pouco perto demais para apoio aéreo aproximado – disse Linnington. O Exército teria que subjugar os iraquianos sem o auxílio de aviões.

– Acho que os Kiowas vão cuidar disso, Mike – avaliou Petraeus. – Você os tem em seu raio de ação?

– Sim, senhor.

Os Rakkasans ao longo da barreira voltaram a si e agora avançavam em pequenos grupos, atirando e ganhando terreno. Três Kiowas sobrevoavam os armazéns.

– Vamos cuidar disso – afirmou Linnington. – Estou trazendo os blindados de volta para liberar esse complexo. Passaremos algumas horas destruindo tudo.

– Sim – concordou Petraeus. – Sim. Isso mesmo.

E os projéteis continuavam a voar acima de nossas cabeças. Olhei para Petraeus.

– Seria uma vergonha se com essa emboscada eles conseguissem matar um general tão importante.

– É bem possível que eles nem soubessem – insinuou Petraeus.

– Todos nos Estados Unidos saberiam.

Ele sorriu.

– Isso me lembra de um ex-coronel honorário do 504º Regimento de Infantaria Pára-Quedista. Ao assinar o seu nome, abaixo ele escrevia: "Atire baixo."

Às 14h30, os Kiowas pairaram no ar logo acima de nós. Foguetes eram disparados com um estrondo estonteante, fazendo buracos negros no silo. A brisa carregava a fumaça escura das explosões para o oeste e cinzas caíam sobre nós como se fossem flocos de neve sujos. Os iraquianos responderam com mais disparos, e eu me peguei com o rosto no chão, grudado à terra a três metros de distância de dois soldados iraquianos mortos pela granada de Savusa. Um estava vestido com uma farda verde camuflada da Guarda Republicana; o outro com a farda camuflada do exército regular iraquiano. Um soldado ao meu lado fora atingido no pé – possivelmente por um ricochete, ou por um pedaço de pedra – e rolou para tirar a bota. Um operador de câmera da CNN com uma faixa do Rambo olhava pelo visor da câmera e dizia ao soldado com um tom de advertência:

– Não sorria. Fique sério.

Arrastei-me até um caminhão parado à minha direita. Havia uma poça de líquido anticongelante verde fosforescente na estrada. Freakley e Petraeus estavam de pé ao lado da cabine.

– Temos que recuperar o controle da situação – afirmou Petraeus.

– O que aconteceu com o seu caminhão? – Freakley perguntou ao motorista.

– Nada, senhor.

– Como foi que o pneu furou?

– Oh! – disse o soldado, como se a última meia hora tivesse desaparecido de sua mente. – Eles estavam atirando em nós, senhor.

Às 14h45, um par de blindados se aproximou com toda a sua força e se posicionou na estrada depois de ter sido chamado dos arredores de Hilla, a pouco mais de três quilômetros ao leste. Suas metralhadoras coaxiais disparavam sem parar contra um prédio de administração ao lado dos silos. E, então, um dos blindados atirou contra o portão principal, a cerca de 100 metros de onde estávamos. Uma enorme nuvem de fumaça saiu pelo cano do canhão e um projétil de 120mm fez mais um buraco no silo. De tão nervoso que estava, engoli um pedaço inteiro de bolo do pacote de MRE e teria comido dez outros se alguém tivesse me oferecido.

– Temos que desobstruir toda a instalação, senhor – Linnington declarou a Petraeus. Um caminhão de som do time de operações psicológicas apareceu ao nosso lado, adicionando os seus anúncios em árabe à cacofonia generalizada do momento.

– Diga a esses caras que eles precisam chegar mais perto – ordenou Petraeus. – Ele está falando contra o vento.

O barulho de disparos de fuzis AK-47 vinha do silo, pontuado pelo estrondo de granadas e rajadas dos blindados.

– Os disparos diretos daquele blindado são uma ótima maneira de desobstruir a instalação – admitiu Linnington. – Quantos tiros de artilharia disparamos?

– Cento e noventa e oito – respondeu o seu chefe de artilharia. – Até agora.

Ao norte da estrada, num pequeno trecho de tamareiras, localizamos o acampamento iraquiano. Colchonetes e cobertores azuis estavam espalhados ao redor de uma fogueira apagada. As moscas cobriam uma bandeja de húmus, sobras de um almoço certamente interrompido pelos americanos. Olhei para os objetos à nossa volta: uma chaleira escurecida pelo fogo, uma bandeja de ovos, um saco plástico de pepinos e tomates, um par de coturnos e um lança-granadas de 40mm com um selo dizendo "Fabricado no Iraque" ao lado da trava do gatilho.

O dono dos coturnos morrera de meias entre as amoreiras no lado sul da estrada. Quando o tiroteio finalmente diminuiu, os soldados o enrolaram, seguido de seus companheiros, em cobertores. Por alguma razão, um soldado anotou os seus pertences com tinta verde na calça de sua própria farda. Um outro soldado recitou o inventário:

– Aliança de casamento. Contas para oração. Touca. Uma porrada de dinheiro.

Lagartos se moviam na superfície do canal em busca de insetos. Às 16h30, os soldados jogaram os iraquianos mortos numa cova feita a poucos metros de onde morreram e, em seguida, cobriram-nos de terra. Do pó ao pó.

Petraeus chamou Wallace pelo rádio para reportar o progresso de Linnington.

– O Rak 6 fez um bom trabalho, assegurando que, quando fizermos o ataque amanhã, todas as barreiras e obstáculos já terão sido removidos. Eles vão continuar em guarda com o inimigo e manterão suas posições para o caso desses loucos retornarem durante a noite.

Freakley caminhou por entre os soldados, pisando sobre as cápsulas deflagradas. A brigada de Linnington contabilizou uma dúzia de iraquianos mortos e mais dez capturados.

– Uma ótima luta de forças combinadas – o comandante assistente disse a Petraeus. – Quando se produz esse nível de poder de fogo, a notícia circula, e o inimigo tem de determinar quanto de aço tem para o combate do dia seguinte. Mesmo se a luta no centro de Bagdá for violenta, a 1ª Brigada tem An Najaf, a 2ª Brigada tem Karbala, e a 3ª Brigada tem Al Hilla. Esses rapazes estão confiantes de que podem lutar, e lutar com sucesso.

Quando Miller chegou ao D-Main, às 20 horas, a escuridão da noite já havia caído sobre Camp Eagle Three. Petraeus pegou o seu mapa, fechou a porta do Humvee e começou a caminhar para dentro.

– Aceite a merda – ele gritou para mim olhando sobre o seu ombro.

– Claro – respondi-lhe. – Afinal, o que mais se pode fazer com ela?

Ele parou por um breve segundo antes de continuar a caminhada até a tenda.

– Devo confessar – admitiu –, ainda estou pensando em como tudo isso vai acabar.

Na manhã de quarta-feira, dia 9 de abril, uma forte e rápida tempestade irrompeu do deserto, diminuindo a visibilidade para 30 metros e encobrindo o Humvee com uma poeira fina e flutuante que nos acompanhou no caminho lento de volta a Hilla às 7h45. Pude sentir a poeira presa à minha garganta, e o ar tinha um leve cheiro de cinzas. Ataques aéreos e de artilharia continuaram no decorrer da noite em Hilla e os Rakkasans os renovaram às seis horas contra a resistência que se desintegrara, como fizeram em Najaf e em Karbala. Os Apaches atirando contra a Morte, Aleijar, Esmagar e outras áreas de combate devidamente denominadas produziram um estrago considerável, somando um total de 228 veículos iraquianos, 46 peças de artilharia e dezenas de outros alvos destruídos. Petraeus chamou Wallace pelo rádio para informá-lo de que as perdas do Exército americano haviam sido leves, embora quatro Kiowas tivessem sido atingidos por disparos, dois deles seriamente.

– É bem possível que tenhamos acabado com eles em Al Hilla – ele disse ao comandante do V Corpo. Para mim, ele disse ainda que "isso é certamente encorajador depois daqueles primeiros dias. Estou começando a pensar que existe um ar de inevitabilidade em relação a tudo isso".

Ao passarmos a toda a velocidade pela Rota Aspen, na direção do distrito oeste da cidade, podíamos ver belas casas com telhado plano, próximo ao fatídico silo da noite anterior. Estrelas douradas e relevos detalhados de palmeiras decoravam os portões de ferro fundido, e buganvílias se esparramavam dos muros numa efusão de cores e brilho. Linnington e Freakley esperavam por nós na estação de tratamento de água de Hilla, onde a única evidência de combate no local era uma enorme quantidade de sangue ao longo da entrada.

– Você entra aqui, atrás de uma boa briga, e encontra homens que o abraçam e o beijam – disse Linnington. – Você o acerta de jeito, não aceita nenhum desaforo e ele simplesmente se derrete em amabilidades.

– Que diferença um dia faz – disse Petraeus. Ele alertou sobre os perigos do clima de favoritismo. – Queremos ser uma presença humilde e benevolente.

Dwyer observou a multidão animada se agrupando na entrada da instalação.

– Estamos sendo bombardeados de amor – disse ele. Um homem distinto e idoso vestido com uma túnica branca emergiu da multidão e se identificou como Abdul-Razzaq Kasbi, um professor da Escola Secundária Saddam. Ele falava inglês com um tedioso formalismo, pronunciando sílaba por sílaba. As escolas em Hilla fecharam no dia 17 de março, quando a guerra se tornara inevitável, disse Kasbi, e muitas delas se tornaram paióis. A estação de tratamento de água fechara no início da semana por falta de combustível.

– Sr. general – ele disse a Petraeus –, temos medo de que vocês nos controlem assim como ele fazia. – Não havia a necessidade de especificar quem era "ele".

– Não – disse Petraeus –, não vamos fazer isso.

Freakley se aproximou de Petraeus e, com a voz baixa, disse:

– Ele é do tipo que gosta de se mostrar.

– Qualquer iraquiano honesto – disse Linnington – quer ver um homem bom no controle do Iraque, e não um homem mau substituído por outro.

– Ainda temos medo disso – disse Kasbi. Ele manuseava suas contas para oração.

– Vamos mostrar quem somos através de nossas ações – afirmou Petraeus. Ele ofereceu ao professor uma moeda de bronze com os símbolos da divisão para selar o assunto, mas Kasbi, com toda a educação, recusou a lembrança.

– Não posso receber nada de vocês, a menos que tenha certeza de que vocês vieram para o bem do nosso povo. Queremos viver em paz. Não queremos substituir uma pessoa ruim por outra.

Petraeus encarou a rejeição com compreensão. Um outro homem, de cavanhaque, tocou no cotovelo de um oficial e ofereceu sua ajuda.

– Tudo bem – respondeu o oficial –, diga-nos onde os desgraçados estão.

Cheguei perto de Freakley, que estava imerso num debate político com um repórter de uma rádio francesa.

– Você prefere ser reconhecido como um homem que defendeu a moral e o direito – perguntou Freakley – ou como uma pessoa que faz coro com a opinião pública?

Enquanto nos reuníamos ali, soldados bombeavam 1.900 litros de água num enorme tanque do lado de fora da instalação. Com um forte solavanco e uma explosão de fumaça azul, o motor de filtragem rateou e começou a funcionar. A água vazava de uma torneira ao lado do portão principal. Um homem de sandálias e com um turbante sujo na cabeça se agachou com uma barra de sabão e começou a lavar as mãos.

– Eu entendo a aversão intelectual ao processo de soerguimento de nações – filosofou Petraeus. – Por outro lado, não vejo como evitar que esse processo aconteça.

Fomos de carro até o centro da cidade, passamos pela Barbearia Alafindee, pelo Estúdio Fotográfico Zaid e pela Organização Estatal de Construção Civil. Multidões atiravam beijos das calçadas.

– Bom! Bom! – cantavam eles, tocando nas mãos dos soldados do nosso comboio.

– Não seria maravilhoso se este lugar acabar se tornando algo bom? – indagou Petraeus. – Não há por que isso não acontecer. Eles têm muito dinheiro para isso. A menos que algum outro déspota cruel assuma o poder.

– Eles têm uma tradição de cinco mil anos de déspotas cruéis no poder – disse eu.

Uma estátua de Saddam fora derrubada pelos calcanhares e a face do Líder jazia enterrada num canteiro de hibiscos. Mas uma centena de outras imagens permaneciam nos outdoors por todas as ruas: Saddam, o cantor de música country, de óculos escuros e gravatinha estreita; Saddam, o pederasta, com uma menininha no colo e um menininho lhe dando um beijo; Saddam, o diretor, num terno de executivo; Saddam com chapéu ocidental; Saddam de túnica beduína; um Saddam condecorado numa farda de gala, a apoteose de um tirano do Oriente Médio. Em algum lugar, imaginei, haveria de ter uma Instalação Estatal para a Reprodução de Retratos do Líder.

– Saddam parece preferir o seu lado esquerdo – comentou Petraeus secamente.

Saqueadores saíam de uma instalação militar carregando colchões, ventiladores de teto e aparelhos de ar-condicionado. Um homem atravessou a rua correndo com um cabideiro de bronze. Um outro se equilibrava numa bicicleta com uma estante de livros de quase dois metros e duas cadeiras.

Paramos brevemente para dar um apoio moral a uma coluna de soldados de infantaria entrando na cidade pelo sul.

– Como vocês estão se sentido aqui, heróis? – perguntou Petraeus. – Vocês libertaram Hilla. Acabamos de circular por toda a cidade e a população está eufórica. É um ótimo sinal quando não se precisa lutar num segundo dia porque o inimigo se assustou e fugiu no primeiro. – Todos gritavam "Urra!".

Outros soldados faziam a segurança de um complexo de armazéns, repletos de caixas rotuladas "Petróleo por Alimento". Ao caminharmos pelo local, cataloguei o empório. Armazém Nº 4: sacas de açúcar de 50kg da França e 20 mil sachês de chá preto da Índia. Armazém Nº 10: óleo de cozinha da Malásia. Armazém Nº 19: detergente em pó – o lugar tinha o cheiro de uma verdadeira floresta de limoeiros – da Argélia e da Síria. O Armazém Nº 5 era o meu favorito: lençóis, televisores de tela plana Philips, cuecas, tapetes, lâmpadas, velas, compressores, lápis, borrachas, interruptores de luz, sacos de lixo e, finalmente, uma caixa de estiletes. Talvez, pensei, tívessemos encontrado o elo perdido com a Al-Qaeda.

Eu havia mencionado a Petraeus que, durante a batalha de Kasserine Pass, em fevereiro de 1943, o general Eisenhower tirou uma folga para visitar as grandiosas ruínas romanas de Timgad, próximas à fronteira da Argélia com a Tunísia. Ele aceitou a insinuação e partimos para o norte – para a Babilônia.

"É mais esplendorosa do que qualquer outra cidade do mundo", proclamou Heródoto. Até mesmo o profeta Jeremias, nada amigável em relação à Babilônia, chamou-a de "um cálice dourado na mão do Senhor, que embriagara toda a Terra". Foi aqui onde o rei Baltasar vira o terrível julgamento de Deus escrito numa parede durante um banquete para mil de seus nobres e também foi aqui onde Alexandre morrera, provavelmente de malária, no palácio de Nabucodonosor, com 33 anos. Esta era a cidade do grande deus Marduk, de quem foi escrito:

"Quatro eram os seus olhos, quatro eram os seus ouvidos. Quando ele movia os lábios, esguichava fogo... Seus membros eram gigantescos. Ele era extremamente alto."

Aqui era a cidade de Ninrode, bisneto de Noé e "um poderoso caçador diante do Senhor", que fundara a antiga Babel. Pelo menos segundo o Livro do Gênesis.

Dois blindados Abrams estavam estacionados próximo à entrada do sítio arqueológico, com seus apelidos – "Bad Mo Fo" e "Boomer" – pintados em seus canhões. Uma estátua moderna e grotesca de Saddam era a única sentinela do lado de dentro, dando ao lugar um aspecto de parque temático do "Mundo de Saddam". Um canal azulado cortava o complexo como um Eufrates espúrio; o leito original, através dos séculos, desviara-se em cerca de 24km a oeste de seu antigo curso. Búfalos-do-rio perambulavam ao longo da margem, próximo a mesas de piquenique com guarda-sóis de concreto, como aqueles encontrados em pontos de descanso em rodovias.

Fomos até o palácio de Saddam, uma monstruosidade vazia de quatro andares feita de pedra calcária e erguida sobre uma colina artificial coberta de canteiros de cheirosas cravinas. Entramos pela enorme e pesada porta dupla, como centuriões se apoderando dos pertences mais sagrados do inimigo. O lugar estava vazio, destituído de móveis ou qualquer outro sinal de já ter sido habitado antes, apesar das torneiras banhadas a ouro, das pias de porcelana e pisos de parquê. Rosetas com detalhes em bronze decoravam a enorme recepção, enquanto delicados entalhes de folhas de palmeiras decoravam as portas de teca. Uma estela ilustrava a cabeça de Saddam em perfil acima de Hamurábi em baixo-relevo, o "Rei das Quatro Partes do Mundo".

Subimos numa escadaria grandiosa até o terraço e, lá, estendendo-se abaixo de nós, estava a antiga Babilônia. No final da década de 1980, Saddam construíra uma réplica do palácio de Nabucodonosor ao lado das ruínas, com torres com balaustradas e paredes de tijolos amarelos de 12 metros de altura. Mas era a cidade, antiga e parcialmente escavada, o que prendia a atenção, embora já não houvesse muito mais do que ruínas sinuosas e retilíneas sugerindo uma enorme grandiosidade. Hilla e o dique no início do Canal de Hindiyya foram construídos com tijolos removidos da Babilônia. Em algum lugar naquele outeiro, estiveram os Jardins

Suspensos e a Torre de Babel, alcançando os céus a uma altura de sete andares. Oito portões, cada um nomeado em homenagem a um deus, abriam-se entre os muros duplos; eu já vi diversas vezes a *Porta de Ishtar*, no Museu Pergamon, em Berlim, com os seus relevos de leões vitrificados, touros alados e serpentes com chifres e língua bifurcada. Aproximadamente 1.200 templos ocupavam mais de dois milhões de metros quadrados da área interna da Babilônia; Heródoto dizia que mais de três toneladas de incenso de olíbano eram oferecidos aos deuses anualmente. Se tivéssemos chegado aqui na primavera, há alguns milhares de anos, poderíamos ter participado do Festival do Ano-novo, com duração de 11 dias, onde um clérigo cortaria a cabeça de um bode, esfregaria o sangue nas paredes do templo e atiraria a carcaça do animal no rio, para que o "bode expiatório" levasse consigo os pecados cometidos durante o ano. "As ruínas da Babilônia", o historiador George Roux disse certa vez, "talvez ofereçam a melhor lição sobre modéstia que possamos receber da história."

Petraeus absorveu suas próprias lições e agora estava pronto para partir.

– É isso aí, rapazes, vamos nessa. Vamos voltar para a guerra.

Descemos as escadas, entramos no Humvee e partimos. Saqueadores encontrariam o local dentro de poucas horas.

Mas a guerra estava ficando cada vez mais difícil de se encontrar. Ao passarmos por mais uma multidão eufórica – uma verdadeira "turnê da vitória", Petraeus dizia – o V Corpo passou uma mensagem via rádio com novas ordens. A resistência em Bagdá havia se esgotado. Unidades da 3ª Divisão de Infantaria e dos Marines fizeram uma varredura pela cidade, capturando todos os focos de resistência. A 101ª devia enviar duas brigadas de infantaria imediatamente para controlar o sul de Bagdá, logo abaixo do Tigre, um setor com quase 300km² de área.

Petraeus parecia maravilhado.

– Fico feliz em poder ajudar – ele me disse ao cruzarmos o Eufrates mais uma vez. – Eu já estava ficando entediado. Algumas horas de paz e já estou pronto para fazer alguma coisa. – E depois acrescentou: – É isso aí; então vamos para Bagdá.

15

"TUDO TEM O SEU LUGAR"

"Não há beleza nela que prenda os olhos", escreveu um viajante sobre Bagdá no século XII, "ou que invoque o andarilho ocupado a esquecer os seus afazeres e parar para contemplar."

Os oito séculos que se sucederam não melhoraram a beleza do lugar. Ninguém vinha para Bagdá para contemplar. A auto-intitulada Cidade da Paz era um vórtice de guerra, fogo, pestes e agora, mais uma vez, guerra. A invasão mongol em 1258 deixou pelo menos 800 mil mortos. Poetas foram assassinados e seus crânios, empilhados para formar um zigurate de ossos; os invasores enrolaram os governantes abássidas em tapetes e cavalgaram por cima deles. As catástrofes mais recentes incluíam a peste bubônica e uma enchente, em 1831, que varreu dois terços da parte leste de Bagdá ao longo do Tigre.

E, ainda assim, um outro visitante do século XII poderia dizer, com toda a razão, que "nada se iguala à Mesopotâmia". Bagdá chegou a ser a cidade mais rica do mundo, não apenas com o marfim africano, as tintas malaias e a porcelana chinesa disponíveis em grandes quantidades abastecendo os seus mercados, mas também em conquistas e lirismo. Era o tipo de cidade onde um inteligente cartógrafo produziu o primeiro mapa do mundo conhecido e onde um sonetista, com cujos versos o califa se encantara, ganhou cinco mil peças de ouro, dez escravas gregas e um belo cavalo.

Em sua história de 1.300 anos, Bagdá foi conquistada 31 vezes, de acordo com o registro árabe. Agora, o número subia para 32; soldados americanos controlavam grande parte da cidade; blindados Abrams vagavam pelas avenidas livremente. Do sudeste, no dia 9 de abril, Marines adentraram a capital e, pouco antes das 19 horas, despacharam um veículo blindado M-88 para ajudar uma multidão a derrubar uma estátua de Saddam Hussein de seis metros de altura na Praça Firdos, a leste do Tigre.

– Não há outro deus além de Deus – a multidão entoava, enquanto agrediam a figura caída com bastões, marretas e chutes. – Saddam é o inimigo de Deus!

A nossa primeira vista da capital foi do ar, no dia 10 de abril, quinta-feira. Ao sairmos de Camp Eagle Three pela última vez, em nosso vôo ao norte, a paisagem se desenhava como um tabuleiro de xadrez composto de plantações de trigo e feijão, uma verdadeira Iowa com tamareiras. O Tigre e o Eufrates ficavam a uma distância de 32 quilômetros um do outro, criando uma faixa fértil, onde seringueiras ladeavam as estradas e o gado vagava tranqüilamente em seus pastos. Beterrabas e tomates cresciam ao longo dos canais, protegidos do vento por cercas de arbustos. Nos varais das casas de fazenda, as roupas balançavam ao vento como se quisessem sinalizar algo e as bombas de irrigação espirravam água entre as fileiras de plantações. Menos bucólicas eram as trincheiras, línguas negras de petróleo ao longo das rodovias 1 e 8; aqui, pelo menos, a destrutiva 3ª Divisão de Infantaria fora rápida demais para permitir que os defensores incendiassem as reservas de petróleo. A cada poucos metros, cicatrizes negras significavam o destino de resistentes iraquianos, o equivalente moderno a ser pisoteado por cavalos enrolado num tapete.

O Warlord 457 desviou para o nordeste e as paisagens bucólicas foram substituídas por vilas com casas de telhado plano, enquanto voávamos sobre os distritos ao sul da cidade.

– Bem – disse Petraeus pelo intercom –, lá está o Objective Lions.

E lá estava o antigo Aeroporto Internacional Saddam Hussein, a 11km a sudoeste do centro da cidade. Pude ver os destroços carbonizados de um avião comercial sobre a pista de decolagem. As marcas do incêndio na pista pareciam sombras. Aterrissamos perto do Portão D-42. O sinais apontavam a nossa localização – Norte 33 159' Leste 44 139' – e nos informavam que a rampa suportava diversos tipos de aeronaves, como o Boeing 727 e o Airbus 300. Em nenhum lugar estava mencionado Blackhawks do Exército americano.

Wallace convertera a sala de espera no Portão 41 em seu escritório, mas um oficial do estado-maior pediu que Petraeus aguardasse do lado de fora porque "o comandante do V Corpo estava em reunião com a OAG". Havia uma picape Chevy armada com uma metralhadora estacionada na pista de pouso e um combatente com bigode e corte de cabelo civil encostado na cabine. Petraeus me cutucou.

– Muito bem disfarçado, não é mesmo?

Um major surgiu do terminal.

– Combate pesado em Kikruk – informou ele, solenemente. Ao perceber que sua pronúncia do nome da cidade fora um tanto quanto suspeita, o major tentou de novo: – Kikruk?

– Kirkuk? – corrigiu Petraeus.

– Sim, senhor. A CNN está relatando isso. E o senhor ficou sabendo sobre An Najaf?

– Está na minha AO – falou Petraeus, referindo-se à sua Área de Operações –, mas outra pessoa está cuidando da situação.

– Assassinato bem-sucedido, senhor.

– O que isso quer dizer?

– Senhor, aparentemente o clérigo para quem estávamos tentando passar o controle foi assassinado.

Era triste, mas verdade. Já tínhamos ouvido um relatório prévio do incidente, mas detalhes adicionais tornaram-no ainda mais horrível. Na tentativa interminável de recrutar o aiatolá Sistani para a causa americana, agentes da OAG, naquela manhã, transportaram um clérigo xiita cooperador – Abdul Majid Khoei – para Najaf, na esperança de que ele pudesse convencer Sistani a emitir um *fatwa* condenando a cooperação com um *mullah* preferido do Irã. Uma multidão enfurecida, possivelmente incitada por uma outra facção xiita, confrontou Khoei, que vivera no exílio em Londres por seis anos. Tiros podem, ou não, ter sido disparados, e uma granada pode, ou não, ter sido detonada. Khoei acabou morto, cortado em pedaços por espadas e facas. Trey Cate acompanhava um ônibus lotado de jornalistas a caminho de Najaf para presenciar o tão esperado apoio dos xiitas pró-americanos, mas tiveram que recuar rapidamente por causa de uma multidão composta de 1.500 iraquianos enfurecidos. O assassinato foi uma amostra arrepiante da ocupação: confusa, violenta e medieval, um labirinto de discórdias e ressentimentos em ebulição.

Enquanto Petraeus se reunia com Wallace e outros comandantes do V Corpo, explorei o terminal vazio. Não havia energia elétrica, mas a luz fraca da tarde entrava pelas janelas repletas de furos de projéteis. Cartazes apontavam para "Reservas de Hotel" e "Desembarque de Bagagem", além da loja *duty-free*, que tinha sido saqueada. Vi um mural de reis da Babilônia, todos monarcas de olhos penetrantes com barbas estilizadas. Os monitores de TV permaneciam desligados, mas um painel de vôos ainda listava uma meia dúzia de vôos para Jiddah, certamente para o *haj* em fevereiro. Do outro lado de uma porta indicada como "Tripulantes da Iraqi Airways", todos os armários tinham sido arrombados. "Aviso aos Pilotos", dizia uma placa, "Mudança de Rota de Vôo, Fevereiro de 2003". Um quadro de tripulantes listava os capitães – Jibouri, Nassiree, Mansoor, Karmil – e seus vôos, os quais estavam marcados até o dia 12 de janeiro. Formulários de bagagem incluíam itens para "Peso de Decolagem" e "Mudanças de Última Hora". Havia rosas de plástico num jarro e um mapa-múndi cobria uma parede do escritório, ao lado de uma foto de um motor Pratt & Whitney. Sentia-se um cheiro horrível na sala, como se houvesse algo morto em algum lugar. No andar de baixo, uma sala VIP – para Fedayeens? Para passageiros costumazes do Partido Baath? – era indicada com um tapete dourado e uma pintura em veludo de um acampamento beduíno. Uma equipe das Forças Especiais entrou no terminal escuro, parando numa lanchonete com uma máquina de café expresso antes de sumir por um longo corredor.

Do lado de fora, encontrei Petraeus pronto para partir. Soldados chutavam uma bola de trapos próximo aos carrinhos de bagagem. Quatro aviões da Iraqi Airways permaneciam pousados próximo ao terminal, com suas portas abertas. Uma antena receptora de sinais via satélite parecia ter sido paralisada em pleno giro. Um veículo de combate Bradley acelerava pela pista de pouso, como se quisesse ganhar velocidade para decolar. O Warlord 457 ganhou os ares às 19h30. Um brilho magenta no céu do oeste refletia nas janelas da torre de controle e parecia incendiar os canais, como trincheiras de fogo acesas com atraso. Era quase adorável.

Até que o D-Main pudesse se organizar e mover-se para o sul de Bagdá, continuaríamos a dividir com Freakley a sua tenda no Posto de Comando de Assalto, que ocupava uma antiga base aérea iraquiana a 40km ao sul da capital, em Iskandariyah. Os soldados achavam o nome irritante, e assim chamavam o lugar de El Gonorréia. Havia bastante poeira nas tendas e até mesmo na superfície pavimentada da pista de decolagem, mas pela primeira vez desde que saímos de Fort Campbell as nossas condições de vida melhoraram com a mudança, em vez do contrário, como de costume. Fivecoat e Miller transferiram as suas camas para um prédio de um único andar, feito de barro, apelidado de prisão mexicana. Fivecoat podia ser ouvido assobiando o tema musical de um bangue-bangue italiano. Os soldados cortavam os cabelos uns dos outros, cuidavam de suas correspondências atrasadas e dormiam. O fim da guerra estava à vista e, ainda que fosse cedo demais para ficar feliz, havia a sensação de que o júbilo estava próximo. O meu único desgosto foi que Dwyer havia declarado a vitória e ido para casa, junto com um crescente êxodo de repórteres. Senti a falta dele.

Pouco antes das 21 horas de quinta-feira, entrei no Posto de Comando de Assalto, lotado, para ouvir Petraeus discursar sobre a estratégia a se empregar na tomada de Bagdá com os seus altos comandantes. Linnington e Anderson estavam de pé ao lado dele, próximo à mesa principal, seguidos de Freakley, Greg Gass, E. J. Sinclair e o artilheiro Bill Greer. Hodges ficou com a 1ª Brigada em Najaf. Bagdá fora subdividida em 55 zonas; a missão da 101ª era garantir o controle de dez zonas na parte sul da cidade, incluindo três zonas próximas ao aeroporto – denominadas 42, 43 e 44 –, que permitiriam a aterrissagem de aviões convencionais sem o perigo de atiradores de elite. A 2ª Brigada, de Anderson, ficaria com o setor sudoeste depois de conduzir um assalto aéreo nas Áreas de Aterrissagem Papa-Figo, Pomba, Pardal e Dodô, enquanto a 3ª Brigada, de Linnington, tomava o sudeste. A tarefa em mãos fora resumida num pedaço de papel de pão com uma caneta hidrocor: Ataque em zona para eliminar forças não cooperativas. Transição para forças de estabilização ou partir para o Norte. Estado final: forças não cooperativas destruídas, levante civil minimizado, capacidade de introdução de AH – assistência humanitária – e forças americanas apoiando o novo governo iraquiano. O plano me pareceu linear, lógico e inviável.

Petraeus reiterou a ordem pré-guerra de não ostentar bandeiras americanas.

– Nós não somos um exército de ocupação. Somos um exército de libertação. Então não estamos tentando cravar a bandeira – disse Petraeus.

Os soldados deveriam continuar com o uso de capacetes e coletes à prova de balas; nada de bandanas ou qualquer desvio de vestimenta.

– Temos que manter a guarda. O comandante do V Corpo disse hoje à tarde: "Estamos mais perto do começo dessa coisa do que do fim."

Troféus de guerra, incluindo baionetas e bandeiras do exército iraquiano, eram proibidos para uso individual; a cada batalhão eram permitidas uma arma capturada e uma dúzia de pequenos itens aprovados por um oficial superior.

– Um blindado, senhor? – perguntou Anderson.

– Isso conta como uma arma – respondeu Petraeus.

Os primeiros reforços aliados chegariam em breve, uma força insignificante que consistia numa única companhia albanesa com 71 soldados e dez picapes Land Rover.

– Eles são seus – Petraeus disse a Linnington. – Eles atiram com fuzis AK-47; então a sua primeira tarefa será descobrir como distingui-los dos iraquianos para que não atiremos neles.

Os comandantes deviam documentar qualquer violação iraquiana das leis de guerra, tal como falsas rendições, com iraquianos portando bandeiras brancas.

– Isso é um assunto muito importante em termos nacionais – afirmou Petraeus. As tropas devem responder aos focos remanescentes de resistência com força proporcional. – É possível que tenha havido um caso quando um atirador de elite disparava do telhado e outro do porão, e um míssil foi lançado contra o prédio, destruindo-o por inteiro – admitiu Petraeus. – Não estou dizendo que fizemos isso, mas alguém à mesa na reunião de hoje do V Corpo mencionou esse tipo de situação. – No que diz respeito a saques, ele disse: – Devemos desencorajar esses eventos, mas não vamos nos meter entre uma multidão e um monte de colchões.

Petraeus sondou o rosto de seus coronéis.

– Alguma pergunta?

Não havia.

Freakley foi gentil o suficiente para me abrigar em sua própria tenda e, quando nos recolhemos em nossos sacos de dormir, à meia-noite, ele estava bastante pensativo. Ele acabara de ficar sabendo que seria promovido a general-de-divisão e, assim, comandaria a Escola de Infantaria em Fort Benning, na Geórgia, um belo emprego para um professor talentoso.

– O papel da divisão na guerra foi o correto – reconheceu Freakley. Mesmo assim, ele ficou em dúvida se a 101ª deveria ou não ter sido mais agressiva. Ao se referir ao V Corpo, ele usou mais uma vez uma metáfora ao dizer que o V Corpo "golpeava com apenas um punho". Às vezes ele pensava que a divisão pudesse estar buscando razões para "*não* fazer certas coisas". Será que eles usaram os blindados da forma mais vigorosamente possível? Houve alguma ocasião quando a 101ª poderia ter mandado mais de uma brigada para a batalha? O papel dos helicópteros nas operações do Exército certamente deveria ser debatido mais a fundo.

– Se vamos combater inimigos com a tendência de se esconder em cidades, e que são capazes de agregar poder de fogo em pequenos grupos, não estou certo da utilidade dos helicópteros. – Ele parecia bastante frustrado e me lembrei do comentário de Petraeus sobre esta guerra ser pequena demais para mais de um general. Perguntei sobre o estilo de comando de Petraeus.

– Ele fez um bom trabalho – constatou Freakley, apoiando-se no cotovelo. – O general Petraeus é uma pessoa que absorve todo tipo de informações. Para que ele venha a tomar as decisões corretas, que são agressivas e taticamente seguras, precisa de enormes quantidades de informação do seu G-2 e do G-3. Ele tem a habilidade de processar tudo isso. Petraeus é extremamente eficiente no que diz respeito às partes burocráticas do trabalho e à absorção de informação.

Petraeus quase nunca pedia conselhos táticos ao comandante assistente de operações ou ao comandante assistente de apoio, Freakley completou, além de manter o seu círculo interno pequeno.

– Você é provavelmente mais próximo a ele do que qualquer pessoa da divisão – ele me asseverou.

– Verdade? – indaguei. Isso me pareceu improvável.

– Ele é muito competitivo, até mesmo com E. J. e comigo, embora não haja a menor dúvida sobre quem comanda a divisão. A competitividade dele às vezes acaba deixando-o imóvel.

O tom de Freakley era bastante analítico e reflexivo, o tom de um oficial profissional ponderando sobre a arte do generalato. Eu sabia que ele era leal a Petraeus e um grande apreciador de seus vários talentos. Mas lembrei-me novamente do enorme papel que as personalidades têm numa guerra, assim como sempre tiveram desde a época de Agamenon e Aquiles.

– Ele fez um ótimo trabalho – repetiu Freakley, balançando a cabeça num gesto positivo. – Você vai chegar às suas próprias conclusões.

* * *

Pouco antes do meio-dia de 11 de abril, sexta-feira, Miller guiou o Humvee em volta de um grupo de quatro blindados T-72 iraquianos abandonados e pegou a Rodovia 8, no sentido norte. O terreno naquela região era pantanoso e cortado por canais, com salinas espalhadas por entre as plantações. Um espantalho de turbante e túnica tomava conta da plantação de cevada. As folhas das palmeiras tinham um leve tom marrom, como se as árvores tivessem sugado poeira pela raiz. Ao nos aproximarmos de Bagdá, podíamos ver dezenas de veículos iraquianos destruídos e esquecidos no meio da estrada, incluindo alguns desmontados em pedaços não maiores do que uma escrivaninha. No subúrbio de Mahmudiyah, crianças travessas transformaram um casco queimado de um blindado num parque de diversões; uma velha com o rosto coberto de tatuagens azuis vendia cigarros sobre o pára-choque. Sete blindados T-72 e quatro caminhões de transporte blindados haviam sido destruídos aqui num ataque surpresa conduzido pela 3ª Divisão de Infantaria, vindo do norte, pegando os iraquianos por trás. No Objective Curley, a interseção de estradas onde a 3ª Divisão participara de um breve e enérgico combate, observamos os destroços de um comboio de suprimentos americano emboscado. Uma granada de propulsão a foguete bem-disparada aparentemente deu início a uma reação em cadeia: o fogo espalhado de um caminhão de munições atingira quatro outros caminhões. Foi bem próximo daqui onde o primeiro-sargento John W. Marshall morrera; o seu corpo seria encontrado na manhã seguinte numa cova rasa pelos soldados de Mike Linnington.

O dia estava lindo, uma boa réplica de um dia da Califórnia. Encontramos Freakley e Linnington dentro de uma fábrica da Pepsi no lado leste da rodovia. Os escritórios tinham sido saqueados, mas uma fotografia permanecia na parede, mostrando o presunçoso gerente da fábrica ao lado do filho de Saddam, Uday, cujo penteado repleto de gel e a camisa aberta no peito davam a ele o aspecto de um gomalinado pilantra e estelionatário. Os assoalhos estavam cobertos de tampinhas de garrafa e guimbas de cigarro, além de uma caixa esmagada de tâmaras Al Reem Luxury. Soldados descobriram um punhado de filhotes de cachorro que sobreviveram comendo a carcaça da mãe morta.

Petraeus sentou-se a uma mesa no pátio externo. Até agora, o assalto aéreo e a ocupação tinham ocorrido da maneira prevista, embora Linnington observasse que "essa não era a multidão eufórica de Al Hilla". A 3ª Brigada teria o controle de dois setores até o final do dia e de mais dois no domingo; a 2ª Brigada já ocupava quatro setores e logo teria o controle de seus dois últimos. Quando partimos, Freakley negociava com um motorista de táxi iraquiano que afirmava que o seu carro havia sido destruído por disparos da 3ª Divisão.

– Ele gostaria de ser reembolsado. Três mil dólares por seu carro – disse Freakley. – Ou 47 milhões de dinares, se você os tiver em mãos.

Uma passagem dupla em arco sobre a Rodovia 8 indicava a nossa entrada na cidade e, nesse momento, os saques haviam começado em toda a sua intensidade. Centenas e logo em seguida milhares de pessoas invadiam os parques industriais à beira da rodovia; algumas carregavam bandeiras brancas, mas a maioria estava concentrada demais em saquear para se preocupar com esses detalhes. Homens, mulheres e crianças carregavam tudo que podiam, arrastando, levando nos braços ou em carrinhos de mão, transformando as ruas da cidade em verdadeiros corredores de lojas. Três homens, acenando felizes, passaram pelo Humvee, rolando um barril de 210 litros cada. Um homem com uma touca verde empurrava um carrinho de mão repleto de fios de cobre; dois meninos o ajudavam a negociar espaço na calçada. Puxando uma carroça azul repleta de caixas de azulejos, um jumento velho caminhava com dificuldade na beira da estrada. Quatro homens puxavam um carrinho lotado de dutos de ventilação; um trator Kawasaki passou por nós com duas bombas de água dentro da pá mecânica; duas mulheres puxavam um par de bacias de plástico cheias de tecidos; três homens num trator John Deere velho rebocavam um enorme motor sobre uma carrocinha de madeira.

Botijões de gás e canos, carteiras escolares e lixeiras, abajures e escadas – tudo isso passava por nós como um vasto rio de objetos saqueados. Na Companhia de Mármores e Granitos Alalaf, uma multidão içava um gerador sobre uma caçamba de caminhão, enquanto outros pulavam e dançavam empolgados no Al-Aamawhi Laticínios e no Banco de Economias para Finanças e Investimentos, onde as grades de metal das vitrines foram destruídas. Um Chevrolet Caprice seguia devagar com nove pneus novos, ainda embrulhados em papel pardo, amarrados no teto e no bagageiro. Várias pessoas se amontoavam sobre tratores e uma retroescavadeira Caterpillar num estacionamento, evidentemente tentando fazer ligações diretas para poder levar os equipamentos consigo. Um rapaz surgiu rolando um enorme pneu de caminhão.

– O que diabos você faria com uma coisa dessa? – perguntou Petraeus.

– Eu o deitaria – sugeri – e usaria como mesa de centro.

Poucas horas depois de a estátua de Saddam ter ido abaixo na Praça Firdos, a libertação do Iraque se transformara na pilhagem de Bagdá.

Petraeus analisava áreas para o D-Main e estacionamos no pátio de uma companhia fabricante de equipamentos contra incêndio e capacetes de segurança. Um tiro disparado por um veículo blindado abrira um buraco na entrada do prédio da administração e saía fumaça de um armazém. Dezenas de extintores de incêndio vermelhos jaziam espalhados pelo estacionamento. Fivecoat soltou o pino de segurança de seu fuzil M-4, espantou os poucos saqueadores que restavam no local e bisbilhotou em volta de um escritório enfumaçado antes de retornar ao Humvee.

– Este lugar parece precisar de muitos reparos, senhor.

– É verdade – concordou Petraeus –, seria uma despesa enorme.

Pensei se o mesmo não poderia ser dito para o restante do país. Fivecoat, mais tarde, recordou-se do curso inevitável das pilhagens:

– Primeiro, eles removiam os móveis; em seguida, as portas, janelas e objetos de iluminação; em seguida corrimãos, interruptores de luz e fiação; e então, finalmente, eles desmontavam o prédio, tijolo por tijolo.

Mais tarde, naquele mesmo dia, o secretário da Defesa, Donald Rumsfeld, negaria que as pilhagens ocorriam de forma intensa:

– As imagens que vocês estão vendo na televisão são repetidas diversas vezes, sem parar; é a mesma imagem da mesma pessoa saindo do mesmo prédio carregando o mesmo vaso.

Os assessores de imprensa do Pentágono riram, mas o comentário de Rumsfeld foi estúpido, assim como a sua afirmação de que "a liberdade é caótica". A abrupta transição para a anarquia foi um desastre não só para o Iraque, mas também para os Estados Unidos. As perdas culturais foram ruins o suficiente: a Biblioteca Nacional, no centro da cidade, estava em chamas, embora algumas coleções tivessem sido salvas, de acordo com alguns relatos; a Biblioteca da Beneficência Religiosa também foi destruída por incêndios, com uma perda estimada de 6.500 manuscritos; a Biblioteca Central da Universidade de Bagdá foi saqueada e em seguida incendiada. Uma multidão enfurecida invadiu as 18 galerias do Museu Nacional, embora tenham roubado muito menos do que se esperava; em junho, oficiais reconheceriam que dez mil peças haviam desaparecido, mas apenas cerca de trinta objetos de extremo valor permaneciam desaparecidos.

Se era desanimador testemunhar a herança cultural de uma nação indo por água abaixo, a destruição da infra-estrutura industrial, comercial e burocrática iraquiana era simplesmente catastrófica. Certamente, levaria anos e muitos bilhões de dólares para consertar todo o estrago. Como os iraquianos encarariam a autoridade americana, diante de tal desordem, era difícil de se imaginar. Houve pouquíssima atenção por parte do Exército americano ou por parte de qualquer pessoa no Departamento de Defesa no que dizia respeito à segurança do Iraque, exceto sobre os campos de petróleo e os depósitos de armas de destruição em massa, os quais se provariam inexistentes. Estudos detalhados compilados pelo Departamento de Estado, em 2002, conhecidos coletivamente como o Projeto Futuro do Iraque, foram em sua grande parte ignorados pela Casa Branca e pelo Pentágono, propensos a deixar o país se envolver com uns poucos expatriados inescrupulosos, prontos a se eximir de qualquer culpa depois do caos implantado e em seguida cair fora o mais rápido possível.

Os militares quase não tinham tropas para guerrear, quanto menos para simultaneamente colocar um país maior do que o estado de Montana sob sua proteção. A estabilidade civil era *ad hoc*. Embora um grupo de planejamento do V Corpo formado em dezembro houvesse estabelecido planos para um Iraque pós-guerra, poucos oficiais superiores acreditavam que o único corpo em batalha, localizado fora dos Estados Unidos, permaneceria no Iraque por mais do que três ou seis meses.

– A intenção é não ter uma ocupação prolongada – declarou o principal advogado do V Corpo em meados de março. Oficiais chegaram a ponto de evitar o que eles se referiam como a palavra "O".

Além disso, estrategistas do Exército previram que poderia levar semanas para se dominar Bagdá através de uma série de ataques lançados de cinco bases nos arredores da cidade, criando tempo hábil para o envio da Polícia do Exército, de agentes civis e outras unidades necessárias para a manutenção da ordem. Mesmo com a liderança do Partido Baath derrotada, esperava-se que a maioria dos burocratas do baixo escalão cumprisse suas tarefas para garantir o funcionamento dos serviços básicos.

– A segurança de indústrias, de companhias elétricas e de tratamento de água era um assunto importante com o qual não queríamos nos envolver – Wallace me disse mais tarde. – Todos nós pressupúnhamos que haveria um resquício de infra-estrutura do Governo Federal quando o regime caísse. – Em vez disso, "a porcaria do país inteiro parou". Partes de Bagdá já estavam sem os serviços básicos por mais de uma semana.

Miller fez o retorno na Rodovia 8 e seguiu novamente para o sul.

– Creio que a velocidade do colapso de Bagdá não foi antecipada – disse Petraeus com seriedade. – Isso é de dar nos nervos. Não existe a empolgação que houve no bombardeio de An Najaf.

Às 15h45, chegamos a uma instalação de processamento de frango a alguns metros da Rodovia 8. Petraeus avaliou o local como uma área potencial para a instalação do D-Main, até que o odor de carne estragada o persuadiu a reconsiderar a idéia. Carimbos de borracha e livros de contabilidade estavam espalhados sobre as mesas dos escritórios executivos no segundo andar, onde caixas de vidro expunham os produtos da empresa; empanados e salgadinhos de frango pareciam um ramo de atividade de bastante sucesso. Um uniforme da Guarda Republicana estava caprichadamente dobrado dentro de uma gaveta de um dos escritórios, onde, em cima de um bloco de notas, havia um descanso de copos com a propaganda "Bates Motel-Universal Studios". Galinhas cacarejavam no pátio externo, aproveitando seus momentos de liberdade.

Wallace apareceu com um comboio minutos mais tarde. Ele voltara a fumar e acendera um Marlboro enquanto Petraeus abria o mapa sobre o capô do Humvee.

– Falei com o chefe da estação – disse o comandante do V Corpo. Agentes da OAG tentavam recrutar iraquianos para ajudar na estabilização da região central de Bagdá, mas era difícil saber por onde começar a impor a ordem em todo aquele caos. Remover os corpos do aeroporto levaria dias. Engenheiros do Exército escavaram mais de cem covas na fronteira sul do Objective Lions, cada uma delas com 1,80 metro de profundidade, 2,40 metros de comprimento, voltadas para Meca.

– Trazer água, energia e redes de esgoto de volta para esta cidade vai ser um trabalho monumental – observou um major do V Corpo. – Estamos tentando encontrar autoridades civis iraquianas que gerenciavam os serviços, mas sem muito sucesso. – Tropas iraquianas continuavam a arrancar seus uniformes e a se misturar entre a população. Num encontro memorável, cinco soldados se despiram por completo antes de se renderem a uma companhia blindada americana num local hoje conhecido como "Barreira dos Cinco Pelados".

Ainda assim, eles estavam entre os míseros sete mil prisioneiros de guerra iraquianos, menos de 10% do número capturado durante a Guerra do Golfo. Certamente, a força militar iraquiana estava seriamente abalada, mesmo se comparada com a força debilitada que lutou em 1991. As tropas eram precariamente treinadas – a maioria tinha praticado tiro muito pouco, se é que tinha, no último ano – e suas habilidades se mostraram péssimas, com ocasiões repetidas de iraquianos errando tiros à queima-roupa. Pessimamente preparados, eles também sofriam por excesso de comando: o exército de meio milhão de soldados incluía 11 mil generais e 14 mil coronéis. (O Exército americano, com aproximadamente o mesmo tamanho, tinha 307 generais e 3.500 coronéis.) Mas todos esses soldados, de todas as patentes, tinham ido para *algum lugar*; era impossível saber se tinham fugido para esperarem o renascimento de um Iraque democrático ou para se juntarem a uma insurreição bem-armada.

Petraeus apontou para um ponto no mapa próximo ao Tigre.

– Isso aqui vai ser interessante – afirmou ele.

Wallace olhou por cima dos óculos escuros.

– Essa é a companhia de eletricidade?

– Sim, senhor. Exatamente.

Wallace contraiu os lábios. Ele pôs o dedo na área da companhia no mapa e disse:

– Ontem eles pareciam pegar tudo que podiam carregar. Hoje parecem estar roubando principalmente veículos.

– Na verdade – disse eu –, eles ainda estão roubando o que vêem pela frente.

Wallace acendeu outro cigarro.

O fim de semana em Bagdá foi maravilhosamente esquisito. No sábado, dia 12 de abril, seguimos por uma estrada sinuosa até um prédio residencial de três andares do Partido Baath, com sacadas e vista para o Tigre. O rio era um aviário fabuloso de pássaros de patas longas e espécies semitropicais, embora eu duvidasse que fosse durar muito tempo, com Bagdá sem energia elétrica e as estações de tratamento de água despejando milhões de litros de dejetos sem tratamento todos os dias.

Contêineres de transporte vazios – Ikea, Loyd Trestino, Maersk – ocupavam o pátio lateral do prédio. Abaixo da sacada, uma ave de rapina de pedra com 4,5 metros de envergadura sobre um pedestal, um suvenir em potencial para o museu da *Screaming Eagle* em Fort Campbell. Saqueadores pilharam o prédio principal e os assoalhos estavam repletos de latas de fórmula para bebês Vitalact e livros, incluindo um volume intitulado *Estudos Legais*. A sala de recepção era grande e vistosa, com a decoração do Leste Europeu, talvez de Bucareste em 1971. Contêineres circulares de querosene do tamanho de bolas de vôlei, evidentemente utilizados para a iluminação de festas no jardim, estavam espalhados na entrada da garagem. Quase não podíamos imaginar a animação deste lugar em dias felizes.

O lugar seguinte a ser visitado foi Clarksville, o apelido dado pela divisão – em homenagem a uma cidade próxima a Fort Campbell – para outra instalação do Partido Baath, onde os batalhões de Mike Linnington tinham acampado. Ao passarmos pelos portões, ouvimos um forte estrondo vindo de um prédio residencial onde equipes de artilharia destruíam cinco helicópteros iraquianos descobertos num pátio – incluindo quatro modelos alemães e um velho Huey. Miller parou o Humvee ao lado da piscina de Clarksville. Vários pavões desfilavam pelo deque, à frente de um sorridente Geraldo Rivera, a personalidade televisiva; expulso da guerra por supostamente ter divulgado as movimentações das tropas próximas a Najaf, Rivera – os soldados o chamavam de "Grrr-aldo" – tinha de alguma maneira conseguido voltar à divisão. Enquanto ele corria atrás de Petraeus para uma rápida entrevista ao lado da piscina, entrei no prédio. O foyer era dominado por uma peça surpreendente do universo *kitsch*: uma escultura de madeira envernizada de 45cm de um elefante lutando contra cinco leões. Dois felinos enfiavam suas garras nas costas do paquiderme, outro atacava o seu joelho, o quarto era pisoteado pelo animal e o quinto berrava em agonia evidente ao ser esmagado pela tromba do elefante.

O foyer se abria numa *diwaniyah*, uma sala de reuniões enorme e retangular com mesas de chá e divãs com estofamento em tecido azul. Soldados descobriram um gabinete repleto de bebidas alcoólicas e, cumprindo com o seu dever, esvaziaram as garrafas numa pia: 400ml de uísque Clan McGregor, 1l de vodca Stolichnaya e uma garrafa de *arak*, a bebida nacional iraquiana, feita a partir de seiva fermentada de palmeira. A cozinha cheirava como uma destilaria. Essa instalação, supostamente, tinha ligações com Ali Hassan al-Majid, um amigo de Saddam, conhecido como "Ali Químico" por conta de seu uso intenso de gás de mostarda contra os curdos nos anos 1980. O serviço de inteligência americano acreditava que al-Majid tivesse sido morto num ataque aéreo, mas posteriormente ele seria capturado – muitíssimo vivo. Dizia-se que aquela residência pertencia ao seu irmão, ou talvez a um primo. A ligação precisa era vaga, mas agradavelmente ameaçadora.

Um motorista Rakkasan vasculhou várias embalagens de rações empilhadas no painel de seu Humvee.

– Ei, capitão – gritou –, você comeu o meu bolo que estava aqui em cima?

O capitão respondeu com cautela:

– Comi um bolo hoje, sim.

– Era de baunilha?

– Eu não sabia que eles vinham em cores diferentes – admitiu o capitão.

O motorista praguejou baixinho:

– Não acredito que você comeu a porcaria do meu bolo.

Partimos para o sul, na direção de Bagdá, onde os soldados de Joe Anderson haviam conquistado um parque de diversões. Sentinelas vigiavam o lugar das sacadas de três torres árabes acima dos portões do parque. Lá dentro, caminhamos sob acácias, passamos pela casa mal-assombrada e pelo carrossel com decorações do Velho Oeste. O Karkh Expresso do Oriente, usado para transportar crianças ao redor do parque, era composto de vagões abertos nos lados puxados por um trator disfarçado de locomotiva; uma *happy face* brilhava acima do piloto. Em outras barraquinhas e brinquedos, estrelavam Pinóquio e o Mickey Mouse, ambos com feições levemente semitas. Um dos funcionários empregados nos disse que o parque recebia quatro mil visitantes todos os finais de semana, antes da guerra. Agora, o lugar fora transformado num arsenal e soldados contavam morteiros e inúmeras caixas de munição de 7,62mm escondidas no banheiro das mulheres, nos carrinhos em formato de cisne que rodavam em torno de um eixo e na enorme boca aberta de um palhaço gigante de papel machê originalmente usado para arremesso de bolas. Estava claro que no Iraque de Saddam nada era sagrado.

No início da manhã de sábado, Petraeus decidiu colocar o D-Main no Estabelecimento Estatal Al Qadisiyah, a velha fábrica de munições no lado oeste da Rodovia 8, próxima à junção com a Rodovia 1. Enquanto nos dirigíamos para o sul, no sábado à tarde, para juntar os nossos equipamentos no El Gonorréia, o tráfego praticamente parou ao passarmos por

Mahmudiyah. Uma multidão aumentava a cada minuto nos lados da estrada e eu senti os cabelos da minha nuca se arrepiarem.

– Tem algo de muito sinistro nesta cidade – disse eu.

– Eles estão acenando – disse Petraeus.

– As crianças estão acenando. Há um monte de homens mal-encarados nas sombras.

Mahmudiyah foi esquecida quando nos acomodávamos em nosso novo lar no domingo. O complexo cercado de muros era composto de 36 prédios em Al Qadisiyah, que cobriam uma área de pelo menos 120.000m². "Pense em Segurança", avisava em inglês uma placa na oficina. "Tudo Tem o Seu lugar." Centenas de fuzis AK-47 estavam empilhados em bancadas e no assoalho, junto de canos sobressalentes, coronhas, visores e baionetas. Fileiras de fuzis preenchiam uma sala adjacente com uma centena de armas recém-reformadas; cada uma delas possuía uma etiqueta presa à mira: "Cartão de Controle de Montagem e Teste Final, Fuzil Automático Takuk M70, calibre 7,62mm." Em ganchos nas paredes, camisas azuis de trabalho permaneciam penduradas e num galpão aberto do lado de fora ficava a enorme linha de produção, repleta de tornos, prensas e máquinas: Pittler, Hitachi, Kellenberger, Weisser Heilbronn.

Um outro armazém estava lotado de granadas RPG-7 e várias centenas de caixas de madeira, rotuladas Produto 663 Estado de Al Qadisiyah, continham suportes de tecido para munições RPG. Eu tinha visto um suporte idêntico na área do silo durante a emboscada em Hilla. Algumas portas haviam sido arrombadas por soldados nervosos da 3ª Divisão de Infantaria.

– Acho que eles estavam com o sangue quente quando passaram por aqui – disse Petraeus.

Um pequeno aquário ainda continha um par de peixinhos dourados, ainda que desnutridos. Espalhadas pelo local, havia caixas de veludo azul para pistolas, presenteadas para membros merecedores do Partido Baath. Uma sala no sétimo andar, conhecida como Hotel, expunha os melhores equipamentos da Al Qadisiyah, incluindo um fuzil AK-47 banhado em prata, armas de dardos e visores noturnos de RPG. Dizia-se que um fuzil de assalto Al Qadisiyah podia ser comprado nas ruas por 150 mil dinares, cerca de 83 dólares.

Um pequeno campo de futebol com as redes ainda nas traves fazia fronteira com dois estandes de tiro e um jardim sinuoso, repleto de rosas, bocas-de-leão e violetas. Uma prensa de plásticos fabricava empunhaduras de pistolas e uma grande oficina de reparos estava repleta de canhões antiaéreos ZU-23-2 de cano duplo. Uma outra placa dizia: "Pense em Qualidade." Um santuário para Saddam ficava do lado de fora do Hotel. Por mera pretensão artística, era o meu preferido dos que já tinha visto: um retrato de três metros de altura em primeiro plano do Líder sorridente, preferindo o seu lado esquerdo, como de costume, com palmeiras e hibiscos ao fundo, como se tivesse sido pintado por Henri Rousseau.

Petraeus se virou para mim e sorriu. Com um tom perfeitamente irônico, ele disse:

– E as armas se silenciaram.

Ben Freakley estava certo. Eu *realmente* cheguei às minhas próprias conclusões. Acreditava mesmo que Petraeus tinha realizado o seu trabalho de maneira brilhante. Ele provara ser merecedor da responsabilidade extraordinária de comandar uma divisão do Exército americano em combate, fazendo tudo que lhe pediam os superiores, enquanto perdia apenas dois soldados em ação com outros 46 feridos. O estresse do combate era realmente revelador de personalidades e pude observá-lo lutar com todas as forças contra suas dúvidas, em seguida se fortalecendo e seguindo em frente. Ele cuidara de suas tropas e executara a sua missão, as duas essências do comando, enquanto não pedia nada mais a seus subordinados além daquilo que ele mesmo não pudesse fazer. Se outros achavam difícil se afeiçoar a ele – a sua intensidade, competitividade e intelecto afiado tornavam a adoração difícil –, por outro lado ele era muito respeitado e acatado prontamente. Eu tinha certeza de que ele se daria bem no inferno entre a guerra e a paz, o que sem dúvida caracterizaria a ocupação do Iraque. O seu pragmatismo e ampla experiência em missões de paz no Haiti e na Bósnia o prepararam para o trabalho ingrato de um procônsul no império americano.

Os soldados da divisão também se saíram muito bem, demonstrando competência e profissionalismo. Comandados de maneira muito competente – os comandantes de brigada e dois comandantes assistentes da divisão eram excepcionalmente bons –, eles passaram por momentos difíceis sem perder o moral e sem deixar que a sede de sangue, o cinismo e outros destruidores de bons exércitos os desviassem de suas honras de batalha.

Eles foram melhores do que a causa a que serviam, a qual em breve perderia o brilho com revelações de que o *casus belli* – que o Iraque representava um perigo iminente à América e aos seus aliados – era exagerada e talvez até fraudulenta. Se a virtude da guerra era falsa, acabava por baratear os sacrifícios dos mortos e dos vivos em comum. Ainda assim, tais nuanças estratégicas ficavam além da província dos soldados e eu acreditava ser vital não misturar os guerreiros com a guerra.

Durante o fim de semana, decidi partir. Vinte repórteres do *Post* inundavam a região, incluindo uma meia dúzia ou mais em Bagdá; eu estava começando a me sentir um supranumerário. A 4ª Divisão de Infantaria estava marcada para chegar ao serviço de ocupação na segunda-feira de manhã, e Petraeus recebeu ordens abruptas para mover a sua divisão mais uma vez, desta vez para Mosul, a 370km ao norte. Lá, a 101ª provavelmente permaneceria por meses, talvez por vários meses, à margem do Tigre, próximo à antiga capital assíria de Nínive, uma terra sanguinária de touros, leões alados e mercadores que um dia já foram "mais numerosos do que as estrelas no céu". Xenofonte marchara por lá como os seus dez mil gregos e agora Petraeus seguiria pelo mesmo caminho com os seus 17 mil americanos.

Juntei minhas coisas no espaçoso escritório onde passaria a minha última noite no Iraque. O último ocupante havia partido com pressa: seus óculos de leitura ficaram sobre a mesa, junto de um livro de contabilidade e de um roupão feito de lã de qualidade. O telefone vermelho Wonderland não emitia sinal de discagem, assim como o aparelho de ar-condicionado Samsung não soprava ar frio. Cortinas pesadas cor de damasco com cordinhas douradas cobriam as janelas.

A reunião de atualização de batalha de domingo ocorreu às 19h45, num vasto galpão de pintura, onde os monitores e cadeiras do D-Main foram montados. Oficiais do estado-maior falaram na seqüência de sempre, descrevendo preparações para o deslocamento para o norte e planos para receber a 4ª Divisão. A atmosfera de rotina se dissipou quando um oficial se levantou para reportar que pelo menos 16 soldados foram feridos numa emboscada em Mahmudiyah, a cidade suburbana que me deu arrepios no sábado. Petraeus ordenara que o batalhão da 2ª Brigada, de Anderson, fizesse uma varredura na populosa vizinhança ao longo da Rodovia 8; enquanto um pelotão se formava no pátio de uma delegacia de polícia, os agressores jogaram uma granada por cima do muro e dispararam armas automáticas de prédios ao redor do local.

Seis soldados foram feridos o bastante para requererem remoção por helicóptero, incluindo um com uma séria lesão no olho e outro com estilhaços na virilha. O revide com tiros de fuzis, metralhadoras .50 e lança-granadas Mk-19 matou dois iraquianos e feriu três. Poucas horas depois, uma granada de mão detonou por acidente numa unidade de defesa aérea da divisão, matando dois soldados e ferindo outros dois. Os incidentes pareciam maus e sombrios nesta terra de presságios.

Pela última vez, anotei o desafio do dia e a senha – CULPA e HISTÓRICO – e apertei as mãos de oficiais que se tornaram amigos e companheiros. Petraeus me deu um distintivo de combate da *Screaming Eagle*, um botton do assalto aéreo e me desejou boa viagem. Agradeci a ele por sua tolerância e pelo seu serviço, e tentei, com sucesso limitado, segurar os sentimentos de culpa por deixar a divisão para trás. Eu me preocupava muito com aqueles soldados. Embora tivesse pensado que seria capaz de escrever sobre eles com a objetividade necessária e testemunhar tudo com um distanciamento frio, também sabia que cada notícia subseqüente de um soldado da 101ª Divisão Aerotransportada morto em combate ou ferido gravemente partiria meu coração.

No dia seguinte, segunda-feira, dia 14 de abril, o Pentágono declararia o fim das operações de grande porte no Iraque. No início daquela manhã, os policiais do Exército me levaram até Iskandariyah – passamos pela área da emboscada em Mahmudiyah sem nenhum incidente – e embarquei no Chinook de número 665 para o vôo de três horas até o Kuwait. Uma empilhadeira colocou a carga no interior do helicóptero pela porta traseira e um soldado ajustou a sua metralhadora sobre o apoio, encaixando o pino da presilha com um pequeno martelo. O cinturão de munições saía da metralhadora para uma caixa de metal; cada quinta cápsula era um projétil traçante, marcado de amarelo. Cinco outros passageiros se acomodaram nos assentos trançados, incluindo dois soldados a caminho de casa em emergência, por causa de mortes na família.

Os motores foram ligados.

– Decolar é sempre uma aventura – confessou um piloto experiente, o subtenente Matthew J. Carmichael. Sombras negras das pás se moviam no chão como fantasmas escapando do crepúsculo. A poeira banhou a fuselagem enquanto o Chinook subia, com o nariz para baixo.

O velho número 665 partiu para o sul a 208km/h, a 45 metros do chão. Desengonçados e antigos, os Chinooks ainda conseguiam voar mais do que qualquer helicóptero na frota. Da baia traseira aberta, o soldado com a metralhadora balançava as pernas, de olho na paisagem, em busca de inimigos da República.

O helicóptero avançava pelo ar quente como um cavalo galopando por um gramado. Voamos sobre um pequeno vilarejo rural e um punhado de crianças animadas corriam na nossa direção, pulando e tropeçando como se tivessem acabado de ganhar na loteria.

POSFÁCIO

Aqueles foram os melhores de todos os tempos. Os piores de todos, ou pelo menos muito piores do que aqueles, viriam logo em seguida. No final de novembro de 2003, soldados americanos no Iraque eram atacados, em média, a cada 41 minutos. Insurrectos armados de bombas explodiram os escritórios das Nações Unidas e do Comitê Internacional da Cruz Vermelha em Bagdá, bem como um alojamento militar italiano em Nasariyah e delegacias de polícia em diversas áreas. No início de 2004, o número de mortos entre as tropas americanas se aproximava de 500, com a maioria morta *depois* do colapso do regime de Saddam Hussein em meados de abril. Eles foram alvos de disparos de fuzis, morteiros, granadas, foguetes e bombas. As remoções para hospitais chegavam a quase 11 mil feridos, aleijados e doentes; dos 2.800 soldados feridos em combate, muitos o foram gravemente por granadas de propulsão a foguete e pelo que os militares chamavam de artefatos explosivos improvisados. Apenas o Centro Médico do Exército Walter Reed cuidou de 58 amputados até meados de novembro.

Entre os mortos estavam 17 soldados da 101ª Divisão Aerotransportada, vitimados no dia 15 de novembro, depois que disparos do chão fizeram com que dois Blackhawks se chocassem no ar. Mais dois *Screaming Eagles* foram mortos por tiros, em Mosul, uma semana depois; uma multidão animada arrancou dos cadáveres as suas jaquetas, botas e relógios. As baixas da divisão no Iraque durante 2003 incluíram 46 mortos em ação, mais 17 por "ações não hostis" e 459 feridos. Dentre os mortos estava o tenente-coronel Kim S. Orlando, comandante do batalhão da Polícia do Exército da divisão, morto num combate em Karbala no dia 16 de outubro. Ele foi o oficial de mais alta patente a morrer no Iraque. Também entre os mortos americanos estava o sargento Paul J. Johnson, que servira duas vezes com o general Petraeus, incluindo um breve período como seu motorista na Bósnia. O sargento Johnson foi morto no dia 20 de outubro, em Falluja, por uma bomba de fabricação caseira que destruiu o seu Humvee e queimou 80% do seu corpo. Ele tinha 29 anos.

A Guerra do Iraque nos meses seguintes à dominação de Bagdá foi marcada por um progresso regular, por atrasos desanimadores e por uma retórica administrativa que variava entre resoluta e alucinatória. O presidente Bush apareceu no dia 1º de maio a bordo do porta-aviões americano *Abraham Lincoln*, sob uma faixa proclamando "Missão Cumprida" e anunciando que "na batalha do Iraque, os Estados Unidos e nossos aliados triunfaram".

Algumas semanas mais tarde, depois que um laboratório químico ambulante foi encontrado num *trailer* no Iraque, Bush declarou:

– Encontramos as armas de destruição em massa. Vocês sabem, encontramos laboratórios químicos.

Nada do gênero fora de fato encontrado – o verdadeiro propósito do *trailer* permanecia ambíguo – e a caçada às armas nucleares, biológicas e químicas em todo o Iraque não revelou nada além de evidências de que Saddam Hussein, quaisquer que fossem suas mais sinistras aspirações, havia basicamente terminado com os seus programas de armas de destruição em massa.

No Ano-novo de 2004, nenhuma das acusações mais contundentes da administração no pré-guerra, sobre as armas de destruição em massa e o apoio iraquiano ao terrorismo internacional, havia sido confirmada. Assim como a declaração do presidente em outubro de 2002, em Cincinatti, dizendo que "o regime iraquiano... possui e produz armas químicas e biológicas", ou o discurso de Bush do Estado da União, no dia 28 de janeiro de 2003, dizendo que "a guerra é forçada sobre nós", porque o Iraque significava "um perigo grave e iminente". Nem a declaração do subsecretário de Defesa, Paul Wolfowitz, em outubro de 2002, afirmando que havia "uma década de contatos nos mais altos níveis entre o Iraque e a al-Qaeda", foi confirmada. Ou a acusação do secretário de Estado Colin L. Powell nas Nações Unidas, em fevereiro de 2003, de que "o Iraque hoje tem algo em torno de 100 a 500 toneladas de agentes químicos usados como armas" e possuía "os meios para desenvolver a varíola como arma de guerra". Também não foi confirmada a estimativa da Inteligência Nacional da CIA de que o Iraque "possui... armas químicas e biológicas" e poderia fabricar uma bomba nuclear no período de um ano, se obtivesse material para fissão.

As provocações centrais para a guerra pareciam espúrias. Enquanto o ano de 2003 se desenrolava, as justificativas para a invasão anglo-americana mudaram, retroativamente, para a construção de um porto seguro democrático no Oriente Médio e para a deposição do controle de Saddam, como uma ameaça genérica. O jornal *The Washington Post* descrevia o processo como "a reinvenção da razão por trás de uma guerra". Ainda assim, as pesquisas de opinião continuavam a mostrar que os americanos acreditavam que armas de destruição em massa foram, de fato, descobertas no Iraque e que Saddam – cuja captura em dezembro trouxera consigo um toque especial de animação depois de um outono sombrio – tinha ligações com as atrocidades do dia 11 de setembro de 2001.

No início de julho de 2003, percebendo uma onda crescente de violência no Iraque, Bush parecia solicitar ainda mais ataques de seus próprios soldados:

– Existem pessoas que pensam que... que as condições são tais que eles podem nos atacar lá – disse ele. – A minha resposta é: mandem que venham.

E assim eles foram. Os ataques durante o outono aumentaram em magnitude, sofisticação e freqüência, organizados em grande parte por membros recalcitrantes do Partido Baath, criminosos mercenários, ex-soldados desafetos e bandidos da agência de segurança. (Num erro estúpido e infeliz, o administrador americano no Iraque, L. Paul Bremer III, aboliu de forma indiscriminada o exército iraquiano, colocando 400 mil ou mais ex-soldados nas ruas, a maioria dos quais armada, enfurecida e sem dinheiro.)

Além disso, centenas de iraquianos foram mortos; o assassínio de policiais, autoridades civis e cidadãos comuns empregados pelos americanos se tornou lugar-comum. Criminosos armados com bombas assassinaram um aiatolá moderado em Najaf e 80 de seus acólitos. Para os iraquianos comuns, os meses do pós-guerra trouxeram tanto esperança – na derrocada da tirania de Saddam – quanto desespero. Escolas, faculdades, bancos e clínicas reabriram suas portas; os reparos na rede elétrica e a produção de petróleo recomeçaram. A administração Bush concordou em gastar mais de 160 bilhões de dólares no Iraque durante os dois primeiros anos da ocupação. Ainda assim, no final de novembro, uma descrição no *New York Times* a respeito de Kifl, a cidade às margens do Eufrates, onde Ezequiel foi enterrado, contabilizava a persistente miséria: eletricidade irregular; poucos empregos; esgotos a céu aberto; serviço médico deficitário, com epidemias de cólera, febre tifóide e meningite; crimes violentos e preços altíssimos para o óleo de cozinha, grãos e outras necessidades básicas.

Próximo dali, na cidade de Najaf, o aiatolá Sistani, que a 101ª Divisão e agentes da CIA tentaram conquistar em março e abril, sem o sucesso esperado, finalmente emitiu um *fatwa* no final de junho. Sistani declarou que apoiaria apenas uma Constituição elaborada por iraquianos escolhidos numa eleição geral, em oposição a uma escrita por um conselho escolhido pelos americanos. Bremer se viu sem muitos poderes e posteriormente concordou em ceder a soberania aos iraquianos em junho de 2004, com garantias constitucionais de liberdade de expressão, tratamento judicial justo, liberdade religiosa e um Judiciário independente a vir mais tarde – ou pelo menos era isso o esperado.

Enquanto a batalha política continuava, a ocupação militar se desfez numa contra-insurgência brutal. As retaliações militares americanas se intensificaram durante o outono novamente com o uso de mísseis JDAM, helicópteros de ataque Apache e artilharia. Milhares de indivíduos suspeitos de serem insurrectos foram sumariamente presos; centenas de outros foram mortos. O secretário Rumsfeld, num memorando particular, admitiu que a guerra parecia "um longo e árduo trabalho", e figuras espirituosas do Pentágono observaram que a intensa coleção de aforismos de Rumsfeld incluía mais esta: "É mais fácil entrar numa situação do que sair dela." A CNN captou a perspectiva do soldado comum com imagens de um Marine berrando para uma multidão iraquiana enfurecida:

– Estamos aqui para garantir a porra da sua liberdade!

O sucesso militar da primavera estava ameaçado, já no fim do ano, a tornar-se uma confusão político-militar generalizada, mesmo com a prisão de Saddam aumentando as esperanças de dias felizes. Estrategistas do Pentágono previram, no início de maio, que o número de soldados americanos cairia para 30 mil no final do verão; em vez disso, no Natal esse número chegava a 130 mil soldados americanos no Iraque, com outros 30 mil no Kuwait. Outros 28 mil soldados aliados eram somados à ocupação, mas o clamor de Washington por compromissos maiores foi ignorado em parte porque muitos governos se ressentiam da recusa dos Estados Unidos em ceder a autoridade maior às Nações Unidas. A Casa Branca visualizava a redução no nível de tropas americanas no Iraque para 105 mil em maio de 2004, uma redução convenientemente coincidente com a campanha presidencial de 2004. Ainda assim, oficiais superiores do Exército supunham que pelo menos 100 mil soldados seriam necessários até o início de 2006, mesmo se os iraquianos ganhassem sua soberania. Embora as novas forças de segurança iraquianas somassem mais de 130 mil – em sua grande maioria policiais e guardas –, a maioria tinha pouco treinamento. Vários observadores, dentro e fora do Iraque, temiam que uma saída brusca dos Estados Unidos – uma decisão nem tanto de fugir, como de se pavonear – daria início à guerra civil e agravaria a instabilidade no Sudoeste da Ásia. Como observou Maquiavel: "As guerras começam onde se quer, mas não terminam onde se deseja."

Certamente, o Exército americano estava exausto e sob enorme estresse. Antes do 11 de setembro, apenas cerca de 20% do seu efetivo havia sido enviado a terras estrangeiras; dois anos mais tarde, esse número subiu para quase o dobro, com 10 mil soldados no Afeganistão, cinco mil nos Bálcãs, 37 mil na Coréia do Sul e tropas espalhadas por mais de 110 países.

– Fiquem de olhos bem abertos para a estratégia de 12 divisões para um exército com 10 divisões – avisou o chefe do Estado-Maior, o general Eric Shinseki, em sua cerimônia de aposentadoria em junho de 2003. A Guarda Nacional e Reservas também estavam sob enorme estresse. O Pentágono, no início de novembro, convocou outros 43 mil soldados dessas unidades para serviços contínuos no Iraque e no Kuwait, juntando-os a outros 155 mil soldados em missões no mundo inteiro. Uma mensagem vista sempre em acampamentos da reserva dizia: *Um fim de semana por mês, o cacete!*

Numa tentativa vital de preservar os programas de treinamento e de educação, o Exército tentava manter a aparência normal de rodízios individuais. Dessa forma, Ben Freakley e E. J. Sinclair deixaram seus postos na 101ª como comandante assistente de operações e comandante assistente de apoio, respectivamente, para novas missões: Freakley assumiu o comando da Escola de Infantaria, em Fort Benning, na Geórgia, e Sinclair tornou-se o comandante do Centro de Aviação do Exército, em Fort Rucker, no Alabama. Jeremy Miller desistiu de ser o motorista do general comandante e entrou para a escola de pilotagem de helicópteros; Dave Fivecoat, promovido a major, foi para Fort Leavenworth, no Kansas, para estudar no Command and General Staff College.

Também de mudança para Leavenworth, como comandante do Centro de Forças Combinadas, estava o general-de-exército Scott Wallace, cuja competência em comandar o V Corpo foi largamente reconhecida. Mesmo assim, quando lhe perguntei durante uma conversa, em agosto de 2003, como ele se sentia ao deixar o Iraque, os olhos de Wallace encheram-se de lágrimas.

– Eu me senti muito mal. Porque um comandante deve ser o último homem na fila do almoço e o último a sair da zona de aterrissagem... Eu me senti abandonando em combate soldados que treinei e guiei até ali, e ainda havia trabalho para ser feito. Senti como se houvesse sacrifícios que eles faziam e que não se esperava que eu fizesse.

Se a esperança podia ser encontrada no Iraque, em nenhum outro lugar ela parecia mais provável do que nas províncias do Norte do país, aonde a 101ª Divisão Aerotransportada chegou de Bagdá no final de abril. Petraeus provou-se tenaz e original como a maior autoridade de Mosul, uma cidade multicultural de dois milhões de habitantes. O setor da 101ª se estendia da fronteira com a Síria, no Oeste, a terras ocupadas pelos curdos no Norte e no Leste. A maioria dos comandantes de brigada experientes permaneceu em suas posições durante a ocupação – incluindo os coronéis Hodges, Anderson, Linnington e Gass – e suas conquistas coletivas incluíam a organização de eleições rápidas e legítimas, o apoio a projetos de reconstrução de escolas, universidades, hospitais, sistemas de irrigação e outros empreendimentos cívicos, a reabertura do comércio com os vizinhos do Iraque, o treinamento de batalhões da polícia e da defesa civil, o esforço para atrair investidores, o estímulo ao emprego, a condução de uma campanha efetiva de contra-insurreição e, em julho, a localização e o assassinato dos filhos fugitivos de Saddam, Uday e Qusay, mortos por um ataque de mísseis TOW.

Em sete meses, a 101ª Divisão redistribuiu cerca de 35 milhões de dólares confiscados do regime de Saddam e outros 155 milhões em várias ações de auxílio. Cartazes espalhados pelos alojamentos da 101ª perguntavam: "O que você fez para ganhar o coração e a mente dos iraquianos hoje?"

Se isso era suficiente, só o tempo diria. Depois de meses de relativa paz, a grande Mosul irrompeu numa série de ataques sangrentos de guerrilhas – de seis a dez incidentes por dia, de acordo com as contas de Petraeus – que custaram a vida de mais de 30 soldados em outubro e novembro. Petraeus permanecia otimista e determinado, mesmo depois da queda dos Blackhawks em meados de novembro.

"Nada pode preparar um comandante para a perda de 17 soldados em uma noite", ele me disse numa troca de e-mails. "Acho que já lhe disse antes que o comando de uma divisão em combate é uma experiência de extremos, com o mais alto topo dos topos e com o mais fundo fosso dos fossos."

A 101ª fazia até oito ataques por dia contra suspeitos de insurreições e os ataques iraquianos diminuíram significativamente em dezembro. O Pentágono planejava trazer a divisão de volta para casa, em Fort Campbell, no início de janeiro de 2004, com o reenvio de tropas completas até abril.

Se o futuro da província de Nínive permanecia encoberto por um manto de incerteza como o restante do Iraque, Petraeus ainda via esperanças.

"Temos que ter determinação, perseverança e paciência, pois com certeza haverá muitas mudanças pela frente", ele escreveu para mim. Quanto ao seu próprio amadurecimento como um comandante, Petraeus adicionou um *P. S.* à sua mensagem, no início de janeiro:

"Tem sido um ano longo, muito difícil, e eu estou mais velho de muitas maneiras do que apenas na idade."

Rick Atkinson
Washington, D.C.
14 de janeiro de 2004

NOTA DO AUTOR

Este relato é extraído, em sua grande e esmagadora parte, do que vi, ouvi, cheirei, provei e senti, com todas as vantagens e desvantagens inerentes às narrativas picarescas em primeira pessoa. Apesar disso, também me beneficiei de uma variedade de outras fontes para *insights* em tópicos que iam de história mesopotâmica ao que estava acontecendo na batalha logo depois do horizonte.

Por exemplo, a minha compreensão de várias ações e decisões foi ampliada pelo acesso aos relatórios do V Corpo, de janeiro a junho de 2003, pelos "Comentários do Comandante", de janeiro a maio de 2003, pelo "MOAB 7" – sigla inglesa para Mãe de Todas as Instruções – do V Corpo, pelo esboço de *On Point*, a história oficial do Exército na Guerra do Iraque, por diversas transcrições de entrevistas, incluindo várias entrevistas conduzidas pelo coronel French MacLean, pelo documento "A 101ª Brigada de Aviação no Iraque", do coronel Gregory Gass, e por outros documentos e relatórios pós-combate relacionados à aviação da divisão, a assaltos aéreos e às operações de logística, tais como "A Batalha de Karbala, 5 de abril de 2003", a "Cronologia da 101ª Divisão Aerotransportada" e anotações do 2º Batalhão do 187º Regimento de Infantaria sobre o resgate do corpo do primeiro-sargento John W. Marshall, pelo "Ataque contra a 2ª Brigada da Divisão Medina pelo 11º Regimento de Helicópteros de Ataque", por vários documentos e relatos pós-ação da 3ª Divisão de Infantaria, pelas publicações "Ruck It Up!: The Post-Cold War Transformation of V Corps, 1990-2001", de Charles E. Kirkpatrick, "Iraq and the Future of Warfare", de Stephen Biddle, outros do Instituto de Estudos Estratégicos do U.S. Army War College e pelo relatório final da Força Aérea, "By the Numbers".

Os outros 776 repórteres credenciados acompanhando as forças americanas no sudoeste asiático escreveram reportagens intensas e repletas de reflexão sobre a guerra, complementados por centenas de correspondentes na região e em várias capitais do mundo. Além dos meus talentosos colegas do *The Washington Post*, gostaria de mencionar em particular Jim Dwyer, do *The New York Times*, James Kitfield, do *National Journal*, e John Lee Anderson, do *The New Yorker*.

Dos outros artigos excepcionalmente úteis, incluem-se "Blueprint for a Mess", de David Rieff, na *The New York Times Magazine*, 2 de novembro de 2003, "The New War Machine", de Peter J. Boyer, no *The New Yorker*, 30 de junho de 2003, "War After the War", de George Packer, no *The New Yorker*, 24 de novembro de 2003, "The Vanishing Case for War", de Thomas Powers, no *New York Review of Books*, 4 de dezembro de 2003,"Stumbling into War", de James P. Rubin, em *Foreign Affairs*, setembro-outubro de 2003, "Iraqi Town Relishes Freedom", de Steven Lee Myers, no *The New York Times*, 23 de novembro de 2003, "Wrap These Guys Up", de Christian Caryl e John Barry, na *Newsweek*, 8 de dezembro de 2003, e um comentário de Walter B. Slocombe no *The Washington Post*, 5 de novembro de 2003. Também foram úteis diversos artigos sobre o papel da mídia na cobertura da guerra, incluindo "War Stories: Reporting in the Time of Conflict", de Harold Evans, e a edição de maio-junho de 2003 da *Columbia Journalism Review*.

Além disso, extraí informações dos livros *Martyrs' Day*, de Michael Kelly, *The Shi'is of Iraq*, de Yitzhak Nadish, *Iraq: In the Eye of the Storm*, de Dilip Hiro, *Iraq: The Bradt Travel Guide*, de Karen Dabrowska, *Inside Iraq, Ancient Iraq*, de George Roux, *Gods, Graves and Scholars: The Story of Archaeology*, de C. W. Ceram, *A History of the Ancient World*, de Chester G. Starr, *Historical Atlas of the Ancient World*, de John Haywood, *Great Britain and the War of 1914-1918*, de Llewellyn Woodward, *The Myriad Faces of War: Britain and the Great War, 1914-1918,* de Trevor Wilson, e *The Imperial War Museum Book of the First World War*, de Malcolm Brown.

Vários outros livros publicados logo no início da Guerra do Iraque se provaram merecedores, especialmente *A Time of Our Choosing*, de Todd

Purdum e a equipe do *The New York Times*, e *The Iraq War*, de Williamson Murray e Robert H. Scales, Jr.

Nenhum dos nomes neste livro foi mudado, com a única exceção de um agente da CIA em Najaf.

Ao escrever este relato, vai para a 101ª Divisão Aerotransportada a minha maior dívida, a começar pelos generais Petraeus, Freakley e Sinclair. Soldados e oficiais de todas as patentes e em todas as unidades foram muito generosos em compartilhar tudo, de experiências a rações. A minha gratidão se compara apenas à minha admiração.

Também sou muito grato aos meus amigos e colegas do *The Washington Post*, particularmente Donald E. Graham, Bo Jones, Leonard Downie Jr., Steve Coll, Phil Bennett, David Hoffman, Ed Cody, Fred Hiatt, David Maraniss, Robert G. Kaiser, Tom Ricks, Vernon Loeb, Bradley Graham, Anthony Shadid, Rajiv Chandrasekaran, Peter E. Baker, Susan Glasser, Bill Branigin, David Ignatius, Dana Priest, Steve Vogel, Mary Beth Sheridan, Matthew Vita, Sham Rampersad e Christopher W. White.

Muitos outros contribuíram com conselhos, encorajamento e reflexões. Eles são o general B. B. Bell, general (reformado) Jack Keane, general-de-exército Richard Cody, general-de-exército William S. Wallace, general (reformado) Gordon R. Sullivan, general-de-exército (reformado) Theodore G. Stroup Jr., general-de-exército (reformado) George A. Crocker, general-de-divisão Larry Gottard, general-de-divisão (reformado) William A. Stofft, major David G. Fivecoat, major Trey Cate, coronel Richard Hooker, major William R. Abb, tenente-coronel Stephen Twitty, tenente-coronel (reformado) Roger Cirillo, Tami D. Biddle e Charles E. Kirkpatrick.

Meus agradecimentos pessoais ao Operation Iraqi Freedom Study Group, que escreve a história oficial do Exército em Fort Leavenworth, no Kansas, especialmente ao coronel (reformado) Gregory Fontenot, tenente-coronel E. J. Degen, major Travis Rooms, major David Tohn e coronel James K. Greer.

Mais de uma dúzia de pessoas leram generosamente todo o manuscrito, ou parte dele, e ofereceram muitas e valiosas sugestões; quaisquer erros de fato, julgamento ou interpretação, entretanto, são de minha inteira responsabilidade.

Pela quarta vez eu tive a boa sorte de escrever um livro em parceria com o extraordinário John Sterling, presidente e editor-chefe da Henry Holt and Co., e com Rafe Sagalyn, minha agente e amiga. Sou grato pelos esforços de toda a organização Holt, incluindo Denise Cronin, Flora Esterly, Fritz Metsch, Tom Nau, Lucille Rettino, Richard Rhorer, Maggie Richards, Kenn Russell, Elizabeth Shreve e, especialmente, Christine Ball. Muito obrigado, mais uma vez, à minha copidesque, Jolanta Benal, e ao meu revisor, Chuck Thompson. Os mapas neste livro, como no último, foram desenhados pelo mestre de cartografia Gene Thorp. Eric Goldstein, sempre presente, colaborou com pesquisas muito importantes.

Um agradecimento final à minha família – Jane, Rush e Sarah –, que na guerra e na paz estão sempre comigo.

ÍNDICE

Impresso no Brasil pelo
Sistema Cameron da Divisão Gráfica da
DISTRIBUIDORA RECORD DE SERVIÇOS DE IMPRENSA S.A.
Rua Argentina 171 – Rio de Janeiro, RJ – 20921-380 – Tel.: 2585-2000